マイケル・アルパート【著】
Michael Alpert
白須清美【訳】

ヴィクトリア朝ロンドンの日常生活

Living in Early Victorian London

世界都市の市民生活から
食文化、医療、犯罪捜査まで

原書房

ヴィクトリア朝ロンドンの日常生活

世界都市の市民生活から食文化、医療、犯罪捜査まで

目次

まえがき

本書はヴィクトリア女王が即位した１８３７年から、記憶に残る３つの大きな出来事があった１９５０年代前半にかけての、ロンドンの暮らしについて記したものである。１８５１年には、ハイド・パークで開かれた万国博覧会に世界じゅうの人々が集まった。多くのロンドン市民が、おそらく初めてイギリス各地からの訪問客だけでなく、外国人の姿を見て、声を聞いたことだろう。１８５２年には、数千人のロンドン市民がウェリントン公爵の葬列を見届けた。最後に、１８５３年には、ヴィクトリア女王の64年にわたる治世の最初の４分の１が終わった。この年、イギリスはクリミア戦争参戦への第一歩を踏み出している。ヨーロッパの国と衝突するのは、１８１５年にウェリントン公爵がワーテルローでナポレオンを撃退して以来のことだ。

その４年前に当たる１８４９年の８月から11月にかけて、ロンドン市民の関心はある殺人事件に集まっていた。マリアとフレデリック・マニング夫妻が、パトリック・オコナーを殺して遺体を自宅台所の敷石の下に埋めたのだ。マリアは鉄路でスコットランドへ、フレデリックは船でジャージー島へ逃げた。彼らの足跡は、スコットランド・ヤードの刑事が送った電報によってたどられた。夫妻は列車でロンドンへ連れ戻され、ロンドン中央刑事裁判所で裁判を受け、有罪を宣告されて、怒号をあげる群衆の前で公開絞首刑に処された。

殺人に走った性格を除けば、マニング夫妻はごく普通の、下位中産階級の夫婦だった。首都の中ではさほど高級住宅地でないバーモンジーの、テラス付きの2階建ての借家で平凡な生活を送っていた。彼らの裁判記録は、ヴィクトリア女王の治世初期のロンドンでの、同じような人々の暮らしについて、豊富な描写と資料を提供してくれる。

下位中産階級のロンドン市民の暮らしについて、何を書くかは必然的に個人の判断にゆだねられる。しかし、わたしが念頭に置いているのは人々の生活ぶり、関心、また野心や喜びについて書くことだ。そのため、本書ではできるだけ同時代の資料を豊富に使って、彼らがどんな生活をし、どんな服装をし、どのように洗濯や買い物や料理をしたかを紹介している。わたしの狙いは、中産階級の仕事、収入や支出、ロンドン市民が市内を移動した手段、娯楽、また病気や治療薬について、さまざまな角度から調査することである。わたしは彼らが読んでいたものや、宗教的・道徳的な心情、また政治的な恐怖や偏見に興味がある。

ヴィクトリア朝初期のロンドン市民は、近代化の最先端を生きていた。ペニー郵便制度、電報、安価な新聞や本は、彼らにとっては比較的新しいものだった。警視庁が創設され、1829年からは乗合馬車が、1837年からは鉄道が自由に使えるようになった。金銭的な余裕があれば、家にガス灯をつけることができた。1840年代後半には、麻酔の恩恵を受けられるようになった。それでも、多くの人々が遠方から職場へ通うことを可能にする地下鉄は、まだ生まれていなかった。ロンドン市政の改善、すべての人への基礎教育、マスメディア、電気、無菌手術、女性の機会拡大、安い路面電車の登場はまだ先のことだ。同じく、大規模なスラム撤去や、長く待望されている清潔で確実な水の供給、また絶えず存在していたコレラの危機に終止符を打つ大規模な下水道設備もなかった。ある面では、ヴィクトリア朝初期のロンドン市民は、何百年も前の祖先と同じ生活を送っていたが、別の面では、近代の都市で最も進んだ技術を享受していたのである。

謝辞

多くの友人が大いに力になってくれたが、特にドナルド・ホーズ教授は19世紀文学に関する幅広い知識でわたしを助けてくれた。また建築史学者のゴードン・ヒゴット博士は、ヴィクトリア朝初期の建築業者の習慣について教えてくれた。バリー・ホフブランド博士は、医学に関する文章を読み、避けて通れない間違いが起こるのを未然に防いでくれた。友人で元同僚のフランシス・マクファーランドは、わたしが文章を読み上げるのを聞いて、不適切な表現を指摘してくれた。また、出版の準備に際しての、編集者の技量と心配りに感謝する。

通貨に関する覚え書き

1971年に通貨が十進法になったことによる変化は、計算だけにとどまらず、語彙や、さらには何がいくらするかを口頭で表現する場合にまで及んだ。

ヴィクトリア朝初期には、1ポンド硬貨（ソブリン）と半ソブリン硬貨があった。ポンドは20シリングに分けられる（〝ギニー〟は硬貨ではないが、1ポンドと1シリングの合計に当たる）。シリングは12の1ペニー銅貨（のちに青銅貨）に分けられる。また〝ファージング〟と呼ばれる4分の1ペニー貨があった。これは〝ファーデンス〟と発音されることもあった。また半ファージング貨と、〝ヘイペンス〟（単数では〝ヘイペニー〟）と発音される半ペニー貨があった。1ペニーと半ペニーの合計は、口頭では〝スリー・ヘイペンス〟といわれた。2ペンスは〝タペンス〟、3ペンス（銀貨）は〝スラッペンス〟のように発音された。強調されるのは現在のような〝ペンス〟ではなく数字のほうで、たとえば〝10ペンス〟ではなく〝10ペンス〟となる。書くときにはペンスは〝d〟と省略されるため、価格は〝2d〟のように表記される。

シリングは〝s〟または〝/-〟と略されるため、1ポンド5シリングは〝£.1・5s〟または〝25/-〟と表記される。通常は25シリングといわれる。請求書なら、たとえば合計〝£1・5・

4・1/2d〟または〝1ポンド5シリング4ペンス半〟となる。口頭では〝1ポンド5シリング4ペンスへイペニー〟または〝25シリング4ペンスへイペニー〟といった。シリングやペンスが一緒に表記される場合、たとえば〝7/6〟または〝7s・6d〟となる。これは7シリング6ペンスを指す。話し言葉では〝7と6〟に〝ペンス〟をつけ、必要に応じて〝へイペニー〟や〝ファージング〟、〝3ファージング〟をつけ加える。シリングは〝ボブ〟と呼ばれ、6ペンスは〝タナー〟と呼ばれた。

銀貨には3d、6d、シリングがあったが、4dに相当する〝グロート〟もあった。2シリングに相当するフローリン、またほとんどの人が〝ハーフ・ア・クラウン〟と呼んだハーフクラウンもある。これは2シリング6ペンス、または8分の1ポンドに相当する。

下記の表は、十進法以前と以降の、イギリスの通貨の同等価値（およそ6d以下の価値について）を示している。

インフレのおかげで、200年近く前に言及される金額は、人々の収入を知らなければ意味のないものになった。所得税は、年に150ポンド以上の収入があるとかかる仕組みだった。これは〝下位〟中産階級の人々が生活できる最低金額と考

〝古い〟通貨	十進法
1d	½ p
2 ½d	1 p
6d	2 ½ p
1/-	5 p
2/-	10 p
2/6d	12 ½ p
5/-	25 p
10/-	50 p
15/-	75 p

えられていた。週に30シリング、または1ポンド10シリングの定期収入がある労働者は、ある程度楽な暮らしが遅れたが、多くはそれよりはるかに収入が少なく、不定期、あるいは定期的に失業したり、短期の雇用に従事したりしなくてはならなかった。

マイケル・アルパート　2022年5月

第1章

世界一大きく、豊かで、人口が多く、洗練された都市

現在、ロンドン橋(1831年に改築された、テムズ川に架かる最古の橋)を渡って川の南岸から北岸へと向かい、北岸の歩道に沿って東のロンドン塔を目指せば、19世紀に最も賑わった埠《ふ》頭《とう》と波止場に沿って歩いていることになる。1800年まで、中世の特権を油断なく守ってきたシティ・オブ・ロンドンは、水位の上がった上流まで管轄していた。船は北岸の短い区域でしか荷下ろしを許されていなかった。しかし、そのスペースは非常に限られていたため、ほとんどの船は川に錨《いかり》を下ろし、積み荷を艀《はしけ》で運ばなくてはならなかった。船と随行船は、怒号と罵声、口笛と野次の中、川を進んだ。沖仲仕《おきなかし》や石炭の陸揚げ作業員は、汚れと汗にまみれながら、ロンドンで消費するためイングランド北東部から運ばれてくる大量の石炭を石炭船から下ろした。一方では、急成長するイギリス経済と産業の需要を満たすために世界じゅうから運ばれてくる、ラム、砂糖、ワイン、煙草、ココア、コーヒー、インディゴ、天然ゴムなどの原材料が入った箱や枠箱、大樽が、大型帆船から手作業で下ろされた。

マスト、帆桁、大綱の森

1815年にナポレオンを破った後の好景気の中、ロンドンの輸出入は拡大し、プール・オブ・ロンドンと呼ばれる川岸の一帯はかつてないほどの混雑ぶりを見せるようになった。最終的には、500万ポンド以上を投じて、川下に新しい埠頭が建設された。その後30年の間に、西インド、東インド、サリー、ロンドン、セント・キャサリン埠頭が作られた。19世紀半ばまでには、600もの船がロンドン港の波止場地区に停泊できるようになった。毎日100隻の船が埠頭に入ってきたが、それには大型帆船を所定の場所まで引っ張ってくる蒸気式のタグボートや、人々をテムズ川上流のリッチモンド、下流のグレーブゼントやマーゲイト、さらには海外へと運ぶ旅客船は含まれていない。

新しい埠頭が建設された後も、19世紀半ばまでは、テムズ川河口からやってくる旅行者の目には、ロンドン港に依然としてひしめくマストの列が遠くから森のように見えていた。1852年には、1851年の万国博覧会にフランス代表として参加したデュパン男爵が、パリのフランス国立工芸院で行った演説でこのように述べている。

> 世界じゅうの船が、最後の橋（ロンドン橋のこと。タワー・ブリッジはまだ建設されていなかった）から整然と並んで停泊しているところを想像してみたまえ……横一列に、一リーグ［約4・8キロメートル］も間隔を空けずにずらりと並んでいるところを……浮き桟橋の五つの集

合体を想像してみたまえ……潮の満ち引きにかかわらず、水面を常に利用できるのだ……それらの埠頭周辺の、商船や軍艦に用いる索具や兵器の倉庫・工房といった施設を想像してみたまえ[1]

さらに、1860年代にロンドンを訪れたフランスの歴史家イポリット・テーヌは、やや興奮気味かもしれないが、このようなドラマティックな描写を残している。

だが、その印象が最高潮に達するのは、埠頭と海を結ぶ運河の眺めである。それは交差道路を形作り、船の道となるのだ。人々はその果てしない列に、突然気づくことになる。わたしが去年訪れたグリニッジ・パークから見れば、水平線はマストとロープに縁取られている。数え切れない索具がおぼろげに、空の片側に蜘蛛の巣のように丸く広がっている……抜け出すことのできない、マストと帆桁と大綱の森だ[2]

船はテムズ川に、2〜3艘《そう》ごとに横2列になって、見渡す限り並んでいた。蒸気船、艀、あらゆる大きさのボートは、大型船の長い列の間を巧みに進んだ。それらの大型船は、ヤシ油や象牙といった異国の品を積んで遠い国から着いたばかりのものだったり、大声をあげ、汗を垂らす港湾労働者が群がって、バーミンガムの金属製品やマンチェスターの綿製品が詰まった箱を船倉に積み込んでいるものだったりした。ロンドン橋を徒歩で、あるいは乗合馬車で渡るとき、足を止めて見る景色は何と驚くべきものだろう！

申告するものはありますか？

ロンドン橋のそばに建つ堂々たる建物は税関で、すべての輸入品がここを通過しなくてはならなかった。ヴィクトリア女王が即位して3年後の1840年、有名な〝ロング・ルーム〟は1年で1100万ポンド以上を徴収している。これは国内で支払われた税の総額のほぼ半分に当たる。現在では1世紀以上にわたる泥が落とされ、1825年に再建された当時と同じくらい新しく見える。

とはいえ、密輸は横行しており、それは国庫収入の大幅な減少につながった。1840年代には、関税と消費税が政府歳入の最大の財源だったからだ。これは所得税と資産税によってもたらされる1000万ポンドよりもはるかに大きかった。煙草税は重さ1ポンド当たり3シリングで、喫煙者が払う小売額のかなりの部分を占めていた。1843年から1845年のイングランドだけで、2187人の煙草の密輸人が有罪判決を受けても、人々が密輸を働くのは驚くことではない。[3]フランスの社会学者でフェミニストの作家フローラ・トリスタンは、イギリスの思い出の中で、イギリスへの訪問者は税関職員の横柄すぎる態度にひどく悩まされたとこぼしている。彼らは船員が禁制品を持っているのを見ると、積み荷もろとも船を差し押さえる権限さえ持っていた。[4]『白鯨』を書いたアメリカ人作家のハーマン・メルヴィルは、自分の手荷物を取りに行った東インド埠頭で、「いまいましい税関」と「果てしないごたごた」を起こしたという。[5] １８４３年11月13日には、権威あるロンドンの日刊紙『タイムズ』が、税関職員のきわめて厳格な権力と、それを支持する裁判所を激しく非難している。

しかし同時に、税関自身も、恥ずべき不正に悩まされ、腐敗の温床となっていた。１８４９年に、悪名高い事件でマリア・マニングとその夫に殺されたパトリック・オコナーは、自分自身も関税消費税庁職員の地位を悪用して金になる密輸に手を染めていた。彼はその地位を、有力なコネを使って手に入れていた。

頭もよく、運もよかったオコナーは、ロンドンに住む２万６０００人の中で、ほぼ１００人にひとりという公務員の職に就いていた。彼はロンドン港関税消費税庁に配属された２２２８人のひとりだった。[6] アイルランドのカトリック中産階級の出身であるオコナーは、ティペラリーのサーリス大学で校長を務める兄の紹介状を手に、１８３２年にイギリスへやってきた。紹介状はロンドンの弁護士に宛てたもので、その弁護士は彼に、ロンドン警視庁の警視総監リチャード・メインへの推薦状を書いてくれた。ところが、警視総監は彼を上級職に就かせることはできなかった。オコナーは

被害者のパトリック・オコナー、ハイシュより

底辺から始めなくてはならず、巡査の給料は安い上に仕事もきつかったため、煙草の密輸と金貸しに従事するようになった。

厳密には、彼は乗船税関吏という役職だった。船を待って乗り込み、調査をする役人である。やがて、彼は税関吏となり、枠箱やその他の荷箱の中身を評価するようになった。殺人事件の裁判の報告書では、彼が裕福になり、鉄道株に投資し、銀行にも多額の預金があったことが明らかになっている。[7]

殺人のあった運命の日、1849年8月9日木曜日に、オコナーが最後に目撃されたのはロンドン橋を南のバーモンジー方面へ向かって歩いているところだった。マリア・マニングと夫はそこに住んでいた。毎日のようにその橋を使っているたくさんの歩行者に交じって橋を渡りながら、このアイルランド人は下流のプールにひしめく船の列と、1819年に作られた上流のサザーク橋を眺めたことだろう。8月の暑い日で、人々が石炭を使うのは料理をするときだけだった。したがって、おそらくこの日ばかりは、世界最大のこの都市が、名物の絶え間ない煙霧に覆われることはなかっただろう。

巨大都市

それから数年後、調査ジャーナリストのヘンリー・メイヒューは、ロンドン上空を気球で飛び、眼下にこんな光景が広がっていたと書いている。

……巨大な都市が広がり、その上には分厚い煙が垂れ込めている。それは早朝、しばしば畑から立ち上ってくる霧を思わせる。この巨大都市がどこから始まりどこで終わるのかを指摘するのは不可能だ。建物は左右の地平線ばかりでなく、はるか遠くまで広がっていて、夕闇と、無数の煙突からの濃い煙によって、町は空に溶け込んでいるかのようで、地上と天上をはっきりと見分けることもできないからだ[8]

ロンドンはひとつの宇宙だった。19世紀半ばまでには、西のフラムから東のポプラーまで9マイル、北のハイバリーから南のキャンバーウェルまで7マイルに及び、さらにパディントンやランベスといった郊外の地区があった。大きさはパリの2倍、ウィーンの4倍、ベルリンの6倍だった。ブリテン諸島のどの都市も、これに匹敵することはなかった。

その大きさにもかかわらず、ロンドンの一部は今よりも人が密集していた。さらに、1827年に完成したイングランド銀行、大英博物館、1834年に焼失したウェストミンスター宮殿に代わってウェストミンスター橋のそばに1837年から1847年にかけて順次造られた新しい国会議事堂の巨大なゴシック建築といった、新しく魅力的な建物にもかかわらず、町の景観は悪かった。

1666年のロンドン大火の後に再建された際、ロンドンは都市設計を見直されなかったため、特にシティはもちろん、リージェント・ストリート、オックスフォード・ストリート、ストランドといった大通りの裏側でも、道は狭く、曲がりくねっていた。最も混雑した地区を迂回《うかい》し、シティへ迅速にたどり着くために、パディントンとバトル・ブリッジ（現在のキングス・クロス）との間に開通したニュー・ロード（現在のメリルボーン・ロードとユーストン・ロード）を越えて、ロンドンはさらに北へ広がり、アガー・タウンのスラムにまで達した。ここは間もなく鉄道操車場になり、150年後には新たに大英図書館が建設された。トッテナム・コート・ロードの端から、ロンドンはニュー・ロードを越えてカムデン・タウンにまで及び、さらに丘を上ってハムステッドにまで広がった。ロンドン・アンド・ノース・ウェスタン鉄道の格納庫、家畜小屋、倉庫はユーストンから1マイル以上にもわたって立ち並び、その形からラウンド・ハウスと呼ばれる機関庫や、バーミンガム行きの線路にあるプリムローズ・ヒル・トンネルの入口にまで続いていた。

ロンドンは商品の巨大な集中市場だった。その大きな胃袋を満たす商品は、海、運河、そしてヴィクトリア女王の治世が始まる前から、次第に鉄道を使って運ばれてきた。ロンドンには、北部の都市のような主要産業の基盤はなかったが、イングランドとウェールズの製造業に従事する労働力の15パーセントを雇用していた。数多くの小さな工場や工房が、主にシティとインナー・ロンドンにあり、ステップニーやベスナル・グリーンでは衣類、トッテナム・コート・ロードでは家具、クラーケンウェルでは科学機器や時計を作っていた。川沿いでは、製糖、石鹸《せっけん》製造、ゴム、化学薬品、塗料、煙草の調合といった産業が盛んだった。サザーク地区、特にバーモンジーは、製革、醸造、製粉の中心地であった。川下のライムハウス、ミルウォール、ロザーハイズには造船所があった。後世のほかの大都市と同じく、ロンドンの建築産業は熟練工と非熟練工の両方を集め、首都には行政、医療、法律、教育、船舶、銀行、保険、一般事務に従事する人々や、あらゆる種類と階級の家事労働者が大量に入ってきた。

ウェリントン公爵が1815年にナポレオンを破ってから1830年代後半にかけて、好景気によってロンドンの人口は急増した。都市は10年に25万人の割合で人口が増えたが、1830年代の鉄道の登場により、人口の増え方はさらに加速した。1851年の国勢調査では、2363万3141人を数え、これはイングランドとウェールズの総人口の5分の1から6分の1に当たる数字だった。

宿屋、教会、古い家、そしてチャールズ・ディケンズの初期の小説にも描かれた〝骨董屋〟は、線路や駅、側線、高架橋、あるいは郊外のテラスや邸宅によって追いやられるか、影が薄くなった。トラファルガー広場は1844年に整備され、北側には新しい国立美術館が造られた。1842年には、高さ約17フィートのネルソン提督像がチャリング・クロスに建てられ、何千人もの人に短い間公開されたのち、柱自体が170フィート近くの高さとなっ

建設中のネルソンの柱、1844年、フォックス・タルボットによる写真、ニューヨーク、メトロポリタン美術館、オープンアクセス

て、トラファルガー広場に移された。これは1805年10月21日に、ネルソンがスペイン沿岸でフランスとスペインの艦隊を相手に大勝利をおさめたことを記念したものだ。その後、トラファルガーでのネルソンの死を描いたレリーフが、柱の南面にはめ込まれた。

現在はチャリング・クロス駅となっているハンガーフォード・マーケットは、川に架かる歩道橋とともに1845年に再建された。1847年までにはニュー・オックスフォード・ストリートが、悪臭を放つ、貧しい、犯罪のはびこるスラム、セント・ジャイルズに開通した。ここはいわゆる〝貧民窟《ルーカリー》〟のひとつだった。住民はルーク［ミヤマガラス］のように壁や地面に空いた穴に消えてしまうように見えたからだ。しかし、シャフツベリー・アベニューやチャリング・クロス・ロードは、まだ不潔なスラムの密集地帯に通っていなかった。目的を持って作られた集合住宅も、ヴィクトリア・エンバンクメントも、タワー・ブリッジも、ストランドの新しい王立裁判所もなかった。

ヴィクトリア朝初期には、首都に計画されたターミナルの建設工事が近づくと、鉄道を敷く場所を作るためと、主要な大通りを敷設するために、数千人のロンドン市民が家を追われたが、新しい住居の手配はされなかった。その結果、それまであったスラムはさらに混雑した。埠頭や建設現場で仕事が始まる朝6時に、どんな仕事であろうとありつくために行列の先頭に並びたければ、仕事場の近くに住むしかない。速くて安いメトロポリタン鉄道は、1860年代にならなければ登場しなかった。乗合馬車は、1829年から石畳の道をガタゴト走っていたが、労働者には運賃が高すぎた。それに速度もひどく遅く、呼ばれればどこでも停まったし、荷車やたくさんの歩行者で混雑する狭い道を縫って進まなくてはならなかった。そのため、多くの人々が歩いて移動するか、懐《ふところ》に余裕のあるときは辻馬車を使った。

　ロンドンの行政管理は混沌《こんとん》をきわめていた。１８２９年に設立されたロンドン警視庁を除けば、ロンドン全域を管轄する単一の機関はなく、１８５５年に首都土木委員会がロンドンの不十分な下水道の再建に乗り出すまで、そういった機関に代わるものはなかった。元々、シティ・オブ・ロンドン自体は、結びつきが強く、いつまでも居座れる裕福な少数の参事会と市議会、さらに古くて影響力のある貿易組合によって治められていた。そのため、市境の外への出費がからむ提案にはかたくなに応じなかった。郊外を治めていたのは教区役員だったが、それに対する選挙権は非常に限定されていた。教区役員自身も、貧民の救済、排水、照明、道路の清掃や舗装といったことに、完全に責任を持っていたわけではなかった。それらに対しては、長年にわたって複雑に絡み合う個別の議会制定法が場当たり的に作った２００ほどの別の機関が当たっていた。たとえばセント・パンクラス教区では、４マイル四方に18の舗装トラストがあった。[9] さらに、ロンドンの公衆衛生にとって最も大切なことでありながら、８つあった首都下水道委員会は、表流水以外のものをすべて除去するのが自分たちの責任だと考えてはいなかった。[10] ロンドンの膨大な住人に対して、彼らの利益を代弁する議員は18人しかいなかった。これは13万１２８５人にひとりの割合だ。１８３２年の改革法で参政権は拡大したが、それでも投票権のある人々は６８７０人にとどまっていた。秘密主義と腐敗が支配し、介入しようとする試みはすべて地元の利益と衝突した。ロンドンの大きさと膨大な人口に比べて、行政はまったく不十分だった。

ロンドン中心部の騒音と暗さは、見た者のほとんどに強い印象を与えた。アメリカの小説家ハーマン・メルヴィルは、北のプリムローズ・ヒルから市内を見ている。彼はロンドンを覆う分厚い煙について「都市の方角は、まるで地獄のような眺めだった」と書いている。空は鈍色《にびいろ》で、木や鉄でできた車輪が石畳を走る音は絶え間なく、さらに今では、場所によっては警笛を鳴らしてガタンゴトンと走る列車の音に、煙のおまけがついてくる。スコットランドの歴史家トーマス・カーライルは、妹のジーンへの手紙で、1834年に居を構えた郊外に近いチェルシーでさえも、彼と妻のジェーンは「この地球上で最も荒れ狂い、(石炭の)煙で煤《すす》けた、騒々しい大都市」の近くにいると書いている。[11] 非常に敏感なことで知られるカーライルにとって、騒音が絶えることはなかった。「男、女、子供、乗合馬車、四輪馬車……尖塔《せんとう》の鐘、呼び鈴、紳士のノック、ペニー郵便のノック、下男のノックの雨」[12]。フローラ・トリスタンは、1807年にペル・メルに初めてガス灯がともってから、ロンドンの大通りを照らしてきたガス灯の「魔法のような明るさ」について、感心したように書いている。それでも、秋や冬には町は絶えず分厚い煙に覆われ、ときおり〝ロンドン名物〟の濃霧が発生した。これは、下層雲と静止した大気、そしてたくさんの煙突を持つ屋根から立ち昇る硫黄を含んだ煙によって引き起こされる霧である。こうした多数の煙突は、使われこそしないが今もロンドンのヴィクトリア朝の名残をとどめる地区の地平線からそびえている。マダム・トリスタンが感激したガス灯の明るい光をもってしても、年間350万トンの石炭が燃やされてできる黒煙を払うことはできなかった。現に、彼女はイギリスの首都の煙と煤、濃霧、そしてのちにスモッグと呼ばれるものについて不平を漏らしている。[13]

泥、暗さ、飢え

季節によって、荷車や辻馬車、乗合馬車は、汚水や泥や馬糞を跳ね上げ、あるいはほこりや藁《わら》や乾いた糞の竜巻を起こした。ロンドンは不潔で、悪臭がしていた。細い通りは泥と糞でぬかるんでいた（「泥は石の上に厚く積もっていた」と、ディケンズは『オリヴァー・ツイスト』で書いている）。石畳が敷かれていなかったり、砕いた花崗岩《かこうがん》をローラーで押し固めた砕石舗装がされていなかったりする道の舗装は貧弱で、人の往来でたやすく崩れた。女性は道を渡るときには慎重にスカートを持ち上げ、道路清掃人として雇われている薄汚い少年に小銭をやって、糞や泥、ほこりを掃かせた。彼らは、スミスフィールドの食肉市場や食肉処理場の近くでは血や蝿を、またロンドンの多くの場所で人間の排泄物を取り除いた。それに彼らは、ディケンズの『荒涼館』に登場するジョーのように、親も友達もなく、学校に行ったこともなかった。そして、作家が「トム・オール・アローンズ」と呼んだ貧民窟で暮らし、貧困、病気、飢え、凍えるほどの寒さに囲まれていた。[14]

アメリカからやってきたヘンリー・コールマンは、1849年にボストンの友人にこう書いている。

驚くほどの豊かさの中、あちこちで男や女や子供が飢え死にしかけている。そして、金箔を貼った装具に絹の内張りをほどこし、お仕着せを着た従僕を乗せた豪華な馬車と並んで走っているのは、貧しく、孤独で、友達もいない、裸同然の哀れな子供たちだ[15]

コールマンはロンドンのホテルで、応接間と寝室付きの部屋を週30シリングで借りていた。これには朝食とお茶も含まれていた。彼はさらに別料金で石炭と蠟燭《ろうそく》を購入している。こうした品をどれだけ使うかは、ホテルの滞在客の自由だった。彼は靴磨き代として――これは高くふっかけられたのではないかと思われるが――1シリング払い、部屋係のメイドにチップを渡している。コールマンの同国人ハーマン・メルヴィルは、ロンドン中心部のストランドに近いクレイヴン・ストリート25番地の部屋を、わずか1シリング6ペンス多く払うだけで借りていた。彼は週に1ギニー半、あるいは1ポンド11シリング6ペンスを支払ったが、この価格は安いと考えていた。さほど高級ではない川の南岸なら、同じくらいの部屋をわずか1ポンドで借りられただろう。こうした値段は貧しい人にはとうてい払えないものだった。彼らは稼ぎも払いもペニーで行い、ソブリン金貨はおろか、銀貨もめったに目にすることはなかった。

コールマンは、ロンドン市民は非常に文明的だと考えていたが、それは上流社会を紹介されたためかもしれない。彼はまた、ほとんどの旅行者の印象と違って、ロンドンをとても清潔だと考えていた。彼は喫煙者をほとんど見なかったと書いている。ジャーナリストで著名な作家のチャールズ・ディケンズがアメリカを訪れたときに嫌悪の目を向けたような、嚙《か》み煙草を嚙んで汁を吐き出す人々を、彼は見なかったのだろう。また、スラムを訪れたときのことを詳細に説明しているが、冒瀆《ぼうとく》的な言葉やきわどい話は耳にしなかったといっている。だが、彼がユニテリアン［プロテスタントの一派］の聖職者であり、それなりの服装をしていただろうことを考えれば、その経験も驚くことではない。とはいえ、彼はイギリスの首都の全体的な社会秩序を称賛しながらも、人々がきちんとした服装で十分な食事をとっているフランスの漁港ブローニュと比べ、イギリスの首都の飢えとむさくるしさ、酔っぱらいの多さを指摘している。[16]

貧民窟

ロンドンを訪れた人々は、決まってこんな光景を目にしたことだろう。浮浪児、裸足《はだし》でみすぼらしいなりの道路清掃人、荷下ろしでわずかな小銭を稼ぐために馬車の後ろを何マイルも走ってついてくる男たち、泥の中で側転して小金をもらう子供たち。彼らは路上で眠り、食べられるときにはいつどこでも食べ、どぶさらいをし、みすぼらしく、不潔で、腹を空かせ、早熟で性的に盛んで、無学で、中には刑務所送りになる者もいる。彼らはロンドンの貧民窟で暮らす15万人のうちのひとりだ。建っている家は高層で、狭く、できるだけ多くの住人を詰め込んでいる。地区によっては、できてからすぐに貧民窟になってしまうところもあった。ニュー・ロードのすぐ北にあり、最終的には鉄道の側線と貯炭所になってしまったアガー・タウンなどがそれに当たる。資投機的な建設業者が、中産階級向けに家を建てたが、どういうわけか入居者を呼べなかった。資金繰りのため、業者は家をフラットとして安く貸さなくてはならなくなり、間もなく部屋を分けて、家主が複数の家族に1部屋ずつ使わせるようになる。その界隈《かいわい》は貧しく、騒がしくなり、最終的にスラムが破壊されるまでその状態のままとなる。そのスラムの破壊も、たいていは1世紀先のことだった。ほかの貧民窟は、成功した人々が出て行った後の空き家となった。ヴィクトリア朝初期の最も悪名高い貧民窟に、セント・ジャイルズがある。現在のニュー・オックスフォード・ストリートとシャフツベリー・アベニューが交差する場所だ。極貧のアイルランド移民、労働者、浮浪者、犯罪者階級が暮らすセント・ジャイルズでは、ひとつの部屋で最大8人の男女が、文字通り頬と顎のようにくっついて寝起きしていた。たいていは床または藁の上で眠り、ほとんどが虫と同居していた。次に挙げるのは、1859年にジャーナリストのジョージ・オーガスタス・サラが描いた驚くべき、身の毛もよだつような貧民窟の姿である。

貧民窟（ルーカリー）、1850年、「セント・ジャイルズの一場面」。Wikicommons p/d、T・B・ビームズ『The Rookeries of London, Past, Present and Prospective』より

たくさんの薄汚い小道や路地から、真新しい遊歩道に吐き出されてくるのは、前代未聞の人間の恐怖である。わけのわからないことをしゃべり、不潔なぼろを着た、くしゃくしゃの

赤毛をした男女の形をしたものたちだ。生え際は眉から一インチのところから始まり、目そのものは濁って目やにがついている。口の裂け目には黄色い牙のような歯がぎっしり詰まり、鼻軟骨にぞんざいに開いた穴は鼻孔で、だらしなく伸びた手に開いた脚は、泥でモザイクのような模様になっている——ぞっとするような手足の変形と、これ見よがしの傷跡は、おぞましい醜さだ……。彼らは人々の周りを爬虫類のようにうろつき、あるいは不快な害虫のように這い回り、ぞっとするような泣き声で物乞いをする。相手が男なら、粗暴で不快でも耐えられる。一ペニーやって脅せば、彼らは身をすくませ、ののしりながら、悪臭のする住処へ戻って行く。だが、身震いひとつせず、尽きることのない悲しみや恥の感覚を持たない女には耐えられない。彼女たちはぞっとするような見た目で、完全に性別をなくし、破廉恥だ。天に見放された惨めな女たちは、赤茶色の裸足で歩道をペタペタ歩き、痩せた肩は青白い頬まで落ち込み、その上からは野放図に乱れているか不潔にもつれた髪が垂れている。痩せこけた手は、ぼろぼろになったショールの切れ端をつかんでいるが、哀れにも、それは彼女たちが服を着ていないという悲しむべき事実を隠すものだった——彼女たちの体を覆っているのは、ぼろぼろのペチコートと下着だけなのだ……。通りそのものを見れば、薄汚いぼろが、窓の中の竿から誇らしげに翻っている。洗濯して干していると見せかける、悲しい真似事だ。家の入口には幼い子供がごろごろしていて、その向こうには、感染症が蔓延《まんえん》する裏庭と曲がりくねった階段の、ダンテ的な風景が広がっている。泥でかすんだ窓ガラスから、人々が暮らす惨めな部屋を覗いてみるといい——病人、衰弱した人、多くは死にかけだが、ときには死者が、むき出しの床か、あるいはせいぜいぼろぼろの毛布やござをかけて横たわっている。震える老人は、火の消えた火格子の上に屈み込み、酔った夫は腐ったドアから飛び出してきて、やせ衰えた妻の髪をつかんで、すでに腫れている顔を殴りつける。それは彼女がジンを買うために、残っていたぼろ布を質に入れてしまったからだ[17]

小説家のミセス・ギャスケルは、『メアリ・バートン』（1848）でマンチェスターのスラムをより客観的に、感情に走らず描いているが、これはたやすくロンドンにも当てはまる。

［通りは］舗装されておらず、真ん中に溝が走っていて、通りに数多く空いた穴は、あちこちで水たまりになっている。昔のエジンバラの〝水に気をつけろ《ガルデ・ア・ロー》！〟という呼びかけが、ここほど必要な場所はない。そこを歩けば、女たちが家の戸口から家庭のあらゆる汚水を溝に捨てた。それは次の水たまりに流れ込み、あふれ、よどんで腐った。灰の山が飛び石のようにあり、多少なりとも清潔さを気にする通行人は、それを踏まないように気をつけていた[18]

〝あらゆる汚水〟というのは、人間の排泄物の遠回しな表現だ。

こうしたスラムでの間貸しは、週にわずか数ペンスだとしても、かなりの金になった。たとえば、首都で最も洗練された場所に近いポートマン・スクエアにあったカルメル・ビルでは、幅22フィートの中庭を囲んで、3間の家が26軒建っていた。その真ん中を、悪臭を放つ下水溝が走っていた。これらの家には男性426人、女性518人が暮らしていた。1軒当たり平均36人だ。それぞれの家から、家主は年20～30ポンドの収入を得ていた。[19]

1845年に設立された首都勤労者住宅改善協会は、1849年、ロンドン東部のステップニー地区にアルバート住宅を建てた。台所、流し場、ふたつの寝室、水道、水洗トイレ付きのフラットは、週に3シリング6ペンスと4シリング6ペンスという経済的に無理のない額で貸し出されたが、それでもスラムの住人の支払い能力を超えていた。ヴィクトリア朝の家計の手引書では、家賃は収入の10パーセントにすべきだとされていた。しかし、収入の10パーセントが4シリングに相当する週2ポンドを稼げるのは、技能を持った者だけだった。それだけの収入がある労働者はほとんどいなかったし、大多数が定期的に失業状態になった。週15シリング稼ぐ労働者なら、わずかな収入の6分の1、2シリング6ペンスの家賃を払って、自分と妻と家族が住む家を借りることができる。ヴィクトリア朝初期のロンドンでは、病気、仕事中の事故、失業、扶養家族が増えることなどで、人はたやすく最下層まで転げ落ちたのである。

第2章 女性の居場所？

女王陛下万歳！

1838年6月28日、ウェストミンスター寺院での戴冠式へ向かうヴィクトリア女王からは、悲惨で、泥にまみれ、しばしば飢餓に襲われていた首都の一面は隠されていた。彼女は若く、母親によって慎重に、厳格といっていいほどのしつけで育てられ、結婚して家庭を持つことを待ち望んでいた。ロンドンの極度の貧困による苦しみを見たり聞いたりしたことがあるとは考えにくい。しかも、彼女の治世で最初の首相であるメルバーン子爵ウィリアム・ラムは、社会改革法案にはほとんど効果がないと信じていた。[1]

戴冠式は、イギリス王室の名声を復活させようという首相の思惑で行われた。これは、1832年の大改革法後初めての戴冠式であり、メルバーン子爵はバッキンガム宮殿から寺院までの行列を始めることで、これを一大公開イベントにしようとした。バッキンガム宮殿は近代化されたばかりで、以降、イギリス国王の公邸となる。行程にはたっぷり1時間かかった。ロンドンの大通りの一部は、今ではより平らに舗装され、石畳の上よりは馬車の乗り心地もよくなっている。

軍と民間の高官、外国大使の馬車の列に続くのは、王族の公爵や、その他のヴィクトリアの家族が乗った馬車だ。新女王はゴールド・ステート・コーチという馬車に乗り、ライフ・ガーズとヨーマン・オブ・ザ・ガードが護衛につき、近衛《このえ》旅団の騎馬楽団が同行した。

祝砲は夏の明け方の4時に始まった。8時には、政府の指示でハイド・パーク・コーナーのセント・ジョージ病院周辺に設置された観覧席は、すでに着飾った男女でいっぱいだった。彼らはその場所に2シリング6ペンス払っていた。特にアメリカ大使は、チケットが必要なことに閉口している。朝のうちの雲は消え、10時にはヴィクトリアは歓声をあげる人々の中、コンスティテューション・ヒルからハイド・パーク・コーナーへ向かった。ここで馬車は右折し、ウェリントン公爵の住まいで〝ロンドン一番地〟として知られるアプスリー・ハウスの前を通り、ピカデリーに沿って進むと、セント・ジェームズ・ストリートで右折した。長い行列はペル・メルを進み、チャリング・クロスへ向かうと、ホワイトホールに沿ってウェストミンスター寺院を目指した。行程は予想通り1時間かかった。午後4時15分から、王室の馬車は同じ経路を引き返したので、何千人もの人々が若き新女王を見て、歓声をあげることができた。その日は、2年前にペル・メルにできた〈リフォーム・クラブ〉の有名シェフ、アレクシス・ソワイエが、2000人の賓客のために朝食を用意した。

ヴィクトリアが特別貸切列車でロンドンに到着し、できたばかりの本線駅であるユーストン・スクエア駅やロンドン・ブリッジ駅を通り過ぎるところや、暫定的な〝終着駅〟であるナイン・エルムズ駅やビショップス・ブリッジ・ロード駅（ヴィクトリア駅とパディントン駅はまだ開業していなかった）で降りるときには、40万人もの見物客が通りに列を作って手を振ったと思われる。その多くは王立公園で野営し、娯楽やケータリング料理が提供された。ハイド・パークで開かれた大きな市は、大衆の要望で2日間続き、バンドが演奏し、気球が上がった。グリーン・パークでは花火が打ち上げられ、楽しい夏の夜を景気づけた。

「わたしには死者の行進に見える」

国民が歓喜した6月のこの日を目にした人々は、戴冠式の行列に沿った見物席を占める女性たちの優美さについて語っている。[2] しかし、ロンドンにはほかにもたくさんの若い女性が暮らしていた。不潔さと飲酒、下品さと汚い言葉の中で育てられた、ヴィクトリアと同じ年頃の女性たちだ。そういった女性や、働く独身女性、特にきわめて低賃金でお針子や家事使用人として働く女性たち、また孤児たちは、若くて裕福な独身男性の愛人になることもあった。彼らは結婚して社交界に出る前に、階級の低い女性たちと楽しむのだ。

1837年のユーストン駅、錬鉄製の屋根が見える。Wikipedia

彼女たちはしばらく上流社会の暮らしを楽しむが、男性が結婚して捨てられればそれまでだった。あるいは、１８５１年に記録された４万２０００人（全出生児の７パーセント）の非嫡出子の母親になるか、里子に出すか、殺してしまえば。[3] そうなったら彼女の評判は地に落ち、仮に親がいても、家を追い出される。彼女はセント・ジェームズの路上で上流階級相手の売春婦となるか、ドルリー・レーンやコヴェント・ガーデンの劇場をうろつくことになったかもしれない。[4] 客を誘うのに人気の場所だったへイマーケットやロウワー・リージェント・ストリートは、まだピカデリー・サーカスによってライル・ストリートやウォーダー・ストリート、ウィンミル・ストリートといった同様の通りと隔てられていなかった。

リージェント・ストリートをきらびやかな馬車で走り、途中で停まって、まばゆく照らされた厚板ガラスの奥に誘うように陳列されている高価な品を買う代わりに、売春婦は夕方になるとへイマーケットとコロネードの歩道を歩く。ここでリージェント・ストリートがコヴェントリー・ストリートに合流し、現在のピカデリー・サーカスへ入って行くのだ。１８４０年代にコロネードが解体されると、売春婦は遊び人の男たちが集まるバーリントン・アーケードに移った。市の職員はそこへ行き、派手な格好をしてそぞろ歩く高価な売春婦をじろじろ眺めては空想にふけった。売春婦たちは、通常午後３時から５時の間にあたりを歩きながら、同じくそぞろ歩く紳士からの合図を待つ。その後、売春婦と客は２階で会う。[5] 婦人帽子屋や安物のアクセサリー店の２階が、体の取引の場所として知られていた。お針子の給料はあまりにも安く、自分たちが縫っている服は憧れの対象でしかなかったため、彼女たちは美しい服を着られるという抗《あらが》いがたい誘惑にさらされ、大都会での「陽気な《ゲイ》」生活（この言葉は現在のような同性愛ではなく、性的な放縦さ全般を意味していた）に魅了された。ディケンズの小説『ニコラス・ニクルビー』の第10章で、ラルフ・ニクルビーが姪《めい》のケイトのためにマダム・マンタリーニの仕立て屋での仕事を探してきたとき、読者はラルフが悪人で、ケイト・ニクルビーをどんな危険にさらそうとしているかを知っていることを理解していた。[6]

　警察はめったに介入しなかった。１８４１年に逮捕された売春婦はわずか９４０９人で、ほとんどが最も貧しい階級であり、おそらくその罪状は、窃盗や治安紊乱《びんらん》に関連したものだった。[7]

　年齢による衰えをおしろいと口紅で隠せなくなってくると、ロンドンの売春婦の稼ぎは、気前のいい客が魅力の絶頂にある売春婦のために払う20ポンドないし30ポンドから目減りしていく。そうなるとリージェント・ストリートの端にあるポートランド・プレイスに移り、そこで体を売る超然とした女性たちに加わるか、ヘイマーケットの端の細い通りに立つことになる。その後は、わいせつな行為が盛んに行われていたヴォクソールやクレモーンのプレジャー・ガーデン、さらにはハイド・パークから北に延びる薄暗いエッジウェア・ロードで客を探すことになるが、やがて売春婦としての過酷な最期を迎えるのは避けられない。ロンドンで最悪の売春地帯は波止場地区だ。あばたのある、汚い言葉遣いの売春婦が、露出の多い派手な古着を着て、パブからパブへ練り歩き、ため込んだ金を使いたい船乗りとの交渉に強引に割り込む別の女たちと争う。売春婦を利用する男たちは、態度も潔癖さも徐々に低下し、やがて彼女はどん底に落ち、グラス一杯のジンや一晩のベッドのために追いつめられる。ろくに服も着ていない体を風雨になぶられ、苦労の染みついた苦々しい顔に口紅を塗りたくった、惨めな、酒に溺れた売春婦が、殴られて死ぬか、アルコール依存症で死ぬか、梅毒で死ぬかは運次第だった。

外国人は、ロンドンの売春が広範囲にわたって恥知らずに繰り広げられているのを見て驚いた。イポリット・テーヌは、ヘイマーケットやストランドを100ヤード歩けば、必ずジンや家賃の支払いのための金をせびられると報告している。「まるで死んだ女性の分列行進を見ているようだ」と彼は書いている。「そこにはうんざりするほどの悲しみ、イギリス社会本体の、本物の悲しみがある」[8]

フローラ・トリスタンが訪れた新興地区の通りのひとつ、ウォータールー橋の南にあるウォータールー・ロードには、1841年の国勢調査によれば24軒の家に57人の若い女性が住んでいた。その年齢と、男性が住んでいないことから、全員が売春婦だとわかる。[9] フローラ・トリスタンによれば、その地区を訪れた夏の夜、女性たちは上半身裸で窓際や戸口にいたという。彼女は、その女たちの境遇は、女性の暮らしが不当なものであることの避けられない結果だと考え、窓際の女たちと一緒にいる情夫、ポン引き、〝ごろつき〟の存在を十分に承知していた。彼女はまた、裕福な男性が放蕩《ほうとう》にふけった夜の最後に向かう、いわゆる〝フィニッシュ〟についても描写している。彼女はそこが「豪華な酒場」で、高価な女性――フローラの主張は少し大げさかもしれないが、50ポンドから100ポンドも要求する女性もいたという――がステージ上に陳列され、男性はテーブルでもてなしてもらう女性を選んだと書いている。[10]

フローラ・トリスタンは、売春婦に関する同時代の調査を引用している。それによれば、首都では一晩に8万～10万人の女性が体を売っているという。しかしこの数字は、当て推量とほとんど変わらないか、逮捕者や性感染症専門病院への入院件数の統計という、既知の事実からの推定でしかなかった。売春婦は、感染症専門病院で水銀を投与された。それが唯一の治療法だったのである。売春婦を定義する明文化された法律はなかった。警察裁判所判事は、次のようなあいまいな宣言をしている。

現在のウェストミンスター地区、またはストランドをテンプル・バー（シティ・オブ・ロンドンの起点）に向かって半分ほど行ったあたりに、毎晩５００人から１０００人の、悲惨さを絵に描いたような人々を見かける。彼女たちが売春でどうやって利益を得ているのか、想像もつかない[11]

大陸の一部の都市とは違い、ロンドンでは売春婦は警察への登録、定期健診、特別な認可を受けた売春宿での商売を求められなかったため、統計を取ることは不可能だった。

管理されていないことで、状況はさらに悪くなった。１８７５年まで、法で定められた性的同意年齢は12歳だった。母親は12歳になった娘、あるいはその年齢と称する少女たちを売った。顧客は少女の初めての相手であることを確約される。この点が重要だったのは、処女とセックスをすると性感染症が治ると広く信じられていたためだ。それはともかく、思春期の少女はしばしば親の管理を逸脱した。安い下宿屋やロンドンの貧民窟に住む不良や犯罪者予備軍の若者の間では、盛んに乱交が行われていた。１８３５年に創設された、ロンドン少年少女売春防止協会は、ロンドンでは少年も売買されていることを報告している。

売春婦を更生させようとする組織には事欠かなかった。１８４７年、チャールズ・ディケンズは慈善家のアンジェラ・バーデット＝クーツとともに、ロンドンの西の郊外であるシェパーズ・ブッシュに希望通りの家を見つけ、〈ユーレイニア・コテージ〉という家庭的な名前をつけた。女性たちは慎重に選ばれ、厳しいが過酷とまではいかない規律に従い、適切な家事の技術を身につけることを勧められる。その多くは、最終的にアメリカやオーストラリアへ移住した。[12]

ロンドンの売春婦を表す最も低い数字は、ロンドン警視庁の統計による約１万人である。新聞は、少なく見積もられたと思われるこの数字を、10万人と大げさに書き立てた。１８４８年には、リージェント・ストリートの商店主たちは、リージェント・ストリート・クワドラントにあるジョージ王朝時代と摂政時代の建築家ジョン・ナッシュの有名なアーケードを、売春婦たちが悪天候をしのぐためにここに避難しているという理由で取り壊しさえした。『タイムズ』の特派員のひとりは強く抗議し、逃げ場のなくなった「無力な人々」が迷惑をかけたことがあれば教えてほしいと、ロンドン市民に訴えた。[13] 10年後の１８５８年1月8日、『タイムズ』は、ほかのヨーロッパのどの首都も「ロンドンのように昼夜問わず売春行為を恥ずかしげもなく人目にさらしている」ことはないと断言している。[14] リージェント・ストリートに買い物に出かけた女性は、商売敵《がたき》と勘違いした売春婦に喧嘩を売られる可能性があった。もっとひどい場合には、現代の〝カーブ・クローラー［売春婦を誘うために歩道沿いにゆっくりと車を走らせる人］〟のような連中に声をかけられた。このことは、売春婦が必ずしも一目でそれとわかる必要がなかったことを示している。ある意味、女性が控えめな服装をすべきかどうかという現代の論争を先取りしているようだが、婦人たちは真正面からしか顔が見えないようボンネットを着用し、赤い服は避けるようにいわれていた。赤い服は、当時の訴訟事件の中心人物だったローラ・モンテスが身をもって知ったように、夜の女性の制服と考えられていたのだ。

黒髪でエキゾチック――ローラ・モンテス

ローラ・モンテスは、当時の大冒険家で、１８４９年にはロンドンの新聞に多くのコラムを寄稿した。[15] 彼女は１８２０年、陸軍士官の娘イライザ・ギルバートとしてアイルランドで生まれたといわれる。父親はインドに配属されているときにコレラで死に、彼女は16歳でトーマス・ジェームズ中尉と駆け落ちする。結婚生活は破綻し、彼女は間もなくイギリスに戻って、気前のよい義父に与えられた金で生活しながら、ハイド・パークで数人の男友達とともに、似合いのポニーときらびやかな四輪馬車を走らせた。男友達の中にはジョージ・レノックス中尉もいた。やがて、金は底をついた。イライザは、レノックスが控えめにいえば〝クリム・コン〟、すなわち〝クリミナル・カンバセーション〟（姦通《かんつう》の意）を認めたため面目をつぶされ、ジェームズ中尉に形ばかりの１００ポンドを支払って示談にした。美しく才能もあったイライザはアンダルシアに渡り、スペイン舞踊を学んで、マリア・ドロレス、または略してローラと名乗った。その間、

1842年12月15日には、ジェームズは宗教裁判所でイライザとの別居を認められた。これは離婚ではないため、その後の結婚は違法となる。

ローラ・モンテスという芸名で、イライザはパリで花形になり、裕福な男性に〝保護〟され、ダンサーとしてのまぎれもない才能に大胆でエロティックな動きと最小限の衣装を組み合わせた。特に、有名な蜘蛛の踊りでは、服の中や体の秘部に蜘蛛が這《は》っていないか探すふりをしてみせた。

ロンドンを訪れたとき、彼女はオックスフォード・ストリートのプリンセス劇場に露出度の高い真っ赤なドレスで向かい、新聞記者の注目を引こうとした。売春婦が着るものとみなされていた色である。悪名を馳《は》せようという彼女の賭けは失敗に終わった。姦通者として知られていたローラは、人々から目をそむけられ、つまはじきにされたが、これは彼女のキャリアの一時的な傷にすぎなかった。

1846年にミュンヘンで公演を行ったとき、彼女はバイエルン王ルートヴィヒ1世の目に留まった。彼は60代の小国の王で、二流の詩人で、ネオクラシカル様式の建築家だった。ルートヴィヒは、黒髪でエキゾチックなローラにすっかり惚れ込み、ランズフェルド伯爵夫人《グレーフィン》に据えた。ローラは自分の地所とバ

トーマス・イースターリー撮影のローラ・モンテス。ミズーリ歴史博物館、オープンアクセス

イエルンで、現代でいえば甘やかされたアイドルのような暮らしをし、使用人を叩き、機嫌の悪いときには窓ガラスを割り、請求された大金を払おうとせず、ついにはルートヴィヒが愛人に過剰な浪費をすることに抗議する学生たちを封じ込めるため、ルートヴィヒを説得して地元の大学を閉鎖させた。さらに彼女は、政治的陰謀と切り離せないほど深くかかわっていたため、内閣は辞任し、ルートヴィヒは１８４８年に退位を余儀なくされた。

　彼女を溺愛していた国王から与えられた高価な宝石を手にロンドンへ戻ったローラは、やはり欲望を抑えられず、ピカデリーに近いハーフムーン・ストリート27番地の、高価な10部屋のアパートメントに住んだ。バイエルンでの冒険にまつわる舞台作品はきわめてスキャンダラスだったため、演劇の審査を担当している宮内長官《ロード・チェンバレン》は、これを上演禁止にした。上流社会に見下されながらも、ローラは大衆にセンセーションを巻き起こした。誰もが彼女のことを噂し、女性は髪型や服装を真似した。商人は婦人用の扇子に彼女の写真を貼って人々の羨望を集められるようにし、男性向けには嗅ぎ煙草入れに貼って、好色な目をした友達の間に回せるようにした。

　ローラは１８４９年６月19日に、有望な結婚相手のジョージ・スタフォード・ヒールドと、ハノーヴァー・スクエアの豪華なセント・ジョージ教会で結婚式を挙げた。これは間違いだった。間もなく新婚旅行から帰ってきたローラは、重婚罪で逮捕・起訴された。

　８月６日、熱に浮かされたような大衆の関心の中、ローラとジョージ・ヒールドはロンドンのウェスト・エンド、グレート・マールボロー・ストリートにある治安判事裁判所に姿を現した。『タイムズ』の記者は、どこか意地悪くこう書いている。ローラは24歳と称しているが、実際は

28歳で、見た目は30歳であり、自分の窮状に「少しも動じていなかった」。読者は彼女の外見や服装について、細部にわたり知ることができた。彼女は、トーマス・ジェームズとの最初の駆け落ち婚は解消したとみなされているはずだと主張した。再婚は許されると確信していたと。ローラは黒いシルクのドレスに、体にぴったりした黒いビロードのジャケットをはおり、青い縁取りをした白い麦藁《むぎわら》のボンネットをかぶっていた。彼女は豊満で、頬骨が高く、大きな青い目を黒いまつげが縁取っていた。重婚相手の夫は上を向いた鼻をしていて、そのせいで「非常にあどけなく」見えたという。彼はまだ21歳だった。重婚罪で訴えたのは彼の未婚のおばで、女山師のローラが、年に6000〜7000ポンドという甥《おい》の収入を自分のものにしようとしていると心配してのことだった。

ローラは2000ポンドという大金で保釈を許されたが、出廷する気はなかった。彼女とヒールドは保釈中に行方をくらまし、海峡を渡った。結婚生活は間もなく破局を迎えた。ローラはヨーロッパ大陸、アメリカ、オーストラリアでダンサーを続け、オーストラリアではバララットの金鉱採掘者向けの公演契約を結んだ。最終的に、彼女はアメリカで新生活を始めることにし、そこでさらに2度結婚した。晩年は、華やかな過去を懐かしむ日々を送った。最後には宗教に救いを求め、かつての行動を悔いるようになった。スペインで踊りを習っていたときに煙草を覚えてから、常にヘビースモーカーだった彼女は、立て続けに発作を起こし、1861年1月17日にこの世を去った。まだ40歳にもなっていなかった。短くはあったが、ほかの多くの女性と比べて彼女の人生は幸せだった。若い頃の彼女は、当時の出版界に登場した格言的な宣言には同意しなかっただろう。マーティン・F・タッパーは当時『格言風な哲理』で、「神聖なる良心に勝る化粧はない」という陳腐な教訓を述べている。しかし、大多数の人々はこれに賛同していたようだ。この本は1849年までに9刷を重ねた。イギリスでは50万部、アメリカでは100万部が売れている。[16]

永遠の美

加齢の影響を心配する女性や、顔を財産と考える女性は、マダム・レイチェルの店をひいきにしたことだろう。ロンドンのファッションの中心地、ニュー・ボンド・ストリートにあるこの店では、19世紀半ば過ぎにはすでに染髪や、さまざまな施術に加えて〝エナメリング〟と呼ばれる手法でしわ隠しをしてもらうことができた。その料金は、どれも1ギニーを下らなかった。ほかの美容術としては、マダム・レイチェルが販売する高価な歯磨き、シャンプー、アイシャドーを使うものもあった。一方で、ただの水や、薬局で販売されているありふれた品も使われた。中には、ひと瓶2ギニーの〝サハラの磁気性岩露水〟もあったが、これはのちに、鉛とデンプンと塩酸と蒸留水を混ぜたものにすぎないとわかった。しかしマダム・レイチェルは、病気で髪が抜けたときにかかった病院の医師から、豊かな髪を保つための正真正銘と思われる処方を手に入れた。これらはすべて、『永遠の美』と銘打った、マダム・レイチェルの宣伝用パンフレットに書かれている。このスローガンは、コヴェントリー・パットモアの詩『永遠の信仰』と、どこかグロテスクに呼応している。この詩はのちに『家庭の天使』という詩の一部となったが、これはヴィクトリア期の妻を理想化したものだ。[17] マダム・レイチェルの宣伝はプラカードに書かれ、それを持ったふたりの女性が、前後になって通りを練り歩いた。前の女性は美しく、次の女性は醜さを装っていて、美しい女性がマダム・レイチェルの手を借りるまではどんな容貌だったかを見せる意図があった。かつてクレア・マーケットで魚のフライを売り、ドルーリー・レーン劇場裏の回廊で売春を斡旋《あっせん》していたマダム・レイチェルは、最後には中央刑事裁判所の被告人席に立ち、金を騙し取ったとして刑務所行きとなった。だがそれは、彼女の店に群がる騙されやすい女性たちを欺いたためではなかった。彼女の罪は、好色な若い貴族からの愛の手紙をでっち上げ、年老いつつある裕福な未亡人に、マダム・レイチェルの高価な若返り術一式を受けるようそそのかして、7000ポンドを騙し取ったことだった。マダム・レイチェルは懲役と重労働の刑を宣告された。[18]

ニュー・ボンド・ストリート47aのマダム・レイチェルのサロンは、既婚女性が愛人と会う場所としても知られていた。信仰心や体面の感覚が発達しても、ロンドンでは上流階級の性的悪徳がは

「ファッショナブルな紳士用装身具商の客」、ドイル、『Manners and Customs of Ye Englyshee』、1849年より

びこっていて、それはストランドの外れにあるホリウェル・ストリートを中心としたポルノ市場にも反映されている。この場所では1865年にウィリアム・ダグデールの店に警察の手入れがあり、本822冊、写真3870枚、その他大量の品が摘発された。[19]

しかし、人々が事に及ぶための情報を得るのに、ポルノに頼る必要はなかった。1857年の離婚法によって、多くの人が流行りの不倫について〝公益のために〟詳細に語るようになる前から、新聞はクリム・コンに関する卑猥《ひわい》な記事を載せていたからだ。

19世紀半ばまでには、正直、純潔、真面目（ヴィクトリア期に流行した言葉）は、摂政時代の性に対する気軽な態度に取って代わっていた。ヴィクトリアの治世が進むにつれ、上流階級の性的な不適切さは、軽い問題では済まされなくなった。内務大臣だったパーマストン子爵は、苦い経験を通じてこのことを思い知った。1840年、彼はヴィクトリア女王の女官の寝室にいるところを見られてしまったのだ。女王が長年〝パム〟と呼ばれる彼を嫌っていたのは、このエピソードが原因だ。[20]

結婚、離婚、女性の居場所

生活できる賃金を稼ぐのは非常に困難だったため、貧しい女性のほとんどは、体を売るしか選択肢がなかった。シャーロット・ブロンテは、小説『シャーリー』の中でこう書いている。

ほとんどの女性には世間で働く仕事はなく、家事や裁縫をするしかない。役にも立たない訪問以外に世間的な楽しみはまったくないし、この先の人生が好転する希望もない[21]

シャーロット・ブロンテは1849年に、この文章をカラー・ベルという男性の筆名で書いた。女性作家が誇張していると思われたくなかったからだ。彼女の言葉は、現在の女性の経済的、社会的、法的地位が大きく変化したことだけでなく、彼女や当時の女性が自分たちの暮らしをどのように見ていたかを示しているともいえる。

女性の法的な地位は、夫の地位に完全に左右されていた。妻は夫の同意がなければ、代理人、受託者、執行人にはなれなかった。また夫の許可がなければ、訴訟を起こしたり、契約の当事者になったり、遺言状を作成したりできなかった。シャーロット・ブロンテの『ジェーン・エア』に登場するミスター・ロチェスターのように、夫は妻を意に反して監禁することさえできた。要するに、妻は法的に自立した存在ではなかったのである。彼女の財産は、信託財産として所有していない限り夫のものとなる。収入があったとすれば、それは法的に夫のものとなる。

しかし、妻は夫による離婚からは守られていた。不貞によって夫が妻と離婚したければ、妻の愛人をクリム・コン、すなわち姦通の罪で訴えなければならなかった。夫は損害請求をし、教会裁判所で訴訟を起こして、〝食卓と寝床〟［同居義務は消滅したが婚姻の完全な解消は認められない離婚］の別居をすることになる。おそらくローラ・モンテスが法的に認められたのもこの別居だったのだろう。婚姻の〝絆《きずな》〟という言葉から来ている完全離婚《ディボース・ア・ヴィンクロ》ができるのは、結婚そのものが違法と認められたときだけだった。すなわち、片方がすでに結婚しているか、血縁関係が近すぎるか、最初の結婚式に手違いがあったかである。[22] いずれにせよ、離婚された妻は札付きとなる。不倫行為を夫が証明した場合はなおさらだった。もちろん、夫の同意があったと反論はできるが、その場合は結託していると非難され、その事実そのものにより離婚は不可能になる。実際には、大多数の男女は不幸な結婚をして、結婚式でいわれるように、死がふたりを分かつまでそれが続いた。

19世紀半ばの考え方では、社会秩序は性的安定にかかっているとされていた。そのため、敬虔《けいけん》、福音主義、社会的な規律といった支配的な空気から、セックスは禁欲的な見方をされた。〝真面目な〟人物というのは配偶者に誠実であるだけでなく、自制心を備えているか、性交に過剰に熱中した場合の人口統計上の結果を知っているマルサス主義者［過剰人口の脅威を唱える人々］でもあった。真面目な中産階級の考え方は上流階級に広がり、下層階級に押しつけられた。彼らは、大衆にはびこる性衝動から社会を守ることを求めた。そのためには、貴族はよい例を示し、下層階級の生活からは無知と不衛生を軽減しなくてはならなかった。真剣であることや福音主義的な立場は、愛や結婚とは敵対しなかった。天使のような妻には、家庭の救い主という姿が投影され、それだけに悪名高い1849年の事件を起こした無慈悲な殺人者マリア・マニングは恐怖を呼んだのである。暖炉の前の天使として、精神をすり減らす外界からの逃げ場である家庭を守るというヴィクトリア期の妻の概念を、彼女は反映していなかった。マリアの不倫と、当然ながらフランス訛《なま》り（彼女はフランス語圏であるスイスの出身だった）のせいで、彼女は海峡の向こうの不道徳と結びつき、ヴィクトリア期の妻の理想には当てはまらなかった。理想の妻とは、性的な情熱を持たず――後からわかったことだが、ヴィクトリア自身そうではなかった――それを恐れるあまり、夫の前でも裸になりたがらないものと考えられていた。[23] 多くの版を重ねた、ウィリアム・アクトン博士による1857年の『生殖器の機能と障害』では、このように断言されている。「原則として、慎《つつ》ましい女性は自分を性的に満足させたいという欲望をほとんど持たない[24]」

アクトンが本当にいいたかったのは、セックスを好きな女性は慎ましくないということだ。セックスに対する進歩的な態度は、ヴィクトリア期のほとんどの人にとってありえないことだった。それはイギリスでは無神論や革命的過激主義と結びついていたからだ。イギリスは幸運にもフランス革命の行き過ぎた行動や、1848年のヨーロッパ大陸の大半で繰り広げられた社会的・政治的暴動を免《まぬが》れていたというのが一般的な見方だった。

ズボンを穿いた女性!

脱女性化の恐怖は広範囲に及んでいた。1851年には、女性をわずらわしい服装から解放する運動に激しい反発があった。アメリカの禁酒雑誌の編集者として高く評価されたミセス・アメリア・ブルーマーが発明した衣服は、トルコのズボンを基にしており、足首のところにギャザーを寄せ、くるぶし丈のスカートの下に穿くものだった。ズボンによってスカートの下に脚があることが示唆されること以外、下品なところは何もなかった。ハイド・パークで開かれた万国博覧会のためにロンドンを訪れていたミセス・ブルーマーは、1851年9月11日に自身の〝合理的な〝服を着てピカデリーを歩き、ビラを配った。セント・ジェームズ・パークにさしかかったとき、池に沈めるぞと脅された彼女は一目散に逃げ出したが、たまたまその服装だったために素早く動くことができた。[25] それから40年を経て、ようやく彼女の〝ブルーマー〟は、サイクリングをする女性たちに着られるようになった。だが1851年には、ブルーマーに触発されて、女性の権利拡大運動に深刻な憂慮を表明する大量の記事や風刺画が生まれた。聖人のような女性性は、男たちの不道徳で堕落した生活から身を守るものと考えられた。性的な慎みと自制心は、尊敬すべき社会を守るものだったのだ。決して保守的ではなかったチャールズ・ディケンズも、こう問いかけている。

仮に、われらがジュリアが国会議員、教区の保護者、州長官、大陪審員、または有能な議長として知られる女性だったとすれば、彼女をさらに深く愛するだろうか？　むしろ、国会議員、教区の保護者、州長官、大陪審員、または有能な議長から逃れる天国として、ジュリアとともにいることを求めるのではないか？[26]

妊娠に〝陥る〟

マリアとフレデリック・マニングは、2年3か月の結婚生活の中で子供を持つことはなかった。となると、マリアまたはパートナーであるパトリック・オコナーとフレデリック・マニングのふたりには、生殖能力がなかったのだろうか？　それとも、彼女は妊娠に〝陥る〟ことにならないと決め、それをやりおおせたのだろうか？

チャールズ・ディケンズの妻のように、女性が13年間に10人もの子供を産む場合、当然ながら母乳による子育てが受胎を阻む要因となった。その間の一般的な避妊法は、男性がクライマックスに達する前に膣から性器を抜くもので、膣外射精と呼ばれた。堕胎は一般的に行われており、そのための製品は多岐にわたっていたが、婉曲《えんきょく》に〝女性の周期を取り戻す〟とうたわれていた。現に1837年まで、女性本人が行う堕胎は犯罪ですらなかった。少なくとも、胎動が始まる、つまり子宮の中で胎児が動くようになるまでは。通常は激しい痙攣《けいれん》を引き起こす目的で、女性はあらゆる危険な準備をした。ジンと火薬を混ぜたもの、吐剤、カンタリデス（スパニッシュ・フライ）、またはアロエ、ジュニパー、麦角といった下剤。殺精子剤を含ませたスポンジやコンドームといった洗練された避妊法は、1826年に出版されたリチャード・カーライルの『すべての女性の書、または愛とは何か』などのパンフレットで推奨された。しかしこれらの品は、女性が聞いたことがあったとしても、入手は困難だった。ゴム製のコンドームは既婚者には適切でないと考えられていたので、見つけるのは難しかったし、いずれにせよ扱いにくかった。アメリカの医師チャールズ・ノウルトンが1834年に刊行した『哲学の果実』では、洗浄法が推奨されている。これはおそらく、膣外射精後に最もよく使われた方法だろう。しかしノウルトンの40ページの本は、40年間ほとんど売れなかった。急に売れ出すようになったのは、1877年に自由思想主義者のチャールズ・ブラッドローとアニー・ベザントが復刊してからのことだった。[27]

ロンドンの大衆は、1849年に起きたふたつのスキャンダラスな事件に病的に興奮し、酔いしれた。ローラ・モンテスの重婚事件と、フレデリックとマリア・マニングによるマリアの恋人殺しだ。どちらの女性も、コヴェントリー・パットモアが『家庭の天使』という詩の中で家庭的な幸福として描き、人々に崇拝された清純さと高潔さの権化に当てはまらなかったからだ。この詩は25万部が売れている。[28]

彼女は敬虔な気質の持ち主で、
その表情は天使のよう。
最上の人が信じる最上のものは、
かように優しい彼女の顔にある、
信仰を持たない者は、その顔を見て、
天国ばかりでなく、その希望も心に抱く。

第3章 彼らは何を食べ、どこで買い物をし、何を着ていたのか

ディナーをご一緒にいかが……？

マリアとフレデリック・マニングは、パトリック・オコナーを殺そうと計画した。ふたりは１８４９年８月９日木曜日の午後５時30分に、彼をバーモンジーの自宅での食事に呼んだ。夕食の時間は、社会階級の目安だった。５時半というのは18世紀の上流階級の一般的な時間だったが、数世代後には、夕食は７時半まで繰り下げられた。[1] "中位"中産階級では、夕食は６時に出された。マニング夫妻は中産階級でも下の方だったので、それより30分早く食事をしていたわけだ。

しかし、さらに遅い時間に食事するのは粋なこととされていた。非常によく売れたジョージ・レイノルズの１８４６年の連載『ロンドンの秘密』には、こう書かれている。

晩餐は７時きっかりに出た。ミスター・グリーンウッドは、出世に伴いディナーの時間を１時間遅くした。そして准男爵になったら、８時半まではテーブルに食事を並べないと心に決

めていた[2]

一般的な労働者にとって、〝ディナー〟という言葉は夕食ではなく、正午または午後1時にとる主な食事を指していた。夜は、男たちの仕事が終わるのは8時か、それより遅かった。彼らは午後4時頃に〝お茶〟の時間を取り、かなり遅い時間に〝サパー〟と呼ばれる食事をした。夜もかなり更けてから、貧しい家の子供は父親のサパーのためにハム1オンスとチーズ数切れを買いに行かされる。子供たちが魚のフライの店で一番美味しそうなカレイやヒラメを選ぶ姿も見られた。しかし、揚げたジャガイモ（チップス）は、フローラ・トリスタンが不満を述べたように、まだ付け合わせとして知られておらず、ロンドンで見つけることはできなかった。[3]

労働者のサパーの時間は午後11時になることもあったと、ジャーナリストのジョージ・オーガスタス・サラは書いている。彼はさらに、おそらく皮肉だろうが、こうつけ加えている。

そのとき、堅実で勤勉な機械工により、最後のカルメット［北米先住民が煙草を吸うために用いる長いパイプ］が吸われ、借り物の新聞は読まれ、その日の出来事や翌週の予定が楽しく語られ、働き者の伴侶はごつごつした手をした主人の隣に座って、彼のパイプに煙草を詰め、ビールを注ぎ、小さな子供の長靴下を繕うのだ[4]

彼らは何を食べ、いくら払っていたのか？

商店や屋台には、今でいうテイクアウトの料理が数多くあった。プディング、パイ、バターと塩で焼いた半ペニーのジャガイモ、温かいウナギ料理、豆のスープなどだ。貧しい人々は金が入れば食べ物に使った。鍋やフライパンのような調理器具、時には皿までもろくに揃っておらず、贅沢な食事が家の食卓に上るのを楽しみにすることもできない人々は、買える時と場所があり次第、好きなものを買って食べた。貧しいイースト・エンドのホワイトチャペル地区の商人は、調査ジャーナリストのヘンリー・メイヒューに、1ペニーのパイが1日300個売れ、客のほとんどは男の子だといった。「出来立てかい？」と彼らは訊くという。「熱いのが好きなんだ」と。[5]

小説に登場するデイヴィッド・コパフィールドの若い頃の記述は、チャールズ・ディケンズの思い出を反映している。彼は10歳の頃、ハンガーフォード橋近くのウォーレン靴墨工場で靴墨の瓶にラベルを貼る仕事をしていた。小説では、ミコーバーの家に住むデイヴィッドの下宿費は、ミスター・マードストンという名にふさわしい冷酷な養父が支払っていたが、週6〜7シリングの稼ぎはすべて食べ物に使われている。朝食はペニー〝ローフ〟というよりロールパンに近いものと、1ペニーの牛乳（おそらく、路上や近くの牛舎で売られている搾りたての牛乳のため、温かかったことだろう）だ。彼はペニーローフをもうひとつと、チーズひと切れを食べる。チーズが1ペニーだとすれば、彼は週に2シリング4ペンスを使うことになり、主たる食事には週4シリング使えることになる。時には空腹のあまり、昼のディナーまで待ちきれず、ベーカリーの外で半額で売られている古いペストリーを買う。または、こんなプディングを食べている。

ものすごく大きくはあったが、何かぶよぶよとして、色も悪く、それに乾《ほ》しぶどうも、ぺちゃんこのが、ただパラパラッと、間遠に入っているだけだった。毎日、ちょうど私の通りかかる頃、ホカホカのができ上がるので、よくそれを買ってすませたこともある。(中野好夫訳)

夜まで金が残っていれば、デイヴィッドはサビロイ[よく調味された乾製ソーセージ]とペニーローフ、または4ペンスの牛肉1皿、またはパンとチーズとグラス1杯のビールを口にすることができた。〝お茶〟はコーヒー1パイントと、バターを塗ったパンひと切れだった。大人になったデイヴィッドは子供時代を振り返り、こんなふうに回想している。朝から晩まで働き、カムデン・タウンからテムズ川まで徒歩で往復していた10歳の子供ならば驚くことではないが、いつでも腹を空かせていて、余分なお金が手に入ったらすべて食べ物に注ぎ込んでいたと。彼の朝食とサパーは、単調なだけでなく栄養も乏しかった。日中にバランスの取れた食事をしていれば、大した問題ではなかっただろう。しかし、デイヴィッドのように1週間の食事に6~7シリングかけることのできない子供たちが、ロンドンにはどれくらいいただろう?

きわめて裕福な人々を除けば、食費が家計の最も大きな部分を占め、パンにかける食費が一番多かった。腹にもたれる、ねっとりした、灰色がかったクオーターン・ローフは、4分の1《クオーター》に切って売られることが多かったのでその名前がついた。1822年のロンドン・ブレッド法により、重さは4ポンド15オンスと定められている。これは5ポンドまたは2・2キログラム弱だ。1846年の価格は8ペンス半ペニーだった。[6] この年、穀物法が廃止になり、安いトウモロコシが輸入できるようになると、パンの価格はわずかに下がったが、ロンドンの貧しい人々が遠い国の小麦畑からの膨大な収穫の恩恵を受けるには、アメリカとロシアでの鉄道の発達や、蒸気船の広まりによる海上輸送費の値下げが実現するまで待たなくてはならなかった。[7]

美味しいお茶

1833年までは、東インド会社が茶葉の輸入を独占していたため、価格は高かった。さらに、お茶には重い税金が課せられていた。関税のため、ヴィクトリア朝初期には、お茶は1ポンド当たり3シリングもした。そのため、人々は薄くて水っぽいお茶をいれ、消費量は非常に少なかった。[8] しかし、生活のさまざまな面と同じく、ここにも変化が訪れる。1853年にはお茶の関税が下がり、インドやセイロンといった新しい産地も着実に開発されていった。その結果、お茶の消費量は上がりはじめた。

牛乳をそのまま飲むことはあまりなかった。いずれにせよ、ほとんどの人が、特に夏場は牛乳を新鮮に保つことができなかったため、ロンドン市民は乳搾り女から毎日壺1杯の牛乳を買っていた。乳搾り女は、裏庭の牛から乳を搾り、牛乳の入った重い容器をふたつ吊るした天秤棒を担いで、近隣の通りを売り歩いた。牛乳が少ししか入っていない、あるいはまったく入っていない薄いお茶は、1ポンド当たり5ペンスに値下がりした砂糖で味をつけた。イングランドとウェールズでは、ひとり当たり36ポンドという大量の砂糖が消費され、砂糖への耽溺《たんでき》によって、歯ブラシを使う習慣のない人々の間で虫歯が広まった。[9]

食べ物の種類は、量と同じく、その人の収入に左右された。ベーコンは1ポンド当たり8ペンスで、安いとみなされていた。直火で調理しやすかったが、料理の腕と時間がある節約志向の主婦は、肉屋で荒っぽく切られたくず肉を1ポンド当たり4ペンス以下で買うことができた。よい肉屋の肉は高価で、やりくりには向かなかったし、ベーコンほど調理しやすくもなかった。

少なくとも貧しい人々にとって、ほかに考えなくてはならないのは、料理をする設備だった。大半は専用の暖炉も、フライパン以外の調理器具も持っていなかった。それに、女性が昼間、わずかな賃金のためのお針子や、暮らし向きのいい家庭の洗濯仕事などで、男性と同じだけの重労働をしていれば、料理をする時間などろくにないだろう。20世紀後半には、スーパーマーケットで新鮮な野菜や果物と一緒に、出来合いの料理や、現在の安定したガスや電気調理器を使ってすばやく調理できる肉が売られているが、20世紀前半に八百屋がロンドンの主婦に売っていたものは1世紀前とそう変わらず、特に冬場には土がついたままの傷んだジャガイモや、しなびたキャベツのようなもの、ねじれたニンジン、虫の食ったリンゴくらいしかなかった。一方、自分で内臓を抜いて毛をむしらなくてはならない鶏は贅沢品だった。

家族の食費

絶望的に貧しい人々は、ほぼジャガイモだけで生きていた。少しレベルが上がると、空腹を満たすのはパン、ジャガイモ、薄粥と決まっていた。薄粥は刑務所や救貧院の食事であり、ディケンズのオリヴァー・ツイストが空腹のあまりもっと食べたいといったのが有名だ。ロンドンの労働者、あるいはディケンズの『クリスマス・キャロル』でエベネーザ・スクルージに薄給で使われている事務員ボブ・クラチットでさえ、週に15シリングの給料で家族を養わなければならず、食事の選択肢はほとんどなかった。妻が本当に経済的で、やりくり上手の主婦であれば、自分と夫と子供のために下の表のような食料を買えただろう。

家族の収入の4分の3は、食料と石炭に使われた。15シリングの残りは、1間の部屋の家賃、蠟燭、ちょっとした買い物に費やされた。服や靴、薬、または緊急事態や娯楽に使える余裕はなかった。

いずれにせよ、食事は理想的なものではなかった。肉から摂取できるタンパク質はわずかとはいえないが、脂質は5人で分け合う1ポンドのバターからしかとれなかった。牛乳は飲んでいない。パン

	シリング	ペンス
8ペンス半のクォーターン・ローフ×5	3	6½
5ペンスの肉×5ポンド	2	1
2ペンスのポーター×7パイント	1	2
半ハンドレッドウェイト(56ポンド)の石炭		9½
ジャガイモ40ポンド	1	4
お茶3オンス、砂糖1ポンド	1	6
バター1ポンド		9
合計	11	2

とジャガイモは必要な量が出されている。父親は、重労働に必要なカロリーを得るため、1日1パイントのビールを飲む必要があった。子供たちの甘いもの好きは、毎週1ポンド消費される砂糖で十分に満たされているようだ。しかし、この家の買い物籠には果物も葉野菜も入っていない。

もっと稼いでいる労働者、おそらく週1ポンド5シリングの収入があり、特に常雇いの場合は、毎日肉を食べることができ、食事にベーコンとチーズが加わっただろう。しかし、たとえば冬場の建設業といった厳しい時期には、肉はテーブルから消え、腹を満たすためのパンとジャガイモに置き換わるだろう。バターや、肉屋で別売りされている肉汁は、出たり出なかったりだ。

それよりもずっと裕福な、年収250ポンドの中産階級の男性で、子供2～3人と住み込みの使用人がいる場合の1週間の食事は、ミセス・ランデルによる1825年の『家庭経済の新システム』によれば、バター3ポンド半（これはひとり当たり半ポンド以上になる）、チーズひとり当たり4分の1ポンド、そして驚くべきことに砂糖4ポンド半（これはひとり当たり1ポンド近い）だ。肉は18ポンド食べているが、野菜と果物はわずか6ペンス分だった。[10]

さらに多くの収入がある家族は、それよりも多くの肉とバターを口にしていた。有名な『フランス革命史』の著者トーマス・カーライルは妻ジェーンと使用人と暮らし、著作のみならず土地からも収入があった。彼らは毎週10ポンドのジャガイモとバター2ポンド半を食べたが、新鮮な果物や葉野菜はほとんど、あるいはまったく食べていない。クリスマスのディナーはスープ、羊のシチュー、パンプディング、デザートはミンス・パイだった。野菜には言及されていない。それでもカーライルは86歳まで生きた。彼の食生活は、さほど健康に害を及ぼさなかったようだ。[11]

料理法

主婦がカモやガチョウ、鶏を買うと、肉屋がはらわたを抜き、毛をむしってくれる。だが、市場に家禽《かきん》を数羽持ち込んでくる家畜商人から買った場合は、こうした難しくて不愉快で時間のかかる作業を自分でしなくてはならなかった。しかも、手のかかる子供たちがまとわりついてくる中で。

ヴィクトリア朝初期の一般的なレシピ本によれば、イギリス料理は簡素なものだった。ニンニクやソースは外国のものだったため、使われなかった。興味深いことに、のちにイギリス人がインド料理や中華料理を好んで食べるようになったのとは対照的に、1840年代によく売れたイライザ・アクトンの『現代の家庭料理』(1845年刊)では、外国料理に割かれたのは250ページ中たったの15ページだった。

中産階級の家庭は、〝素朴で美味しい料理〟を求めていた。主婦に期待されていたのが単純明快なイギリス料理だったことは、たとえばこの1週間のメニューでわかる。

日曜日・ローストビーフ、ヨークシャー・プディング、ジャガイモ、葉野菜。
月曜日・ハッシュドビーフとジャガイモ。
火曜日・炙《あぶ》った(グリルした)ビーフと野菜。

水曜日・魚、チョップと野菜。

木曜日・茹《ゆ》でた豚肉、エンドウ豆のプディング、葉野菜。

金曜日・豆のスープ、豚肉。

土曜日・スエット［牛や羊の腎臓と腰の周りの固い脂肪］のダンプリング入りビーフシチュー。[12]

肉は毎日食べられていた。水曜日の魚が何かは特定されていないが、チョップと一緒に食べている。ジャガイモのほかに、葉野菜や豆といった野菜が、この週間メニューにたびたび登場しているのは驚くべきことだ。しかし、サラダはあまり挙げられていない。生の食べ物は非常に消化が悪いと考えられていたからだ。野菜が登場しているのは、このメニューが載っている本の著者が、1837年から1850年にかけて〈リフォーム・クラブ〉で活躍した、有名なフランス料理シェフのアレクシス・ソワイエだったためかもしれない。1830年のフランス革命を逃れたソワイエは、イギリスの厚遇への恩返しとして、高い失業率と貧困がはびこった時代にロンドン中心部のレスター・スクエアで炊き出しを行った。またアイルランドでも、1847年のジャガイモの胴枯れ病によって飢えた人たちを支援した。彼はその後、1853年にクリミア半島へ行き、フローレンス・ナイチンゲールを手伝ってスクタリ野戦病院に野外炊事場を作り、病気や怪我で伏せっている兵士の食生活を向上させた。

ソワイエのメニューは、1849年に出版された彼の著書『現代の主婦、または主婦《メナジェール》』に登場する。この本は売れ行きがよく、発売2週間で重版し、1851年までには2万1000冊が売れた。[13] ソワイエの本があまりにもよく知られていたため、ユーモア系週刊誌『パンチ』の1849年9月15日付の記事では、ふたりの既婚女性「メアリー・A」と「イライザ・B」が、この本が世に出てから夫の注文がいかにうるさくなったかをこぼしている。ダン・グレートレクス師が1856年に外食したときの女主人は、おそらくイライザ・アクトンとソワイエの著書をよく読んでいたのだろう。グレートレクスの日記には、ラムのロースト、茹でたチキン、アップルタルト、チェリープディングを食べたと書かれている。[14]

食べ物はどのようにやってくるのか――ロンドンの買い物事情

ヴィクトリア朝初期にはまだ、ロンドンの200万人もの住人の胃袋を満たすのに必要な大量の食べ物を鉄道が運んでくることはなかった。毎日、夏の早朝の光の中か、冬のまだ暗い中を、数百頭の馬が近郊や、エセックス、ミドルセックス、サリーといった〝ホーム〟カウンティ［ロンドン近郊諸州］の畑から重い足取りで運んできた。一方、女性たちはハマースミス、フラム、デトフォードの菜園から作物を運んで長い距離を歩き、コヴェント・ガーデンなど、ロンドンの大きな市場へ供給していた。問屋は、朝の5時から7時の間に菜園から作物を仕入れた。貧しいアイルランド移民の女性が得意とする商売のひとつは、少量の野菜を買って籠に入れ、ロンドンのあらゆる場所へ運ぶことだった。肉に関しては、首都に通じる主要な道路は、カモやガチョウを運ぶ人々でごった返し、1828年にはスミスフィールドの食肉市場で15万2804頭の牛と、

158万2530頭の羊が売られた。[15]

鉄道の登場で、すべてが一変した。違いはすでに生じていた。1853年までには、7つの鉄道会社が年間100万頭の生きた牛を首都に運んでくるようになっていた。鉄道によってどれほど経費が安くなったかを示す驚くべき例が、セント・トーマス病院だ。長年、セント・トーマス病院では患者に飲ませる牛乳を地元の酪農家から1ガロン1シリングで買っていた。しかし1854年以降は、エセックスの酪農家から25パーセント安い値段で牛乳を購入するようになり、その牛乳はイースタン・カウンティーズ鉄道によって運ばれてきた。イースタン・カウンティーズ鉄道は、その年に75万ガロンの牛乳を運び、行き先の大半はロンドンだった。[16] 果物はまだ食事の主な構成要素ではなかったが、海外の安い生産者から船で運ばれたものがサウサンプトンやリヴァプールで陸揚げされ、鉄道でロンドンに運ばれるようになると、やはり価格が下がった。しかし、人気があったわけではなさそうだ。現にジェーン・カーライルは、果物は何の役にも立たず、疝《せん》痛《つう》を引き起こすだけだと考えていた。それでも、エキゾチックな西インドのパイナップルまでが出回るようになっていた。チャールズ・ディケンズは、1830年代の後半には早くもコヴェント・ガーデンの主要な市場で見かけたと報告している。[17] しかし、それらはひどく高価だった。トーマスとジェーン・カーライルの家のメイドには、パイナップルに2ポンド10シリング払うことを何とも思わない裕福な大おじがいるという噂があった。

それでも、最終的に輸入食品の値段が下がったのは、冷却技術が発明され、貨物船で使用されるようになったためだ。このため、ヴィクトリア期の後半にはイギリスの農業の大半で経済が破綻した。以前は生きたままアルゼンチンから運ばれ、非常に経費がかかっていた肉は、冷凍でイギリスに輸入されるようになった。

主婦は土曜日の夜、週給を受け取ったばかりの夫から金を渡され、買い物に行くことができた。殺人犯のマリア・マニングは、向上心のある中産階級の女性として、バーモンジーの自宅からボロー・マーケット、あるいはウォータールー・ロードから分かれたニュー・カットまで歩いたことだろう。白い木綿のストッキング、メリノウールのドレス、濃紺または黒のショール（すべて、のちに警察による彼女の所持品の一覧に記録されたもの）に泥が跳ねないように上品な足取りで歩き、屋台の店主の下品な声かけは無視して、手袋をはめた指で軽蔑したように泥付きのジャガイモやニンジン、その他の野菜の山を指しただろう。ひょっとしたら、1シリング分の鯖《さば》、小魚1皿、またはムール貝を1クオート買ったかもしれない。現在では高価な珍味になっている牡蠣《かき》は、安くて人気があった。

中産階級の人々、またはそう呼ばれたいと熱心に望んでいる人々が、〝ベイクド・テイター［ジャガイモの意］〟屋からベイクド・ポテトを買ったり、まして1ペニーのマトン・パイや、ロンドンでは〝ペナス〟といわれるロンドン子のお気に入りで、金属の皿に入って売られるウナギのシチューを1ペニー分買ったりしていたのだろうかと思う読者もいるかもしれない。路上でものを食べるのが下品なのはもとより、こうした食べ物はいわれているほど美味しいものだったのだろうか？

パブの主人「雨が降ってきたようだ」

自称〝空飛ぶパイ屋〟が売っていたパイに、仮に本物のマトンが入っていたとしても、どれほど入っていたかは疑わしい。売られているものがどこまで本物かは、事実上まったく管理されていなかったし、食べ物には大いに混ぜものがされていた。面白いことに、それが知られているのは、当時こうした不祥事に対処するための本が出版されていたからだ。たとえば1848年にはジョン・ミッチェルが、『食品偽造とそれを検知するための科学的手法に関する論文』を発表している。強欲と、コスト削減の激しい競争により、食品への混ぜものは蔓延していた。特にパンとビール、またお茶のような関税の高い製品で行われた。パン屋はジャガイモや豆をすり潰して小麦粉に混ぜたり、ミョウバン、チョーク、骨粉を商品に混ぜ込んだりした。しかもその小麦粉には、すでに粉屋が石粉を混ぜていた。ビールの醸造者や居酒屋の店主は、最悪の犯罪者だった。前者は有毒なコックルス・インディカスだけでなく、やはり毒性のある東インドのマチンを、辛いトウガラシやコリアンダーと混ぜてモルトとホップの代わりにし、薄めたビールに風味と濃さを足した。新しいビールは硫酸で熟成を早め、古くて酸っぱくなったビールは牡蠣の殻で再生した。硫化鉄は薄めたビールに泡を作った。硫酸と亜ヒ酸は、ジンに混ぜた。

食料品店では、灰やスローまたはニワトコの葉をふんだんに混ぜ込んだ、量り売りの〝お茶〟が売られていた。1840年代には、茶葉再生を専門とする〝工場〟がロンドンに8か所あった[18]。使用済みの茶葉は乾燥され、化学物質で着色され、本物の茶葉に混ぜられた。他には、ピクルスに色をつけるのに銅が使われたり、鉛丹やコショウの粉がチーズの皮に加えられたりした。亜鉛、鉄、さらにはヒ素までもが、同じような目的で使われている。[19]その目的は、より危険だったとはいえ、現在にも通じる見た目をよくするためだった。古くなった肉に明るい光を当て、新鮮さを誇張させるようなものだ。1849年8月25日付の『パンチ』は、当時のコレラ流行中に下痢止めとして処方されたチョークの混合物は、市販の混ぜものをした牛乳で簡単に代用できると皮肉を書いている。牛乳売りが「純粋なチョーク配合」と宣伝すれば大金持ちになれるだろうと。

当局の介入は、たとえ公共の利益のための飲食物への混ぜものの規制や給水の浄化であっても、自立した自由なイギリス国民に対する大陸型の詮索であり、耐えがたいものとされた。制服を着たフランスの警官が、パリのベーカリーのパンの重さを検査することが、油断をすればイギリスが警察国家になりかねない例として挙げられた理由を理解するには、人々が警官の姿を見慣れるようになるまで、警察のパトロールが考えただけでもいかに嫌われていたかを考慮しなければならないだろう。とはいえ、チャールズ・ディケンズが何度も指摘したように、昔ながらのロンドン当局は、現代的で人口の多い、活気にあふれる都市を統治する能力はとうてい持ち合わせていないことが次第にわかってきた。たとえば、パリの辻馬車の御者が集中管理をされているために、口汚くて不正をするロンドンの御者よりも統制が取れているとすれば、(現在では恐怖を呼び起こす言葉だが)〝中央集権化〟すればいいとディケンズは書いている。[20]彼の主張はおそらく、1850年代のノッティンガムの宴会で、20人の客が体調を崩したことを反映しているのだろう。彼らはデザートにブラマンジェを出されたが、その緑色を強調するために亜ヒ酸銅が使われていたのである。幸い、死んだのはひとりだけだった。[11]

外食しよう

外食に関しては、ロンドンで一般に開放されていたのは、ほんの数軒のホテルのダイニング・ルームだけだった。1851年の『マレーのロンドン旅行者ハンドブック』によれば、リージェント・ストリートの〈ヴェレーズ〉、レスター・スクエアの〈ベルトリーニズ〉と〈ジローズ〉、それにナイツブリッジの〈モーフレッツ〉が最高のレストランだった。

〝レストラン〟はフランス革命中に、ギロチンで処刑された貴族のもとで働いていた失業中のシェフがロンドンで開いた。〝レストラン〟という言葉には今もフランス語のニュアンスがあり、おそらく発音もフランス語と同じだろう。こうしたレストランはすべて、〝フランス料理〟を出すと、マレーの手引書ではアドバイスされている。女性はこのような場所では同伴者なしに食事をしないものだといわれた。しかし、ジェーン・カーライルは、チェルシーの家の修理と改装を永遠に終わらせようとしない建築業者に苛立ったとき、〝ディナー〟に出かけている。彼女は午後2時頃に〈ヴェレーズ〉でディナーをとるのを好んだ。ここではチョップとビター・エールのグラスを注文している。値段はわずか1シリング5ペンスだった。別の日には、ストランドのレストランで食事をしている。メニューは半身のローストチキン、大きなハムひと切れ、新鮮なジャガイモ3つで、全部でたったの1シリングだった。彼女はひとりきりの食事が礼儀にかなっているかどうか、多少疑問に思っていたに違いない。自分と同じような立派な外見の女性がひとりで食事をしているのを見て、ほっとしたと書いているからだ。[22] 明らかに、時代は変わりつつあった。

何を食べるかで、その人の社会的階級が厳密に示されていたし、その逆もあっただろう。オーバーオールを着た労働者が集う薄汚い〝大衆食堂《グリージー・スプーン》〟では、白い紙の帽子にペンキで汚れたコーデュロイのズボンを穿いた塗装屋が、大工や配管工と一緒に座った。彼らは、ハンカチに食べ物を包んで持ってくるただの労働者や人夫より、一段上の熟練者だ。スーツを着た男たちは、〝ダイニング・ルーム〟の仕切られたテーブルについた。今でも、ヴィクトリア期のインナー・ロンドン郊外で、解体を待つ薄暗い店の列には、より近代的な店の看板の下に、とうの昔に閉店した〝ダイニング・ルーム〟の看板が見えることがある。ここでは黒い上着の客たちが、囲いのある木製のボックス席に腰を下ろし、仕切りの隅に帽子をかけて、チョップとジャガイモを食べながら、薬味瓶に立てかけた新聞を読

外食する事務員たち、チャールズ・ディケンズ『荒涼館』、「フィズ（K・ハブロット・ブラウン）」画、（1882年没）

んだ。シティには〝チョップ・ハウス〟があり、そこでは実業家が湯気の立つマトン・チョップや茹でた牛肉に、おそらくジャガイモを1個か2個を添えたものを楽しんだ。未婚男性や、小説家サッカレーが描いたペンデニス少佐のような退役士官といった、さらに地位の高い人々は、プライベートなクラブで食事をした。〈アシニーアム・クラブ〉では、ちゃんとした食事が2シリング10ペンスで食べられた。これはジェーン・カーライルが外食に支払った額よりもずっと多いが、ディケンズの小説に出てくる3人の法学部生が外で豪遊したときに支払った金額と比べれば、お得だといえる。

『荒涼館』の20章に登場するフィズの挿絵では、ミスター・ジョブリング、ミスター・ガッピー、そして若きバート・スモールウィードが、ディケンズが読者に〝スラップ・バン〟と説明するタイプの飲食店のボックス席に座っている。これはおそらく、食事の出し方がぶっきらぼうなためだろう。事務員たちは豪遊し、盛大に金を使う。スモールウィードは食べたものを列挙しながら、それぞれの値段をこんな具合に合計する。

仔牛肉のハム巻き四人前が三シルし、それにポテト四人前で三シル四ペンス、それに夏キャベツ一人前で三シル六ペンス、それにマロー・プディング三人前で四シル六ペンス、それにパン六人前で五シル、それにチェシア・チーズ三人前で五シル三ペンス、それにハーフ・アンド・ハーフ四人前で六シル三ペンス、それに水割りラム四人前で八シル三ペンス、それにポリーのチップ三人前で八シル六ペンス（青木雄造・小池滋訳）

食事代は、事務員ひとりにつき2シリング10ペンスにも上ったが、ラム酒を注文しなければ6ペンス安く済んだだろう。それでも、週給1ポンド強の男たちにとっては贅沢だ。ただし、ガッピーは1ポンド15シリングもらっている。ボストンからヴィクトリア朝初期のロンドンを訪れたヘンリー・コールマンは、ワインを飲まなければ1シリング6ペンスから2シリングで食事ができると計算している。肉料理が1皿6ペンス、ジャガイモは1ペニー、セロリは2ペンス、葉野菜は2ペンス、パンは1ペニー、アップルパイは4ペンス、1パイントのエールは1ペニー。水に1ペニー払うと、総額1シリング8ペンスで、ジェーン・カーライルが〈ヴェレーズ〉で払った額に近い。[23]

食べれば好きになる

店で売られている商品、レストランで出される料理、そしてサービスはまた別の問題だった。文句をいうほどのことではない。与えられたものを食べ、好きになるしかないのだ。いずれにせよ、地元の商店に頼っていた人々に、文句をいう余地はなかった。ロンドンの目抜き通りに、〈リプトン〉や有名な〈ホーム・アンド・コロニアル〉のような食料雑貨店がいくつもでき、小さな商店と価格や品質で張り合うようになるのは、まだ先のことだった。1850年頃のある批評家は勇敢にも、だが匿名で、ロンドンの飲食店の料理にこんなふうに不満を述べている。

生茹での牛肉とふやけたダンプリングが、塩辛くて脂っぽい汁に浮かび、その周りを怒って赤くなったようなニンジンと、うろたえて色をなくしたようなカブが取り囲んでいる[24]

アメリカ人のハーマン・メルヴィルは、1849年11月18日に、滞在しているストランドに近いテンプル付近のチョップ・ハウスで朝食をとっている。彼は「ひどいコーヒーと、大きくて汚いロールパンと、ベーコンひと切れ」を出されたと書いている。とはいえ、料金はたかだか4ペンスだったので、期待が高すぎたといえよう。[25] それとは対照的に、オーストリアの劇作家フランツ・グリルパルツァーは、ロンドンのコーヒーハウスでこんな食事をしている。

皇帝が食べるにしても豪華すぎるサーモン、あらゆる概念を超えたローストビーフ、大英帝国の味覚に合わせたスグリのタルト、エンドウ豆の水煮、わたしたちは食べなかったが生で食べるサラダ、並ぶもののないスティルトン・チーズ[26]

こうした飲食店、ダイニング・ルーム、チョップ・ハウスの中には、女性が常連客であるものも少数あった。女性は通常はひとりで食事しない——おそらくジェーン・カーライルは例外だ。やがて、19世紀のかなり後になって、新しい百貨店がリフレッシュメント・ルーム（軽食堂）をオープンしはじめ、さらにその後、J・ライオンズとエアレイテッド・ブレッド・カンパニー

（ABC）がティーショップを開店した。ここは新型のタイプライターや電話を操る女性会社員が、ディナーの時間に何か食べることのできる場所だった。これにより、彼女たちはチョップ・ハウスや〝スラップ・バン〟の男臭い雰囲気に圧倒されずに済み、やけに親切な、あるいは陰気なウェイター、おがくずと痰壺《たんつぼ》、汚れたテーブルクロス、無骨な食器類やカトラリーを避けることができたのである。

「これが金曜のお楽しみだ」

暮らし向きのよい人々は、ウェスト・エンドの劇場での観劇とサパーで夜を締めくくることができた。ヘイマーケットの〈カフェ・ド・ユーロップ〉あたりで、ウズラ、フィレステーキまたはトリュフ、またはシンプルなイギリス風のチョップ、ステーキ・アンド・キドニー、ソーセージまたはウェルシュ・ラビット［トーストに温かいチーズソースをかけた料理］を、1杯のスタウトで飲み下したことだろう。男性は食事の最後に、葉巻とブランデーの水割りを楽しんだ。それほどの贅沢ができる資金がない人々は、路上で疲れたようにトレイを持つ老婆から、くたびれたハムサンドウィッチや、質の悪い豚足を買った。少なくとも、彼らはヘイマーケットとコヴェントリー・ストリートが交差したところにあるロイヤル・アルバートで、半ペニーのベイクド・ポテトで夜を終えることができた。[27]

魚介類は、最も安上がりな外食だっただろう。貝類はロンドンでは比較的安く、特に牡蠣は貧乏人が食べるものとして知られていた。有名なグリニッジ・フェアでは、露天商が1ペニーで買えるサーモンの酢漬けとフェンネル、牡蠣、バイ貝《ウェルク》を売った。チャールズ・ディケンズはバイ貝になじみがなかったのか、ウィルクと呼ばれていると書いている[28]。ヘイマーケットには、牡蠣、ロブスター、カニ、サーモンやニシン類の酢漬けが楽しめる店があった。人々は木製のカウンターの前に立ち、皮のぱりっとしたパンとバター、1パイントのスタウトと一緒にそれらを食べた。しかしナプキンは用意されず、紙ナプキンすらなかったため、共用の回転タオルで手を拭かなくてはならなかった。

ニシン類はサパーに好んで出された。「リンカーンシャーの密猟者」という曲には、こんなくだりがある。

ああ、こいつが金曜の夜のお楽しみだ
ニシンが安けりゃ
四十四ほどフライにする
焚火の上で

晴れた夏の日のもうひとつの楽しみは、蒸気船で川を下り、ブラックウォールにラウグローヴが開いた〈東インド・タヴァーン〉へ行くことだ。この店の名物料理には、レモン汁とカイエンペッパーをかけたシラスや、サーモン、ウナギ、鯉のシチューなどがあり、黒パンとバターとともに冷えたパンチで飲み下した後、カスタードを添えた果物のタルトが楽しめた。

贅沢な食事

これはまったく別物だった。上流階級の食事はスープから始まり、魚料理、アントレ、ローストと続く。その後、セイボリー［食前・食後やアフタヌーンティーに出される、甘くない食べ物］とデザートが出される。ディナーはフランス風に給仕される。これは2品のコースで、いずれも幅広い選択肢がある。または1品ずつ順番に出されるロシア風の場合もあった。本当に裕福な人々は、摂政皇太子に倣《なら》ってフランス人のシェフを雇った（アレクシス・ソワイエは、いくつかの貴族の家に順番に仕えた）。摂政皇太子はシェフに年間1000ポンド払っていたが、そのシェフは〝四旬節〟を意味するカレームという、どこか矛盾した名前だった［四旬節には伝統的に食事を節制する］。

社交の行事には、メイフェアの上品なバークレー・スクエアの有名ペストリー職人、ロバート・ガンターの料理が届けられた。ガンターは贅沢なペストリーとともに、トライフル、アイスクリーム、ロブスターのサラダ、ターキーのゼリー寄せ、ハム入りのスープなどを提供し、人々は娘のウェディングケーキを必ず〈ガンターズ〉に注文した。〈ガンターズ〉は、厳粛な表情で執事のような物腰の黒装束の男性の必需品のほかに、磁器やガラス製品も商った。〈ガンターズ〉のほかには、裕福な人々はピカデリーの〈フォートナム・アンド・メイソン〉をひいきにした。1707年創業のこの百貨店は、今も金持ちの観光客やおのぼりさんを引きつけている。[29]〈フォートナム〉の名物はピクニック用のバスケットだ。

町での買い物

ロンドンの気まぐれな天気を考えれば、屋根付きのアーケードや市場で買い物ができるのはありがたいことだ。トラファルガー広場近くにあるロウザー・アーケードのアデレード・ギャラリーは、長さ80ヤードで、天窓からの光に照らされた店では宝石類や帽子、カトラリー、香水、小間物などが売られていた。オックスフォード・ストリートの〈マークス・アンド・スペンサー〉が現在建っている場所は、パンテオンと呼ばれていた。パンテオンは、アクセサリー、小間物、おもちゃ、ワックスフラワー、かぎ針編み細工を売る市場だ。パンテオンは、金モールのバンドの帽子をかぶったビードルと呼ばれる係員を雇ってオックスフォード・ストリートとグレート・マールボロー・ストリートの端に立たせ、好ましくない人物が入り込むのを防いで顧客に迷惑がかからないようにした。ビードルは、女性客をお辞儀で迎えた。中に入ると、小間物、おもちゃ、テーブルに置く張り子の飾り、人形、子供服、ワックスフラワー、かぎ針編み細工、そして女性を魅了するありとあらゆる服を売る屋台が立ち並んでいた。パンテオンは女性店員を雇っていた。同時代のジャーナリストは、彼女たちのことをこう書いている。

喜んで、しかしやや屈辱を覚えながらいうが、彼女たちは紳士にわざとらしい腰の低さと、

どんな図太い人でも威圧される他人行儀な威厳の入り交じった態度で接した[30]

ソーホー・スクエアの角にはソーホー・バザールがあり、女性たちは屋台を1日2シリングから3シリングで借りた。帽子、レース、手袋、宝石類など、商品はすべて金払いのいい女性客のためのものであり、彼女たちの私用の馬車は、外に列をなしていた。

屋台で売り子をする若い女性たちは、もちろん非常に〝上品〟だった。彼女たちは女監督の指示を受け、簡素な黒っぽいドレスを着ることを求められた[31]。オックスフォード・ストリート沿いでは、のちに有名な百貨店となるが今は大半がなくなっている〈ピーター・ロビンソン〉、〈ディケンズ・アンド・ジョーンズ〉、〈マーシャル・アンド・スネルグローヴ〉といったリネン商が栄えていた。ロンドン西部の裕福な郊外では、紅茶商のヘンリー・ハロッドが、ブロンプトン・ロードの食料品店を引き継いでいたが、ウェストボーン・グローブの〈ホワイトリーズ〉が開店したのは1863年のことだ。

リージェント・ストリートは、必需品ではない、凝った贅沢品の買い物の中心地だった。完成は1820年。ヴィクトリアが王位に就いた1837年には、こんなふうに描写されている。

この上品な通りの建物は、主に宮殿のような商店である。大きくて人目を引くショーウィンドウの中には、裕福でファッショナブルな近隣の人々が毎日のようにほしがる、非常にきらびやかな品が飾られている。こうした優美な建物の上階は、主に首都に短期滞在する人々に向けたアパートメントとして使われている。
ザ・サーカス［リージェント、今のオックスフォード・サーカス］は、リージェント・ストリートとオックスフォード・ストリートを結んでいる。連なる建物の上は、住居になっている。この目的のために考案された最高の形だ。これにより、通りには壮麗な雰囲気と空間が生まれ、家には自由に空気が循環する。馬車と御者が通りを曲がるのにも便利だし、形が優美であるのと同時に、使い勝手もよい[32]

ウェスト・エンドを東西に走るオックスフォード・ストリートは、リージェント・サーカスを横切るリージェント・ストリートほど社会的地位は高くなかったが、女性のファッションの中心地であり、1817年にはすでに33軒のリネン商、24軒のブーツと靴の製造業者、17軒の靴下と手袋の店、その他女性の要求に応じたさまざまな店舗が立ち並んでいた[33]。

ボストン出身のユニテリアン派の聖職者ヘンリー・コールマンは、リージェント・ストリートの店先のウィンドウの優雅さをほめたたえた。板ガラス、ガス灯、金メッキ、漆喰《しっくい》を塗った間口、金の文字、絨毯《じゅうたん》、巨大な柱などだ。

まさしく、ロンドンで見た一番美しい光景は、乗合馬車のボックス席から見たリージェント・ストリートだろう。夕暮れ時、通りは美しく着飾った人々でごった返し、店では……途方もない長さの窓が輝き……壮大な通り全体が、東洋の宮殿の広間に変わったかに見えた[34]

リージェント・ストリートは「虚栄の市への大幹線道路」だと、ジャーナリストのジョージ・オーガスタス・サラは1859年に書いている。午後2時から4時までが、買い物客で賑わう時間だった。リージェント・ストリートでは、高価で当世風の店の店員が、もったいぶったしぐさで1足4シリングの絹のストッキングや、3シリングのレースの袖口、2ギニーのショールなどを見せながら、誰もがやる気のない、無関心な態度を見せた。

まさに、ほぼ現在まで続くロンドンの店員、さらには店の経営者の奇妙な態度は、1856年のパリからの訪問者にこのように指摘されている。

ロンドンの商人の超然とした態度は驚く

クワドラント、リージェント・ストリート、1837年、J・ウーフス『The History of London』、J・F・サーモン(1886年没)p/dより

べきものだ……客が買おうが買うまいが、どうでもいいと思っているように見える……会計係がお金を受け取るときの態度は、まるで慈善事業への寄付金を受け取るようだった[35]

高級店では、価格交渉をすることは外国流の下品さの極みと思われていたかもしれないが、商品の値段は必ずしも表示されているわけではなく、尋ねなければならなかった。また、客が自由に商品を見ることもできなかった。リネン商店が百貨店になり、定価がはっきりと表示され、掛け売りではなく現金（現金は多くの人に下品なものだと思われていた）で支払いができるようになって初めて、事情は変わったのだ。

着るものが女性を作る

裕福な人々は、仕立て屋に自分の服を作らせた。不要になると、それらの服は使用人に渡り、使用人はさらに路上で暮らす貧しい人々に与えたり、豊富な古着市場に売ったりした。フランスの歴史学者で批評家のイポリット・テーヌは、ロンドンの貧民が華美な古着を着ているのは、異様で不名誉な眺めだと考えた。フランスの労働者や農民は、自分だけの服を着る。「イギリスでは、貧しい人々は他人から屈辱的に扱われることに甘んじている」と、彼は書いている。[36]

マリアとフレデリック・マニングの裁判記録からは、女性の服装のことがよくわかる。マリアは雇い主のレディ・パルクとレディ・ブランタイアのお下がり服を着ていた。雇い主が同じドレスや靴、キッドの手袋などを身に着けることは、一度か二度しかなかったことだろう。マリアにはドレスを仕立て直す腕があり、上品でお洒落できちんとした印象を作り上げた。しかも、彼女は大量の服を持っていた。パトリック・オコナーを殺害後、エジンバラへ逃げたときには、あまりにも多くのトランクと帽子箱を持っていたため、警察がのちに彼女のハンドバッグから超過手荷物料の領収証を見つけたほどだった。彼女はロンドン・ブリッジ駅にもすでに服が入った箱を多数預けていて、カッパープレート体で書かれた警察書記による目録は、フールスキャップ紙4枚に及んだ。その中にはペチコート11枚、ドレス9着、ストッキング28足、ドロワーズ7枚、キッドの手袋19双とともに、シーツ、テーブルクロス、ナプキン、さらに驚くことに枕カバー27枚が含まれていた。[37] しかしそれも、彼女がエジンバラへ持ち出した次のような品々に比べれば大したことはない。部屋着、ペチコート、ナイトガウン、シフトドレスとシュミーズ、コルセット、マンティーラ［スペイン・メキシコなどの女性が頭・肩を覆うスカーフ］、絹と木綿のストッキング、絹のハンカチ、ヴェール、エプロン、サーセネット（薄くて柔らかい絹織物）のドレス、メリノウールとサテンのドレス、梳毛糸《そもうし》製のショール、レースのフラウンス［スカートの裾や袖口などにつける縁飾り］、レースのヴェール、襟巻、襟と手袋、絹とサテンの布30枚、その他の婦人服、スカート、胴着、その他多数である。

マリアは手で縫い物をしていた。ミシンが普及するのはもっと後のことだが、１８４９年には10件の特許が出願されている。[38] 彼女は幅広いファッション誌を自由に読むことができ、その中には『プティ・クリエ・デ・ダーム』や『レディーズ・ガゼット・オブ・ファッション』などがあった。のちに、ファッション誌は毎号無料の型紙を掲載して、競って読者の関心を引くようになった。

新聞は、法廷でのマリアの服装やアクセサリーを事細かに報じた。彼女は落ち着いた品のよさを感じさせる上質の服をきちんと着ていた。ヴィクトリアの即位とともに摂政時代のシンプルなラインがすたれはじめてから登場した、生地をたっぷりと使ったスカートを穿いたが、クリノリンと呼ばれるフープで大げさに膨らませたスカートが登場する前に世を去っている。クリノリンの名前は、馬の毛（フランス語でクリン）でできた下着によって支えられていることから来ている。それでも、１８４０年代の幅広のスカートを支えて膨らませるペチコートの数はどんどん増えていった。マリアは、胴回りに数フィートにわたってドーム型にスカートを広げるため、フランネルまたは糊をきかせたキャラコのペチコートを７枚も重ねていた。この時代には欠かせない細いウェストと豊かな上向きの胸を作るためには、紐で締める高いコルセットを着けた。コルセットは必要不可欠なものであり、快適さのためにこれを外すのは無作法で、女性らしくない体型をさらすこととみなされた。しかし、ディケンズの友人で作家のウィルキー・コリンズが１８６０年に発表した『白衣の女』の第5章に登場するマリアン・ハルカムのように、非常に若くてほっそりした女性の場合、そのウェストは「見るからにコルセットで変形されていないのが魅力的」であった。

コルセットは注文仕立てをすることもできたが、既製品を買うこともできた。紐は背中で締めたが、〝ニュー・コルセット〟と呼ばれる、前で締める便利なものもあった。マリア・マニングは白い木綿のストッキングを穿いていた。それを留めるガーターは、〈ハーヴェイ・ニコルズ〉で1足4シリング11ペンス半で売られていたが、マリアが住むバーモンジーのような貧しい地区では、もっと実用的なものが4ペンス半以下で手に入った。

マリアの衣服に関する警察の目録には、クリノリンの前に登場したドロワーズという下着が数枚記録されている。ただし、ドロワーズが発明されたのは、1850年代の巨大な〝鳥かご〟のようなフープの下に風が吹き込み、スカートが舞い上がったときに慎ましさを失墜させないためだといわれている。ドロワーズを着けることは、社会階級に対するマリアの憧れを示している。女性労働者が下着を着けるのは、ずっと後になってからのことだ。[39]

マリアの服装は、彼女と夫の裁判記録で克明に描写されている。頭には、白か黒のレースまたはモスリンの帽子をかぶっていた。きちんとした女性がボンネットをかぶらずに外へ出ることはなかったし、かしこまった場では、マリアは石炭入れの形をした帽子をかぶったが、これはおそらくリージェント・ストリートとピカデリーの角にある〈スワン・アンド・エドガー〉で買ったものだろう。リボンやレース、モスリンで縁取られた帽子が彼女の顔を覆い、正面からでないと顔が見られなかった。というのも、女性は人目を引きたがっていると思われるのを嫌ったからだ。

新聞に掲載するために画家が法廷で描いたマリアの絵では、髪型がどうなっているのか判断しにくい。ある絵では、縮れ毛か巻き毛にした髪が額と顔の両側に垂れているように見える。[40]しかし、マダム・タッソーの蠟人形では、マリアは髪を真ん中で分けて、頭の両側にきっちりと下ろしている。レースの帽子をかぶり、顎の下で紐を結んでいるので、後頭部は見えないが、おそらく耳の上できっちりと後ろにまとめ、リボンで結んでいるのだろう。[41] それは刑務所で定められた髪型だったのかもしれない。

法廷では、彼女は服に合った色の上品なショールをまとっていた。傍聴していたフランス人批評家イポリット・テーヌが彼女を見ていたら、イギリス人女性――マリアはスイス人だった――に対するような書き方はしなかっただろう。彼はその服装をこう書いている。

非常にちぐはぐな縞模様で、落ち着かず、過剰で、けばけばしく、多すぎる色が互いに喧嘩していた[42]

アメリカ人のヘンリー・コールマンは、イギリスの上流階級の女性は、「汚らしいパンタレット［19世紀に婦人や少女が用いた長ドロワーズ］が足首のあたりで揺れている、わが国の女性」に比べて、非常にきちんとしていると考えていた。[43] イギリス人女性は偽の巻き毛を作ったり、髪を染めたりしないと書き、アメリカ人女性を当てこすっている。しかし１８４３年の終わりになると、イギリスの女性の趣味のよさへの確信が揺らいでいることがわかる。彼は手紙に「中産階級の服装や外見は、例外は多いものの、わが国の中産階級よりはるかに劣っている」と書いているからだ。[44] とはいえコールマンには、意見をころころ変える癖があった。

どんな服を着ているのか見せて……

男性の服装は、福音主義的な生真面目さと街の通りの薄汚れた雰囲気のおかげで、どんどん地味になっていった。[45] 摂政時代の肩パッドや、派手な胴着は消えていった。警察官や駅長といった新しい職業の人々や、何らかの権威のある人々はシルクハットをかぶった。一部の御者や食料雑貨商さえもかぶることがあったが、すべてが絹でできていたわけではなく、張り子製のものまであった。[46] ユーモア系ジャーナリストで劇作家のダグラス・ジェロルドが創作したミスター・カードルは、妻にいわせれば23シリングは下らないビーバーの帽子を新調したが、夜に友人と出かけたとき、別の人の帽子と取り違えてしまった。翌朝妻は、どんな古着屋でも、5ペンスで引き取ってはくれないだろうとあざ笑っている。[47] ミセス・カードルの意見はおそらく誇張だろう。1830年代に、トーマス・カーライルは6シリング6ペンスのビーバーの帽子をかぶっているからだ。それでも十分高価だった。

1830年代後半に『ニコラス・ニクルビー』を書いたディケンズは、第2章で作品と同名の主人公のおじ、ラルフ・ニクルビーに、どこから見ても古風な服装をさせた。青い上着に、スペンサーと呼ばれた深緑のコートを重ね、白いベストにグレーの霜降りパンタロン、フリルのシャツという格好だ。1834年、トーマス・カーライルは〝ライフル・グリーン〟(おそらくイギリス陸軍のライフル連隊の制服の色なのだろう)のフロックコートを手に入れている。しかし1840年代後半には、男性は茶色、グレー、紺または黒のフロックコートを着ていた。のちに、ジェーン・カーライルは夫のために、スカイブルーの地に黄色いボタンという目立つコートを購入しているが、これは夫ではなく彼女の趣味かもしれない。アメリカ人のハーマン・メルヴィルは、ロンドンでは緑のコートが「わたしの体面をめちゃくちゃにした」と、1849年12月13日に書いている。そして、より暗い色の「パルトー」を買うことを余儀なくされている。〝パルトー〟はオーバーを指す一般的な言葉だった。[48]

カーライルはサテンのストッキングを穿き、糊のきいたカラーを着けた。その下にはジェーンが縫ったフランネル、モスリン、またはキャンブリックのシャツを気候に応じて着た。冬には〝シャッグ〟と呼ばれる梳毛糸製の厚い布地でできたボタン留めのカーペット・スリッパを履いた。値段は1足5シリング6ペンスで、通常は女性が履くものだが、彼は1足9シリングという高値であつらえている。[49]

男性のベストは白で、手袋はラベンダー色だった。ズボンはチェックまたは〝霜降り〟の生地の場合もあったが、通常、スーツ全体が同じくすんだ色をしていた。たいていは黒いクラバットが白いシャツの上部を隠していたが、ロンドンの煙と霧の中では、週末には薄汚れて見えた。クラバットをきつく結べば、シャツのカラーを耳まで立てることができた。派手な宝飾品に脂ぎった頭、偽のシャツの胸当てといったいでたちの〝あか抜けた紳士〟と呼ばれる洒落男や、それより劣った模倣者たちを除けば、男性の服装が〝きちんとして〟かつ〝立派〟――どちらの言葉にも、自分より上の階級へのあこがれが込められている――であるためには、単調で地味でなければならなかった。

明るい色の服を着るのにふさわしい唯一の場が結婚式だった。１８３１年、ミスター・カードルは結婚式のために明るい色のボタンのついた青い上着と、白い波模様のベストを着ている。[50]１８４０年代にディケンズが描いたミスター・ドンビーは、青い上着に淡い黄褐色のパンタロン、ライラック色のベストという似たような婚礼衣装を着ている。[51]

　フレデリック・マニングはどこで服を買っていたのだろう？　アルドゲイト近くの、現在でも〝ペチコート・レーン〟として知られているミドルセックス・ストリートや、ホワイトチャペルやセント・ジャイルズといったスラムの古着屋を漁《あさ》ることに、マリアが賛成するとは思えない。また、彼が〝スロップ〟と呼ばれる安い既製品の仕事着を着ることもなかっただろう。その一方で、マニング夫妻のような人々の年収はせいぜい１００ポンド強で、自分たちを中産階級と考えてはいたものの、注文仕立ての服に払うほどのお金はなかった。彼らの多くは、ロンドンで最も広く宣伝されていた紳士装身具店の〈イライアス・モーゼス・アンド・サン〉をひいきにしていた。〈イ

ホワイトチャペル、ウェントワース・ストリート(古着)、G・ドレ(1883没)、Wellcome Collection、オープンアクセス

ライアス・モーゼス・アンド・サン〉は、アルドゲイトとミノリーズの角に本社を構え、トッテナム・コート・ロードとニュー・ロードの角やニュー・オックスフォード・ストリートにも支店があった。元々は〝スロップ〟の製造業者だったE・モーゼスは、ジャケット、ズボン、ベスト、また女性用乗馬服を販売した。彼は注文仕立ての紳士服や、〝自己採寸〟によって体形に合うことを保証するスーツを提供していたが、これはおそらく、在庫からさまざまなサイズを供給できたということだと思われる。とにかく、直しは十分に安かった。ほかのスロップ業者と違い、〈イライアス・モーゼス・アンド・サン〉は商品に値札をつけないことで顧客を困惑させることも、値段交渉させることもなかった。〈E・モーゼス〉は定価を値札に表示したが、これはボンド・ストリートにあるファッショナブルな紳士服の仕立て屋〈ジョージ・スタルツ〉で服をあつらえるような人々にとっては、非常に庶民的な値段だった。

〈E・モーゼス〉は、宣伝のコツを心得ていた。その名は乗合馬車の両側や、ロンドンの主な鉄道駅のアプローチに沿った看板に派手に書かれ、車両から降りてくる旅行者に少年がビラを配った。〈E・モーゼス〉は新聞に広告を掲載し、8月の『タイムズ』では一面を飾った。このときの『タイムズ』にはニュースはなく、広告と告知だけが掲載されていた。1843年から1844年にかけて連載されたディケンズの小説『マーティン・チャズルウィット』の最初の4号には、小さな宣伝用パンフレットを折り込み、その後はカバーの内側に定期的に広告スペースを確保した。〈E・モーゼス〉の宣伝文句には、美文調の散文もあれば下手な韻文もあり、季節に関連させたり、連載小説のエピソードをからめたりしたものまであった。[52] 典型的な韻文は次のようなものだ。

　こちらの詩をご覧あれ、皆さん！
　すべてはこの店のおかげ、〈モーゼス・アンド・サン〉。
　どこから見ても完璧な盛装、
　どこへ行っても大成功。
　この服装と上品さには文句のつけようがないが、
　誰もがわたしを見て〝美しいスーツ〟と口を揃える

この後にも宣伝文句が16行続くが、次の駄作に比べればきわめて詩的といえる。

　当店のベストは他店をはるかに超え、
　ズボンは当店が一番であることを証明する。[53]

〈E・モーゼス〉は、「伊達男ブランメル「摂政時代のイギリスにおけるファッションの権威」も誇らしげに着たに違いない既製服を、機械工でも手が届く値段で」売る——ただし、このキャッチフレーズはどちらの点も誇張されたものだった——といったが、それには、古着屋や露店の雑然として粗野な雰囲気はもちろん、伝統的な紳士服店の静かでもったいぶった雰囲気とは一線を画さなければならないということを理解していた。〈E・モーゼス〉の大型店の店員は礼儀正しかった。ごまをすったり、高慢な態度を取ったりせず、客に自由にさせることで商品を売るよう教育されていた。ドイツ人旅行者のマックス・シュレシンジャーは〈E・モーゼス〉について、店内は有名な700のガスバーナーを備えた枝付き燭台で明るく照らされていたと書いている。

何千ものガスの火が枝や葉、唐草模様を形作り、まばゆい光を放っているので、〈モーゼス〉の炎のような柱は半マイル先からでも見えた。その光は、どんなに晴れた日でもロンドンの空から完全には消えないもやを照らし出していた[54]

店内にはコリントス式の柱、彫刻をほどこした羽目板、柔らかい絨毯などがあった。〈E・モーゼス〉では、「王子から農民まで」すべての人に向けた靴下類、帽子、ブーツ、靴だけでなく、同時代のジャーナリストが「ブリキの髭剃り用カップからカシミヤのショールまで[55]」と書いたように、何でも売っていた。1860年までには、人口の80パーセントが既製服を買っていると彼は書いている。1848年3月25日付の『パンチ』に発表されたサッカレーの詩が多少なりとも本当なら、それも驚くことではない。その詩には「〈E・モーゼス・アンド・サン〉によって貧乏人が破産することはないし、金持ちが金を巻き上げられることもない」と書かれている。一般人はもはや、フランスの観察者テーヌの評のように、雇い主から下げ渡された貴族のドレスを着て、上流階級の馬鹿げたパロディーのような格好をしなくてよくなったのである。

〈E・モーゼス・アンド・サン〉自身による誇大広告の大半が、必ずしも真っ赤な嘘だったとは限らない。数十年後の〈E・モーゼス〉の文化的後継者モンタギュー・バートンの店や〈50シリング・テーラー〉も同様だ。目の肥えた者が見れば、体のすべての線には沿っていないし、顧客の個人的な好みではなく標準的なスタイルで仕立てられていたものの、体に合った新しいスーツを着れば、人々は立派な中産階級に見えた。

ジェーン・カーライルは、夫のトーマスのシャツを縫っているが、実際にはシャツは４ペンス半という非常に安い値段で買うことができた。しかし、これは単に数千人の女性が〝搾取〟されていたからにほかならない。彼女たちは総じて、熾烈《しれつ》な競争を繰り広げる店によって過剰に働かされ、十分な賃金をもらえなかった。〝搾取〟は、ロンドンに19万７０００人いた下請けのお針子たちの極貧、病、売春の根源だった。この数はイングランドとウェールズのお針子の４分の１に当たる。[56] １８４３年には、『パンチ』に「シャツの詩」という匿名の詩が掲載された。

疲れて擦り切れた指に
重くて赤いまぶたをして
女とは思えぬぼろを着て座る女が、
針と糸をせっせと使っている——
チク！　チク！　チク！
危険で汚い仕事だ。

イライアス・モーゼスが、服を作っている人々に最低の賃金しか払わない〝搾取〟を非難されたとき、彼はほかの雇用者よりも多く払っていると猛烈に自己弁護した。特に、大々的な広告を打っているリージェント・ストリートのH・J・ニコルよりは多いと主張している。調査ジャーナリストのヘンリー・メイヒューがニコルの搾取を糾弾すると、ニコルは『モーニング・クロニクル』から広告を引き上げると脅し、メイヒューは解任に追い込まれた。[57]

ビーバー！

当時のイラストには、きれいにひげを剃った男性が数多く登場する。ただし、軍人はひげをたくわえていた。実際に、ひげは精神的な不安定、奇癖、不品行、または革命主義者、おまけに外国人のしるしと考えられていた。ロンドンへ万博見物に来たサンドボーイズ夫妻を描いたヘンリー・メイヒューのコミック小説は、〝口ひげ〟と顎ひげを生やしたフランス人について被害妄想的に書いている。顎ひげがあまりにも流行遅れとみなされたため、熱心な愛好家であるW・H・ヘンショーは1847年に『ひげ剃り、または日常的な剃刀の使用、不自然で、不合理で、男らしくなく、キリスト教信者の間では罪深い致命的なファッション』と題したパンフレットを公開した。[58] しかし、1853〜1856年のクリミア戦争で、イギリスの軍隊が顔全体にひげを生やすことを余儀なくされると、ひげを剃るという流行は変化した。民間人の間で多毛がお洒落とされるようになり、19世紀末にふたたび無政府主義の暗殺者や爆弾投げ込み犯と結びつけられるまでそれは続いた。

男性用のヘアケア製品で最も広く宣伝されたのは、〈ローランドのマカッサル油〉だ。1850年の化学分析で、その主成分はオリーヴ油と判明したが、この商品はほぼ現代まで肘掛椅子の背にかけられていた、アンチマカッサルという布の名前の由来となっている。[59]

頭の反対側にある足については、男性は靴や、より一般的にはブーツに、ウォーレンの靴墨を使った。これはハンガーフォード・ブリッジ近くの工場で作られていた。若きディケンズはここで働き、『デイヴィッド・コパフィールド』ではマードストン＝グリンビー商会として描いている。1壺または1瓶当たり6ペンス〜1シリングと、かなり値が張ったこの靴墨は、猫がぴかぴかの靴に映った自分を見て驚いている絵で宣伝された。

1849年には、のちに人々のお洒落に大きな違いをもたらすことになる大発見があった。パリの仕立て屋がテーブルクロスにテレピン油をこぼしたとき、汚れが取れたことに気づいたのだ。これがネトワイヤージュ・ア・セック、すなわちドライクリーニングの基となり、1870年にアッキーレ・セルがこの技術をイギリスに持ち込んだ。明るい色の服から汚れを落としやすくなり、男性が暗い色の服を着る必要性は薄れた。

スタイルの指針の変化には時間がかかった。化学染料による明るい色の生地はやがて受け入れられるようになるが、暗い色のスーツや黒いドレスは依然として流行していた。しかし、ヴィクトリア朝初期の女性の孫娘たちは、1914〜1918年の第一次世界大戦で巨大な労働市場に流入すると、スカートを短くしてコルセットをゆるめた。一方で男性は、1945年に第2次世界大戦が終わり、アメリカのスタイルが入ってくるまで、取り外しのできるウィングカラーに長袖のベスト、丈の長い下着、重いブーツ、ウェストがゆるいズボンというファッションを続けていた。コルセットはいうまでもなく、ウィングカラーもポリエステルの時代まで生き残っていた。

第4章　病めるときも健やかなるときも

内科医と外科医

総合診療医が一般的になっても、裕福な人々は内科医に診察してもらっていた。内科医は〝ドクター〟の称号を持ち、オックスフォード大学またはケンブリッジ大学を卒業した紳士である。彼らの下で働くページボーイは、エナメル革の壺型の帽子をかぶり、書かれた処方箋を、医学界の主が年に1度発行する請求書の支払いができる裕福な人々の家に配って回った。もしくは、その料金は、医師が患者の家から帰るときに（卑俗なポンドよりずっと格上のギニーで）紙に包んでうやうやしく手渡された。内科医は薬物、すなわち〝フィジック〟を推奨した。傷に包帯を巻いたり、外科手術をしたりすることはなく、ただ病人の脈を取り、尿を調べた。その後、必要な薬や錠剤の処方箋を書いた。薬は薬剤師が出し、医療的なアドバイスもしたが、資格がないためそれに対する料金は請求できなかった。薬剤師は薬を販売して生計を立てていた。したがって〝商人〟であり、社会的地位は内科医よりも低かった。

ほとんどの人は、伝統的な治療法に頼った。寒気に襲われれば胸にガチョウの脂を塗り、腫れ物には温湿布を貼った。不眠を治したり、痛みや熱を緩和させたりするには、店のカウンターでモルヒネ、アヘン、さらにはヒ素や水銀まで買った。便秘はヒマシ油やカンゾウの粉末で、やや乱暴ではあるが効果的に処置された。アヘンをアルコールに浸したチンキ剤であるアヘンチンキは一般的な鎮痛剤、赤ん坊の鎮静剤、総合的な精神安定剤として使われた。また咳止めや、不衛生なロンドンの夏に広く発生した下痢を止めるためにも服用された。

1838年から1839年にかけて連載小説として発表されたディケンズの『ニコラス・ニクルビー』の第8章では、ワックフォード・スクィアーズが経営する〝学校〟（というよりも、家に置いておけない男子を寄宿させる施設）で、ミセス・スクィアーズが無理やり子供たちに、ブリムストーン（硫黄）とモラセス（糖蜜）を混ぜた有名な万能薬を、木の大匙1杯飲ませる。ミセス・スクィアーズによれば、そうしなければ男の子たちはいつも何らかの病気にかかってしまうということだ。

内科医は思慮深く、食事療法や運動、休息、入浴、マッサージを勧めた。それとともに勧められたのは、あまり効果のない一連の治療法で、下剤の使用や浣腸《かんちょう》、瀉血《しゃけつ》、発汗などがあった。これらは倦怠感《けんたいかん》を引き起こす原因を体から取り除くことが目的だった。内科医はまた、発熱やてんかん、果てはくる病まで含めた数多くの病気に、ヒ素を基にした薬を処方した。歴史家のトーマス・カーライルは、はっきりしない不調を自己治療するため、ヒマシ油と5グレインの水銀の入った「青い錠剤」を飲んでいる。水銀は危険な物質だが、非常に長生きしたカーライルは、体からすみやかに排出される液状で飲んだのかもしれない。妻のジェーンの食欲不振と消化不良に対しては、医師はキニーネとペプシンという物質を処方している。ペプシンは、熊の胃からかき取られ、煮て、蒸留され、瓶詰めされたものを数滴服用した。彼女はモルヒネも使っていた。カーライル夫妻はふたりとも便秘に苦しんでいたようで、センナの実を使っていた。[1]

薬は依然、医薬品製造業者の商売道具だった。ほとんどが鎮痛剤か単なる下剤だ。途方もない量の薬が販売された。アトキンソンの〈子供の予防薬〉の成分の大半はアヘンチンキだったが、1840年代には年間4万本が売れている。かたや〈ゴッドフリーの強壮薬〉や〈ダフィーの万能薬〉は、母親が外で働いたり、感謝されることのない家事に従事したりしている間、子供を（事によると永遠に）静かにさせておくため、何世代にもわたって使われた。[2]

トーマス・ハロウェイが発明した〈ハロウェイの錠剤〉は、あらゆる病気に対して推奨され、マラリア熱、喘息《ぜんそく》、便秘、水腫、痛風、黄疸《おうだん》、腰痛、痔、潰瘍、性病まで網羅した。宣伝文句の作者は、ここに挙げられていない病気がハロウェイの錠剤では治らないと思われるのを心配して、「あらゆる原因による虚弱」と付け加えている。分析してみると、〈ハロウェイの錠剤〉の成分はアロエ、ルバーブ、サフラン、グラウバー塩（硫酸ナトリウム）だった。野菜や果物をほとんど食べない地域の風土病と思われる便秘の治療薬として、〈ハロウェイの錠剤〉の一番の利点はさほど害がなかったことだといえる。新聞にはほかにも、〈パーの命の錠剤〉の広告が掲載された。この薬によって、発明者と思われるトーマス・パーは、1635年に息を引き取ったときには152歳に達していたという触れ込みだった。[3]

〈モリソンの野菜万能薬〉は、「イギリス保健大学」推薦とうたわれた。この偽の機関の住所は、図らずもキングズ・クロスに近いニュー・ロードにあるこの錠剤の製造業者、〈モリソン・アンド・モート〉と同じだった。この錠剤には通じをよくする以上の効果はなかったが、1834年には100万箱を売り上げている。[4] 別の特許薬〈バリーのレヴァレンタ・アラビカ〉は、そのエキゾチックな名前から東洋の神秘的な治療薬のように思われたが、ほとんどがレンズ豆の粉末であることがわかっている。[5]

実際には、治療できる病気はほとんどなかったし、診断さえつかなかった。多量の喫煙に関連した心臓病が知られるには、あと100年かかった。リウマチ性の病気が原因の場合は、医師は利尿効果のあるジギタリスを処方し、心臓の活性化を促したが、がんに対する治療は、目に見える腫瘍を摘出する以外知られていなかったし、関節炎、糖尿病、喘息の治療法はなかった。また分析技術もなかったし、血液型の判定すらできなかった。マニングの裁判に出廷した警察医の20歳の息子、ウィリアム・オドリングは化学を学んでいたが、マリア・マニングのドレスについたしみが血液であると宣誓の上で明言することはできなかった。試験により酸化鉄や錆でないことはわかったが、それが被害者の血なのか、それとも弁護人がほのめかしたように、マリア自身の血なのかは証明できなかった。

聴診器を使えば、医師は進行性結核の症状を見つけられただろう。しかし、主な診断の手段は患者自身の病歴だった。検便や細菌学は知られていなかった。肝臓や腎臓の病気は、黄疸や結石がなければ気づかれないことが多かった。医師は蘇生法の知識に乏しく、輸血や点滴の技術もなかった。多肢骨折した患者は皮膚の損傷や動脈閉塞に見舞われ、壊疽《えそ》の危険があった。その場合、外科医による切断が唯一の治療法だった。

外科医の仕事は、内科医に比べていくぶん劣っているとみなされていた。肩書は〝ミスター〟だったが、実践的技術は尊敬された。一般的には〝仕事をしながら〟技術を学び、非常に高い能力を持つ者もいた。彼らの技術は限定的だった。接骨し、腫物を切開し、外的な疾患に対処し、手近に器具がある場所ならどこでも素早く手術した。一流の開業医は、実に器用に、素早く複雑骨折患者の手足を切断し、膀胱結石を切除し、がん性腫瘍を取り除き、絞扼性《こうやくせい》ヘルニアを治療し、膿瘍や癰《よう》［悪性のはれもの］を切開し、白内障治療のため目から水晶体を取り除いた。こうした治療はどれも患者に不安を引き起こし、激しい苦痛を与え、幸いなことにしばしば気を失わせた。そして、多量の出血をもたらすこともよくあった。手術室は無菌状態でなく、回復期病棟では感染症も流行っていたので、患者がショック死しなかったとしても外科手術はきわめて危険なものだった。そのため、人々は避けられる限りは外科医のメスに身をゆだねようとはしなかった。1865年にジョーゼフ・リスターが石炭酸スプレーを手術の際に使うと消毒効果があることを発見するまでは、そのような状況だった。

あなたは苦しんで子を産むことになる

歯痛に見舞われたときには、通常は虫歯を大工のペンチで抜いた。しかし、ヴィクトリア朝初期には麻酔が導入されている。亜酸化窒素と硫酸エーテルに、人の意識を失わせる力があることは早くから知られていたが、麻酔を用いた最初の外科手術が行われたのは、１８４０年代のアメリカだった。ロンドンでは１８４６年11月、医療医学会でドクター・ダンカンによってエーテル麻酔の実演が行われた。意識をなくした彼の腕にはピンが刺された。フランシス・ブースは１８４６年12月19日、抜歯する前にエーテルを嗅ぎ、その2日後、ユニバーシティ・カレッジ病院で著名な外科医ロバート・リストンがベルグレイヴィアの執事の脚を切断する際に、ふたたびエーテルが用いられている。エーテルに代わって間もなく登場したのは、より安全なクロロホルムで、ヨーロッパ大陸の国々に加え、アメリカやイギリスでも一般的に使われるようになった。

　イヴの罪により、女性は痛みの中で出産しなければならないという聖書の記述に基づいて、宗教的な異議を唱える人がいる一方で、別の権威者は、それに先立つ章でアダムがあばら骨を抜き取られる前に「神である主は人を深い眠りに落とされた」と書かれていることを引き合いに出して、神が麻酔を認めていることを証明しようとした。１８４９年、チャールズ・ディケンズの妻は痛みを和らげるため、自宅でセント・バーソロミュー病院の医師にクロロホルムを投与された。医師がいうには、もう４〜５０００回は投与したという。彼女によれば、何の痛みも感じず、翌日はとても体調がよかったという。クロロホルムの投与は「慎重な麻酔医が注意深く患者を見ていれば安全で、しかも奇跡的で慈悲深い効果を発揮する」とディケンズは考えている。[6] 議論は学術的なものになり、カンタベリー大主教の娘が出産時に麻酔を使ったときには、むしろ神学的なものに発展した。そして、１８５３年４月にはヴィクトリア女王がクロロホルムを利用して、レオポルド王子の出産の痛みを和らげた。彼女はその体験を「痛みが軽くなり、気持ちが落ち着き、計り知れないほど素晴らしい気分だった」といっている。ヴィクトリアが次の子供を出産したときには、より専門的な助手が引き継ぐまで、アルバート公が自らハンカチを使って彼女にクロロホルムを嗅がせた。[7] 女性の出産にクロロホルムを使うことへの反論は、静かに取り下げられた。麻酔は今や、非常に称賛すべきものになったのだ。[8]

だが医学は、大きな進歩を目の前にしていた。１８０１年から１８５０年の間に、大学教育を受けた８０００人がイギリスで医療の仕事に就いた。開業医の数は順調に増えていった。セント・バーソロミュー、ガイズ、ザ・ロンドン、ウェストミンスター、セント・ジョージ、ミドルセックスといったロンドンの病院は、ボランティアの貢献に頼っていた。これらの病院は救急患者を受け入れたが、知事の推薦があれば、内科医の往診や看護婦を雇う金のない、不急の患者も受け入れた。当たり前だが、つながりというのは役に立つ。

中でも古いセント・バーソロミュー、セント・トーマスは潤っていた。イポリット・テーヌは、セント・バーソロミュー病院の病棟の秩序と清潔さ、食事の質に感銘を受けている。

もっと近代的な病院としては、パディントンのプレイド・ストリートのセント・メアリー病院がある。これは１８５１年に設立された総合病院だ。専門医療は、19世紀前半に新たに造られた病院で提供された。たとえばロンドン発熱病院、ケンジントン小児病院、フラムのがん治療病院である。また、胸部疾患専門のいくつかの病院、有名なグレート・オーモンド・ストリート小児病院、またオックスフォードとケンブリッジに対抗して新設されたユニバーシティ・カレッジとキングス・カレッジ付属の総合病院と医学部があった。[9] １８５０年までには、１８０１年の２倍以上の患者を収容できるだけの病院が存在した。

19世紀半ばには、1800年よりもはるかに多くの薬が使えるようになった。その中にはキニーネ、アトロピン、コデインもあった。肺気腫、気管支炎、肺炎などを含む多くの病気は、類型化され、ほかのものから分化された。1850年、リチャード・ブライトは尿の中のタンパク質が拡張型心筋症や腎臓の萎縮と関係していることに気づいた。ブライト、アジソン、ホジキン、パーキンソンは、発見した病気の病名となっている。さらに、長生きに関する知識も増えてきた。

短くてひどい人生

天然痘は醜い外見や失明、死を引き起こした。1853年の法律で、生後12週間以内に子供にワクチン接種することが義務づけられたが、ワクチンに対する良心的拒否者のため、この病気が根絶することはなかった。また、水銀でほんの一部の症状は治療できたものの、淋病や梅毒は蔓延し、妻から子へと感染した。

イングランドとウェールズの年間死亡率は、22パーミルほどだった。1840年代後半には、特に天然痘ワクチンを接種する人の増加により、19世紀初頭に比べてこの数字は減少しているが、19世紀のかなり後になるまで、死亡率は依然高かった。その後、公衆衛生が大いに改善されたために数字は下がりはじめ、1906〜1910年には14・7にまで下がった。[10] それでも乳児の年間死亡率は、1871〜1875年になっても、生まれてきた乳児1000人当たり156

人だった。[11]この数字には、裕福な家庭の幼児死亡率10パーセントから、貧しい家庭の30パーセントという驚くべき数値まで、さまざまな差異が潜んでいる。このように、乳児の死亡はヴィクトリア期の家庭生活では一般的に受け入れられたものだった。信頼性のある避妊法がなかったことや、猩紅熱《しょうこうねつ》、ジフテリア、麻疹、百日咳など、数多くの小児病に強い少数の子供を残すために多くの子供を危険にさらす必要があったことから、1840年代の国民出生率は32・5パーセントと高く、現代の3倍に当たる。

しかし死亡率は、ほかの地域に比べてロンドンがひときわ高かった。1849年の年鑑『アニュアル・レジスター』の統計では、死亡率は33パーミル近くで、この数字を拡大したのは15歳以下の子供の高い死亡率だった。1841年には、イングランドとウェールズの平均余命は41歳だったが、ロンドンでは37歳にとどまった。[12]しかし乳児死亡を含めると、首都での平均余命は27歳で、労働者階級では22歳、1839年にロンドンで行われた埋葬の半分は10歳以下の子供のものだった。ただでさえ高い死亡率に加え、伝染病によって人々はますます死神と親しくなった。黒い羽根をつけた馬と霊柩車は、ロンドンの通りでよく見かける光景で、通りかかった人々は、葬儀屋のハンマーが真鍮の頭の釘を打ち、棺に黒い布を固定する、聞き間違えようのない音を耳にした。

消化不良や虫歯、リウマチ、くる病などの欠乏症、白癬《はくせん》などの感染症、咳、風邪、〝フラックス〟（下痢を指す一般的ないい方）に加え、適切な手当てがされない傷、腫れ物、敗血症は、ほとんどの人々にとって生活の一部だった。死なずに大人になった人々の主な死因は感染症だった。

1847年11月から12月にかけて、ロンドンの人口の4分の1が腸チフスにかかった。[13] 死亡率は、消耗症として知られる結核、非コレラ性の病気、イギリスの夏季下痢のため依然高かった。1849年には、その年ロンドンに蔓延したアジアコレラと相まって、3899人が死亡している。

「想像を絶するほど汚い場所」

換気のよくない部屋、しつこい湿気、乱雑な暮らし、洗面や排水の設備がないことは、不衛生な習慣を助長し、呼吸器疾患、気管支炎、腸感染症の流行につながった。乳児の主な死因といわれる下痢は、お粗末な食品衛生と、手洗いをしないことによる感染症の広がりが原因だった。屋外トイレを使った後の手洗いの設備はなかったし、ほかの人の食べ物に触れたり、自分の口に指を当てたりする前に手を洗わなければならないという知識があったかどうかも疑わしい。一方で、食事に十分な食物繊維が含まれず、寒さや雨の中、屋外トイレへ行くことは非常に不快なことだったため、便秘も発生した。

ロンドンの下水道はまったく不十分だった。救貧法委員会の委員長エドウィン・チャドウィックは1842年、『イギリスの労働者人口の衛生状態に関する調査』という報告書を出し、ロンドンの貧しい地域の実態を膨大な細目にわたって報告した。この頃には、急速に首都に人口が集中したことと、汚水溜めではなく下水道に接続する水洗トイレの新設数が大幅に増加したことから、深刻な状況になっていた。下水道にも汚水溜めにも、次第に糞便が詰まるようになっていった。

汚水溜めは、4×6フィートほどの大きさの煉瓦造りの空間だ。多くの穴が開いていて、周囲の地面に尿がしみ込むようになっている。カーライル夫妻が庭に設置していたような土かけ式のトイレからの排泄物で一杯になると、〝汲み取り人〟が定期的に来て持ち去ってくれる。[14] しかし、水洗トイレからの水量が増えると、汚水溜めがよくあふれるようになった。配管工は、人間の排泄物でなく表面水を流すために作られた管で下水道に流し、それがテムズ川に流れ込んだ。そしてロンドンの人々は、テムズ川から飲用水を汲んだのである。[15] 糞便の婉曲表現である〝スロップ〟は、しばしば通りに捨てられ、排水管——もしあればの話だが——を通じてテムズ川に流れ込んだ。

1832年に数千人を死に追いやったアジアコレラは、1848年にふたたびヨーロッパ大陸に迫った。どうすればいい？最も有力な説は、コレラは〝瘴気《しょうき》〟、すなわち蔓延する悪臭と路上での流出物、腐った有機物の山と通気の悪い部屋で密集して寝起きする人間が発する臭気によって起こ

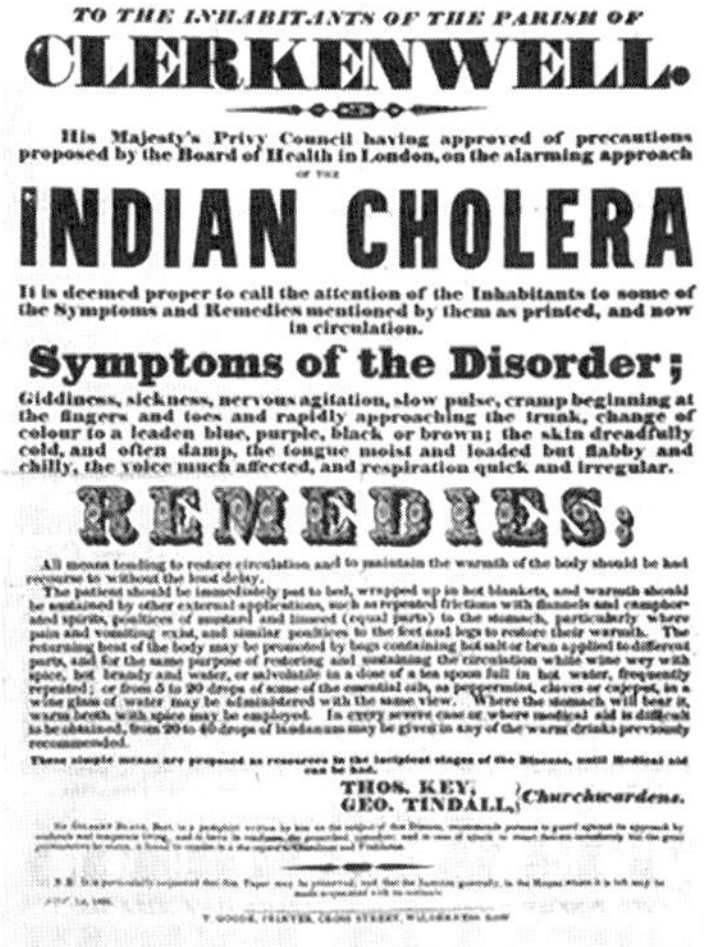

TO THE INHABITANTS OF THE PARISH OF
CLERKENWELL.
His Majesty's Privy Council having approved of precautions proposed by the Board of Health in London, on the alarming approach of the
INDIAN CHOLERA
It is deemed proper to call the attention of the Inhabitants to some of the Symptoms and Remedies mentioned by them as printed, and now in circulation.
Symptoms of the Disorder;
Giddiness, sickness, nervous agitation, slow pulse, cramp beginning at the fingers and toes and rapidly approaching the trunk, change of colour to a leaden blue, purple, black or brown; the skin dreadfully cold, and often damp, the tongue moist and loaded but flabby and chilly, the voice much affected, and respiration quick and irregular.
REMEDIES;
All means tending to restore circulation and to maintain the warmth of the body should be had recourse to without the least delay.
THOS. KEY, GEO. TINDALL, Churchwardens.

コレラの警告ビラ、1831年、Wellcome Licence. Attribution 4.0 International (CCRY 4.0)

るというものだった。確かに、誰もが知るようにロンドンは臭かった。それは煤のせいでもあったが、ロンドンが腐った底土の上に造られたからだった。壊れていたり、不備があったりする下水道は流れが止まり、井戸や水道に漏れ出すか、家に逆流した。ウェスト・エンドの高級住宅街でさえそのようなことがあった。貧民窟では、何十世帯にひとつしかない汚い屋外トイレが、それ自体の汚物でしょっちゅうあふれた。ウェストミンスター寺院そのものが、何世紀もの汚物でいっぱいの汚水溜めの上に建てられていた。ホワイトチャペルの一部には下水道が一切ないと、地元の測量士がチャドウィックの質問に答えている。測量士自身の言葉によれば、その地区は「想像を絶するほど汚い場所」だという。[16]

1847年には、ある検査員が「汚物（当時の礼儀から、彼は〝排泄物〟と書けなかったのだろう）がまき散らされ……それがあまりにも厚く、また深いため、近づくこともできなかった」と報告している。[17] 排泄物と尿は道の真ん中を走る溝を流れ、袋小路や路地で止まった。家の基礎が浅いため、糞便は屋内ににじみ出た。ロンドンの土地は汚物に浸っていたのである。ヴィクトリア朝初期から数十年の間、ロンドンの貧民の大半は排泄物を通りに捨て、雨によって主要な下水道へ流れ、さらに川へ流れていくことを期待していた。流しや家庭の排水管がないことから、他のあらゆる汚水が同じ運命をたどった。ある報告では、低地にあるバーモンジーは、地区全体に汚くて臭い溝が縦横に走り、そこに屋外トイレの中身や汚水溜めからあふれたものが流れ込んで、ときにはそれが飲用や洗濯にも利用する水道に入ってくることもあったという。[18]

川の南側一帯は水はけが悪く、まだ堤防が築かれていない川の近くの湿地帯は特にひどかった。屋外トイレは溝や下水道の上に造られ、家の中に逆流して、ひどい臭いをもたらした。排泄物や、ほかの腐ったものが一掃されることはめったになかった。バーモンジーには、悪名高いジェイコブズ・アイランドがあった。現在のジェイコブズ・ストリートのあたりだが、評判の悪い貧民窟があり、『オリヴァー・ツイスト』でビル・サイクスが死んだ場所でもある。これはヘンリー・メイヒューが、スラムの周辺を歩いたときのジェイコブズ・アイランドの描写である。

これが不幸な住人が飲まなければならない唯一の水なのだ。排水管や下水道の汚い中身がそこへ流れ込むのを、ぞっとするような気持ちで眺めながら、わたしたちはそう確信した。わたしたちは、公道にドアのない屋外トイレが層をなし、男女問わず使えるようになっているのを見た。そして、その中にバケツに入った汚物が次々と捨てられる音を聞いた[19]

ドクター・サイモンの報告

しかし、シティ・オブ・ロンドンへの人と産業の集中は、公衆衛生にきわめて特殊な問題をもたらした。1848年の都市下水道法は、一定の大きさの新築の家と古い家のすべてに、下水道と接続し、貯水槽の設備をつけることを義務づけ、これが改善の始まりとなった。1848年10月、市はドクター・ジョン・サイモンを保健医官に指名した。ドクター・サイモンは精力的に迷惑行為の調査員を送り込み、屋外トイレを浄化し、ごみを撤去した。ニュー・リヴァー社に、配水塔（路上の栓のある立て管）に1日2回水を送らせるようにした。1849年11月には、影響力のある『タイムズ』の強い協力を得て、ドクター・サイモンは初の年鑑を出版した。ある歴史家によれば、この本は「19世紀の公衆衛生改善史に関する第一級の文書」だという[20]。極端に貧しい人々がまだ数多く暮らしているシティの死亡率が30〜40パーミルと高い数値だとすれば、その原因は、排水の不備、不十分な水の供給、人々の不衛生な習慣、そして最後に、人々の健康を害する産業と浅い埋葬だと、ドクター・サイモンはいっている。動物の解体と、過密な墓所への遺体の埋葬は、いずれも不快な臭いと眺めの原因となった。

「恥ずべき場所」

毎日ロンドンへ運ばれてくる膨大な数の牛、羊、豚は、どこかで解体されなくてはならなかった。食肉処理場を作る場所に規制はなく、中には上品な大通りから数ヤードしか離れていない肉屋の裏庭や地下室にあるものもあった。たとえばニューポート・マーケットでは、悪臭や蝿、死にゆく牛の恐ろしい鳴き声が、レスター・スクエア近くの観光名所である、ジェームズ・ワイルドの〝グレート・グローブ〟［地球儀を模した巨大な建造物で、中に入って地形を見ることができた］を見に来た人々の注意を引いたという。

十万もの動物が、人でごった返すシティの通りを、屠畜場まで引かれて行き、何トンにも上るその糞が、馬車を引く馬の糞や泥、さまざまな汚物に加わった。特にスミスフィールドの大規模な食肉市場の周りでは、道を動物の血や肉片、ぬらぬらした内臓、ひづめ、皮が流れ、そのすべてに蠅が群がっていた。スミスフィールド周辺はダンテの書物に出てくるような眺めだった。チャールズ・ディケンズは『荒涼館』の第16章でこう書いている。

目かくしをされた牡牛どもは、手綱を引いてもらえずに、あまり突き棒で追い立てられるので、見当ちがいのところへとびこんでたたき出され、血走った目をして泡を吹きながら、石の塀に向って突進し、たびたび罪のない人たちに大怪我を負わせ、自分でもたびたび大怪我を負う（青木雄造・小池滋訳）

そしてまた、『大いなる遺産』の第20章で、ピップがミスター・ジャガーズの事務所の雰囲気を逃れて散歩に出たときにはこう書かれている。

そこでスミスフィールドに行ってみたところ、汚物と脂と血と泡にまみれたこの恥ずべき場所が体に張りついて離れない気がした（加賀山卓朗訳）

ドクター・サイモンはスミスフィールドをこう説明している。

がらくた置き場、家畜の胃袋を処理する者、猫の餌用の肉を煮る者、ガットを作る者、胃袋

を調理する者、膀胱を吹く者、そして裏庭の食肉解体場のあらゆる悪臭と残虐さに満ちていた

1849年9月7日の暑い金曜日、スミスフィールドの食肉処理場に運ばれている最中の去勢牛が逃げ出し、新聞社の機械室に侵入して、導入されたばかりの最新型の蒸気式印刷機の間に挟まれてしまった。[21] 蒸気と機械の時代の輝かしい技術と、中世に後退したようなロンドンの食肉処理場とが出会ったのである。この状況を放置しておくわけにはいかなかった。

よくあることだが、改革を妨げるのはそこに住む人々の既得権益だ。市会は自身が法であるかのように、スミスフィールドやその他のシティの市場にさまざまな税をかけ、そこから年間1万ポンド近く収入を得ていたため、当然ながらあらゆる改革に抵抗した。[22] だが1849年、王立委員会は大きな食肉市場を閉めることを勧告した。市会は異議を唱えたが、『タイムズ』のいう「悪臭を放つ中央の嫌われ者」は去らなくてはならなかった。[23] 1859年1月9日、新しいコペンハーゲン市場が、一部はシティ北側の郊外になっているイズリントンで開業した。ここには8000頭の牛と5万頭の羊のほか、大量の豚と馬を収容することができた。

吐き気がするような臭い

何世紀にもわたり、たくさんの遺体がロンドンの教会の墓地や、歴史的な埋葬地に埋められて

きた。重なり合った遺体は、分解されるのにおよそ7年かかったが、新たに埋葬される遺体はその腐敗の速さを上回った。空いている場所は少なかったので、新しい棺を入れるためには墓をもう一度開けなくてはならなかった。墓掘り人は、腐りかけの遺体を叩いてばらまき、吐き気がするような臭いをさせた。多くの墓地の地面は、さまざまな腐敗の段階にある死体で盛り上がっていた。ジョージ・レイノルズの『ロンドンの秘密』では、死んだばかりの遺体を解剖学者に提供する「死体盗掘人」のティドキンズが、寒い冬でも墓地全体の土が死者の脂のせいで凍らないのだと、当然のことのように話している。[24] 1862年9月15日付の『イラストレイテッド・ロンドン・ニュース』は、雨による「恐ろしい露出」があったと報じている。その光景は「吐き気を催す、きわめて不快な、悪臭を放つものだった」という。別の記者はこう書いている。

ホワイトチャペル教会に隣接した……地面にはおびただしい人骨と腐敗した遺体が密集していた。それはシャベルで掘り出され、ぞっとする光景をさらしていた。……ここに墓穴を掘るとき、最近埋葬された死体に出くわさずに済むのは不可能に思える。そして、墓掘り人のつるはしが、まったく思いがけないときに棺の蓋を破ってしまうこともあり、そこからは恐ろしい臭気が発生した[25]

墓穴は、積み上げられた棺と地表との間が1フィート以下になるまで埋められないことがままあった。そのため、最も新しい死体は地面からわずか18インチ下に埋葬されることになった。半分腐った死体、骨、真鍮の金具が取れてばらばらになった棺はむき出しのまま、墓地のいたるところに散らばっていた。

コレラ〝王〟

こうした公衆の不衛生さを考えれば、コレラが１８４９年初頭にロンドンを襲うのは予想がつくことだった。１８４８年9月22日、ロンドン橋のすぐ南のサザーク自治区で、コレラと診断された患者が出た。やがて、テムズ川南岸の低地全体で、散発的な流行が発生した。

コレラは突然襲ってくる。数時間のうちに、感染者の半分は死ぬ。時には、脱水を引き起こす主な症状である激しい下痢と嘔吐が始まってから1日のうちに死ぬこともある。感染は非常に無作為で、町全体、地区、通り、または通りの片側だけが感染を逃れることもあった。今では、コレラは接触感染性の病気でないことがわかっている。風邪のように、他の人から〝うつされる〟ことはないのだ。コレラは監獄船〈ユーステティア〉までも襲った。１８５７年まで続いた慣習でオーストラリアへ移送される囚人たちでぎっしりの船が、出航を待っていた。〈ユーステティア〉は接岸せず川に係留されていたため、コレラは船の中から発生したと思われる。しかし、ミルバンク刑務所はテムズ川の北岸、現在のテート美術館の場所にあった。その刑務所が感染したのに、ペントンヴィル刑務所や〝ベドラム〟と呼ばれる王立ベツレヘム病院が感染を免れるということがあるだろうか？　ある場所には共通していて、別の場所ではそうでないものとは何なのだろう?

コレラが不衛生な生活環境によって引き起こされるという説はあったが、具体的に、そうした環境がどうやって病を引き起こすのか? 最も一般的な意見は、解決法はロンドンの劣悪な公衆衛生に対抗する大々的なキャンペーンだというものだったが、それも瘴気や大気の影響を信じたものだった。衛生状態の欠如が、大半は人間の排泄物や人間と動物の呼吸といった、動物性・植物性物質を流出させ、それによって空気中に毒が存在するという説だ。換気は不十分で、人間の排泄物は住居から効率的に取り除かれることはなかった。言葉を換えれば、密集していること、人間と動物の臭気、きれいな空気の欠如と不潔な習慣がコレラの原因だというのだ。

治療法としては、〈ハロウェイの錠剤〉が効くといわれていた。箱の宣伝文によれば、夜に5錠か6錠、朝も同じ量を6週間飲めば、回復するという。亜酸化窒素、またの名を〝笑気ガス〟は、1849年に1万4000人のロンドン市民を死に追いやったこの恐ろしい病気のいんちき療法として推奨された。最も一般的な治療薬は阿片《あへん》だったが、これは病のごく初期

コレラ王。Wellcome Collection

にしか効かなかった。ロンドンの病院で用いられたその他の治療法には、電気、ブランデー、テレピン油、赤トウガラシなどがある。またよくある塩の浣腸を内服したり、生理食塩水を注射したりしたのは、コレラの治療に体液の代替物を緊急に用いる必要があったことを示している。

「トゥーティングの楽園」

コレラの流行の中でも最悪のもので、この問題を医療から広範囲に及ぶ社会政策の議論へと変えたのが、トゥーティングで発生したものである。ここは今ではロンドン南部の市街地となっているが、当時は野原の中にある村に過ぎなかった。この地で、バーソロミュー・ドルーエは貧しい孤児が社会に出られるまで世話をする孤児院を運営していた。乳児はロンドンの救貧院から里子に出された。救貧院は、貧民が食べ物と住まいを得るために入らなくてはならない過酷な施設だ。1849年1月の第1週、貧しい乳児のためのドルーエの施設に寄宿していた1300人の子供のうち、112人がコレラにかかった。孤児院を管轄するサリー州の検死官は、検死は不要とした。孤児院のスキャンダルが表沙汰になったのは、コレラにかかったほかの子供がドルーエの施設から出され、ほかの検死官の管轄地区で亡くなったからにほかならない。1月19日、検死官ドクター・ウェイクリーによって死因審問が行われた。有名な医学雑誌『ランセット』の創始者である彼は、医師免許を持っていないほかの多くの検死官とは対照的に、活動的な医療・社会改革者だった。彼はドルーエの施設の子供たちが、食べ物も衣類も住む場所も十分に与えられていなかったことに気づいた。救貧院からドルーエの施設に子供を寄宿させていた、ロンドンのホルボーン地区の救貧法委員会は、ドルーエに過失致死の評決を下した。ドルーエは1849年4月13日に刑事裁判所で裁判にかけられたが、捜査対象である子供がコレラで死んだのは、彼の過失によるものと証明できなかったため、無罪となった。

ドルーエは施設を非効率的に、冷酷に運営していた。子供に十分な栄養を与えず、虐待した。ドルーエの〝ホーム〟でのコレラの死者数は、最終的に180人になった。身を守ることのできない子供がこれだけ多く死んだことは、医学雑誌の真面目な記事や公衆衛生に関する議会の報告にはできない形で、人々の意識に訴えた。おそらく、最も強烈な批判はチャールズ・ディケンズの力強いペンによるものだったろう。彼は1849年1月20日付の『エグザミナー』に「トゥーティングの楽園」という記事を寄稿している。

衛生局の調査員、ドクター・グレインジャーは、ドルーエがドアや窓を釘付けにしたことによる換気不足が「病院や、その他病人を収容したどの場所と比べても……これまで見たこともない不快さ」だったと証言している。[26] 警告にもかかわらず、ドルーエは施設を過密にし、4人のコレラ患者をひとつのベッドに寝かせた。当然、彼らは互いの下痢にまみれており、調査官は「不快で、見苦しく、野蛮な環境が、彼らのぞっとするような状態をさらに悪化させていた」と表現している。不十分な食事と衣服が、寒さ、湿気、不潔で悪臭を放つ部屋と相まって、いかにも感染が爆発しそうな状態だった。

しかし、こうした状態は不潔で耐えがたいものとはいえ、コレラの真の発生源ではなく誘発要因に過ぎなかった。この病気は、特定されていない原因によるものなのだろうか？　実際は、ディケンズが書き、多くの医学的所見が信じていたこととは裏腹に、コレラの蔓延は、ディケンズが「残酷に運営され、お粗末に維持され、馬鹿げた検査を受け、不正に保護された、キリスト教共同体の恥であり文明国の汚点」と表現したドルーェの施設のせいではなかった。こうした非難はどれも正当なものだが、環境そのものがコレラの原因ではなかったのだ。

　コレラは夏じゅう猛威をふるい、特にランベス、サザーク、ロザーハイズといったロンドンの南の地区では、６月に２５０人、７月に２０００人、８月には４０００人以上が死んだ。９月の初めまでには、１万１４２人が命を落とし、その中には進行中のマニングの殺人事件の裁判で証言することになっていた株式仲買人ふたりも含まれていた。マニング夫妻が暮らしていたバーモンジーは死者数が多く、５９１人の住人が失われた。弔鐘《ちょうしょう》は朝から晩まで鳴り、会葬者が墓地から帰宅すると、その家で別の病人が亡くなっているという具合だった。

真の原因――汚染水

　運がよければ、水道水は壊れた下水道や漏れた汚水溜めによって汚染されていないかもしれない。お茶を飲むために水を沸かしたり、ビールしか飲まなかったりすることもあるかもしれない。コレラの原因が汚染された水だという証拠が徐々に積み上げられてきた。ヴィクトリア朝初期に新たに大量の建設工事が行われたことで、汚水溜めの壁にひびが入ったり、下水道が壊れたりした。一方で水洗トイレの導入により、排泄物が直接下水道に流され、そこから最終的にテムズ川へ流出して、水道会社はそこから水を汲んでロンドンの給水塔や貯水槽に飲み水を送り込んだ。下水道、汚水溜め、開いた排水溝から、汚水が水道管や井戸に漏れることは知られていた。アーサー・ハッサルによる１８５０年の『ロンドン住民に供給される上水の顕微鏡的試験』は、「首都の住人の一部は、何らかの形で自分自身の排泄物を口にせざるを得ない」ことを明らかにした。[27]それでも、コレラ菌（ビブリオ・コレレ）が特定されることはまだなかった。

巨大な排出腔

ロンドンへの水の供給は、よくスキャンダルになった。１８４９年９月29日付の『イラストレイテッド・ロンドン・ニュース』は、次のように糾弾している。

水の供給は、大気や太陽のように個人の利益として与えられるものではなくなった

ロンドンの水は、８つの会社によって供給され、水はテムズ川、深井戸、リー川から汲み上げられていた。テムズ川とリー川は、馬糞、死んで腐りかけた魚、そして何より下水道からの排水によって悪臭を放っていた。同じく１８４９年、コレラがロンドンを襲うと、作家チャールズ・キングズリーはこう書いた。

わたしは昨日……バーモンジーのコレラ地区にいたが、何という眺めだったろう！　何百人もの人々の飲み水といえば、死んだ魚や猫、犬でいっぱいの……公共の下水道しかないのだ[28]

バーモンジーに隣接するサザークには1万８０００軒の家があったが、専用の給水設備があるのは４０００軒にとどまった。ほかの家では路上の給水塔から水を汲んだが、水が出るのはほんの短い時間だけで、しかも毎日ではなかった。貯水槽がない家もあり、結果として、不十分で不衛生な容器に水が貯められていた。こうした時間のかかる、不定期な水の供給のせいで、ろくに洗うこともできない樽や瓶を満たすために並んでいる人々（大半は女性）の間には口論が起こった。水はできる限り節約され、何度も使い回され、よどんでほかの用途に使えなくなって初めて飲み水となった。

　地下の台所や、すぐ外の開けた〝ドライエリア〟の貯水槽に配管で水を引ける家は運がよかった。水道管を設置

「水はどこにでもあるのに、飲める水は一滴もない」
Wellcome Collection、オープンアクセス

するには家主に4ポンド支払い、ひとつの階に水を引くのに年間6シリングほど払った。部屋が4つある家だと、その2倍ほどになる。配管による水の供給は、なかなか普及しなかった。住人が鉛の金具を盗んで売ってしまうのではないかと、家主が心配したからだ。水道会社は、メーターで計量されていない水が無駄遣いされることを恐れた。また、家主も水道を設置する料金を埋め合わせるのに十分な家賃を定期的に得られるかどうか心許《こころもと》なかった。さらに、屋内の配管や蛇口を設置するロンドンの配管工は、無能なことで知られていた。一方で貯水槽の水は汚染されるままになっていた。いずれにせよ、配管を通じて水が出るのは毎日または隔日のわずか2時間で、日曜日には供給されなかった。

コレラを防ぐには、常に飲み水を下水から遠ざけることだ。激しい腹痛、嘔吐、水下痢を治療するには、失われた体液を補充することだ。急性脱水症は衰弱と急激な体温の低下を引き起こし、最後には脈がなくなり、しなびて青ざめた死体となる。それでも、真の原因と、公私ともに適切な治療法については、全体的な合意を得られなかった。

ドクター・スノウとブロード・ストリートのポンプ

コレラの媒介に水が関与しているとしたのは、ヴィクトリア女王の出産時に麻酔を投与した医師、ドクター・ジョン・スノウだった。彼はこの問題について、1849年に初めて『コレラの伝染形態について』として発表したが、瘴気説が支配的だったためにほとんど注目されなかった。

ドクター・スノウはこの問題の研究を続け、１８５５年には１８４８年の論文と同じ題名の本を出版した。彼は、手洗いをする機会がほとんどない貧しい人々がコレラ菌に触れ、それを口に移すことを証明した。医師に感染しないのは、彼らが食事の前に手を洗い、どんなときでも患者の家で食事することを避けていたからだ。コレラが裕福な地域にも広まったのは、菌が水の供給全般に入り込んでいたからだ。スノウは注意深く、人々が飲料水を手に入れる場所と、コレラの発生を照合した。ロンドンのウェスト・エンドの中心地、ソーホーにあるブロード・ストリート、現在のブロードウィック・ストリートのポンプからは、煉瓦の支え壁が壊れた近くの汚水溜めによって汚染された水が供給されていたため、コレラ菌が飲料水に入り込んでいた。顕微鏡で水を見たスノウは、コレラ患者の腸から発見された特徴的な毛房状の物質または断片に気づいた。ポンプから水を汲んでいた人々はコレラに感染した一方で、近くに住んでいても汚染されていない井戸水を飲んでいた人々は無事だった。決定的証拠は、ブロード・ストリートからハムステッドに引っ越した未亡人が、ブロード・ストリートのポンプから汲み上げられた特に甘い味のする水を送ってもらい、飲み続けていたところ、固有の井戸があったハムステッドで唯一コレラに感染して死亡したことだった。スノウは当局に掛け合い、ポンプの取っ手を取り外したところ、ブロード・ストリートのコレラ感染は終息した。

しかし、これは局地的な感染だ。水道会社の一部、特にサザーク・アンド・ヴォクソール水道会社が水を汲んでいたテムズ川上流への下水道の排水は、１８４９年の大規模なコレラ感染を引き起こした。

1849年11月16日、国民全員がコレラ流行の終わりに対して神に感謝するため招集された。その日は平日だったが、店は閉まり、鉄道は日曜運行だけになった。教会の鐘が鳴り響いたが、『タイムズ』は次のような真っ当な主張をした。

十中八九、自分たちで取り除けたはずの害を取り除いてくれと神に祈るのは、キリスト教徒や理性ある人間のすることではない[29]

ロンドンでは1万4000人以上がコレラで命を落とした。ヴィクトリア朝初期の終わり、1852年法でようやく、水道会社は1855年までにロンドン中央部から11・7マイル（18・8キロメートル）上流にあるテディントンより下流で水を汲むことをやめるよう義務付けられた。会社は1857年までの猶予で、貯水池に蓋をし、水を濾過して、絶えず供給できるようにした。ランベス水道会社が、法の要請により1853年に汲み上げ場所を川の上流に移すと、水が供給されていた区域の死者数は、サザーク・アンド・ヴォクソール水道会社の供給場所と比べて劇的に減った。サザーク・アンド・ヴォクソール水道会社は、同じく操業をテディントンの上流に移すまで、住人1万人当たり130人のコレラによる死者を出していた。

1855年、首都土木委員会が設立されると、ついにロンドン全体の下水道を管轄する適切な機関が生まれた。だが、政府が首都土木委員会に望み通りの下水システムを造る権力を与えたのは、1857年と1858年の夏のテムズ川の悪臭に国会議員自身が辟易《へきえき》し、ヴィクトリア女王とアルバート公が、蒸気船のパドルでかき回された川の胸の悪くなるような臭気のために遊覧を取り止めなくてはならなくなってからのことだった。技術師長のジョーゼフ・バザルジェットは、82マイルの下水道を建設した。１８６５年までには稼働し、１日に4億２０００万ガロンの上下水を集めて、飲料水が汲み上げられる川から遠く離れた場所に排水できるようになった。コレラはついに終息した。しかし、清潔で手頃な水が常に手に入らない問題が完全に解決するのは、１９０２年に首都水道局が水道会社を買い上げてからのことだった。

第5章　お金、住宅、階級

汚い金

どこから見ても中産階級とわかる家庭を維持するには、贅沢をしなかったとしても年に300ポンドは必要だった。これは、妻が気楽な裁縫のほかには何もせずに、好きなように暮らすことを想定している。使用人はふたり必要で、家は客をもてなすことができ、家族が増えても暮らせる広さがあり、ロンドンの中産階級にふさわしい地区に建っている必要があった。

しかし、次第に増加する事務員など、中産階級の仕事に就く多くの人々は、年収300ポンドをはるかに下回っていた。チャールズ・ディケンズの描くボブ・クラチットは、週15シリング、すなわち年39ポンドしか受け取っていないが、何とか暮らしを立てているようだ。『クリスマス・キャロル』のエベネーザ・スクルージは、クラチットにほんの少ししか給料を払っていないことを認めているので、おそらくディケンズは、わざとクラチットの給料を少なく表現したのだろう。年収150ポンドあれば、下宿人を置かずに家を借りることができ、住み込みと通いの使用人を雇うことができた。これは、ディケンズの小説でチアリブル兄弟がニコラス・ニクルビーに年120ポンドと家を提供していたのに近い。1860年に連載されたウィルキー・コリンズの『白衣の女』では、素描の名人ウォルター・ハートライトが、絵を教え、絵画のコレクションを修復することで「紳士の待遇を受け」、週に4ギニー支払われることが提案されている。彼がこの契約を「驚くほど気前がよい」といったのも無理はないだろう。

フィクションを離れて現実に戻ると、フレデリック・マニングは、裁判記録によればホルボーンの文具会社のセールスマンとして、週2ポンド、年に104ポンドの報酬を受け、さらに5パーセントの歩合を受け取っていた。これでは、年150ポンドを魔法のように出せるとは思えず、裁判では家賃を払うためにマリアが下宿人に部屋を貸さなければならなかったことが明らかになっている。また、住み込みの使用人を雇う余裕もなかった。フレデリック・マニングの問題は、彼がアルコール依存症で、鉄道警備員の職を失ってからは何もかもうまくいかなかったことだ。マリアは強く、意思の固い女性だったが、夫は明らかにお荷物だった。

マニング夫妻の犠牲となった税関職員パトリック・オコナーは、金はロンドンから生まれることを実証した。いいコネを持ち、それをどう使うかを知っていて、人がほしがるものを提供できるすき間市場が見つかればしめたものだ。オコナーの場合は金貸しだった。マニング夫妻の家に下宿していた学生によれば、マリアはオコナーが2万ポンドもの財産を貯め込んでいて、彼女に有利な遺言状を作成したといったそうだ。しかし、これは彼女の楽観的な予想に思える。オコナーには貯蓄があり、鉄道株にかなりの投資をしていたのは本当だった。

「あの丘には黄金がある」

しかし、さらに大金を儲けることもできた。1849年になる頃には、遠く離れたカリフォルニアに金脈があるというニュースで、ロンドンは興奮の渦に巻き込まれた。そこでは、貴重な金属が地面に転がっているといわれた。進取的な蒸気船会社は、ロンドンからホーン岬を経由して、アメリカ西海岸へ直行する路線を開始した。[1] カリフォルニアのゴールドラッシュは流行の話題となった。ストランドのアデルフィ劇場で上演された『カリフォルニアのロンドン子』という笑劇のチケットは売り切れになった。ヴォクソールやクレモルネのプレジャー・ガーデンでは、カップルが〝カリフォルニア・ポルカ〟や〝黄金ポルカ〟を踊った。コヴェント・ガーデンの〈サイダー・セラーズ〉やストランドの〈コール・ホール〉といった、サパーと酒を提供するロンドンの有名店では、紳士が煙草を吸いながら『カリフォルニアへの競争』を歌った。その歌詞は今も忘れられていない。

小屋の中、谷間の中
金を求めて掘り起こし
住んでる山師、フォーティーナイナー「1849年に金を求めてカリフォルニアに移住した人々」
それに娘のキャロライン

1849年の1年を通じて、『パンチ』はゴールドラッシュを冗談の種にしてきた。1月13日付の雑誌に掲載された漫画では、3人の小さな子供を連れ、鋤《すき》とほうきを持った清掃員が、こんなふうにいっている。「ああ！　もうこんなところで、灰の中からティースプーンを探さなくたっていいんだ。カリフォルニアへ行けば、金のくずの山を掃除できるんだから」。清掃員が乗ろうとしている船には〈ムーンシャイン〉［たわごとの意］というふさわしい名がついている。「採鉱地での数日間」と題した、同じ日付の別の漫画では、その年の後半に行われるマニング夫妻の処刑がよく見える場所代として請求された金額を、ジャーナリストが「カリフォルニア価格」と呼んでいる。『パンチ』に出てくる風刺的アメリカ人、ハイラム・K・ドウボーイは、金鉱地のまかない付き下宿に、1日30ドル（6ポンド以上）という大金をふっかけている。

しかし、それよりも真面目な論調で、『パンチ』は大量の金により金利が低くなることを予測している。同年9月22日付の『イラストレイテッド・ロンドン・ニュース』は、50万ポンド以上の価値があるカリフォルニアの金とメキシコのペソ金貨が、多数の警官の護衛とともに、イングランド銀行に到着したと報じている。金準備が増加したことに後押しされて、紙幣の流通が増え、『パンチ』が予想したように1850年以降は信用が拡大した。1851年2月には金利は2パーセントに下がり、1853〜1856年のクリミア戦争で需要が高まったことで、好景気が訪れた。

国債は〝コンソル〟と呼ばれた。これはコンソリデーテッド・バンク公債の略称である。〝コンソル〟は1801年以降、5・3パーセントの利子を払っていたが、国債は1793

年の2億2800万ポンドから、ナポレオンとの熾烈な戦いに決着がついた1816年には7億9000万ポンドにまで跳ね上がった。この高利率は、ナポレオン戦争によるインフレ中には正当化されていた。1794～1795年を100とすれば、1818年には価格は2倍になっていたが、その後、戦前のレベルにまで下がっている。[2] 結果として、1841年の金利は3・25パーセントにまで引き下げられた。これは、投資への利息を唯一の収入源にしている人々にとっては相当な痛手だった。コンソルの利率の下落は、仕手株や外国債に膨大な金が注ぎ込まれる要因となった。1847年にイギリス鉄道の株が暴落すると、ヨーロッパ全土の鉄道、公共事業、鉱山への投資が再開した。そのすべてがシティ・オブ・ロンドンを通じて行われ、しばしば大手投資銀行の融資を元手にしていた。たとえばマリア・マニングは、フランス鉄道株に投資していた。

マニング夫妻の犠牲者パトリック・オコナーは堅実な投資家だったが、1840年代までは、庶民の間でも投資は一般的に行われていた。その中には、庶民院が議会に報告したように、田舎暮らしの人々、半給職の職員、使用人、郵便馬車の配達人、鉄道警備員、肉屋、料理人、御者、紡績工などもいた。[3] こうした人々の多くは、老後の備えを注ぎ込んだ投資計画が失敗したり、証券取引所の不正操作があったりしただけで破産した。

詐欺師

チャールズ・ディケンズの『ニコラス・ニクルビー』に出てくる「首都圏特製焼き立てマフィ

ン・丸パン即売・即配・合弁会社」の資本金は、1口10ポンドの株券50万株で500万ポンドという、厚かましいほど大胆で異様に誇張された額だ。これは、ディケンズの『マーティン・チャズルウィット』に出てくる「アングロ・ベンガル公正貸付生命保険会社」とともに、フィクションにおける当時の悪名高い現象の例となっている。つまり、株式詐欺だ。1856年に有限責任法ができるまで、倒産した会社の株主は株の価値を失うだけでなく、財産も取り上げられて債権者に没収されてしまっていた。ディケンズの小説のタイトルと同名の主人公で、世間知らずのニコラス・ニクルビーは、株の思惑買いに手を出す。その第1章にはこう書かれている。

> 熱狂が広まり、投機ははじけた。四人の株式仲買人はフィレンツェに別荘を構え、四百人の無名氏は破滅した

『デイヴィッド・コパフィールド』の第35章では、デイヴィッドのおばベッツィ・トロットウッドが、現実離れした宝探し計画に投資する。ディケンズは、ユダヤ人の財産を回収するという計画を基にこれを書いたのかもしれない。彼らは奴隷だったにもかかわらず、聖書の出エジプトの際に紅海に富を投げ捨てたというのだ。[4]

　ヴィクトリア朝初期のフィクションによく出てくる別の登場人物は、実生活における高利貸しの重要性を反映している。銀行信用の時代になる前には、どうしても資金が必要な人は金貸しに頼らなくてはならなかった。伝統的なフィクションでは、裕福な家の浪費家の息子が、ユダヤ人

の金貸しに金を借りに行く。高利貸しはキリスト教では禁じられているという理由だったが、現実はそうでないこともしばしばあった。チャールズ・リードの1856年の小説『悔い改めるのに遅すぎることはない』では、ユダヤ人のアイザック・リーヴァイが、謎めいた、東洋的な、気高い人物として描かれている。非ユダヤ教徒の高利貸し、ジョン・メドウズは、20パーセントの利子を取っているが、リーヴァイの利率のほうが低いため、彼をライバル視している。しかし20パーセントでも、ディケンズの小説の登場人物ラルフ・ニクルビーに課せられた利子に比べたら断然低いといえる。このニコラスのおじは、「半ペニーにつき2ペンス」という利子で金を借りており、利率は400パーセントになる。

破産

借金が返せなければ、結果として破産または支払い不能に陥る。『ニコラス・ニクルビー』の第21章では、ミセス・マンタリーニが「へたった煙草と新鮮なタマネギ」の臭いのする「スケーリー《ものさしや》」と「ティックス《さしひきや》」という土地管理人に屈辱的な仕打ちを受ける。彼らはミスター・マンタリーニが「博奕《ばくち》だの、濫費だの、無為徒食だの、競馬狂だの」で負った借金「千五百二十七ポンドと、四シリング九ペンス半」を回収しようと、粗野な態度で彼女の仕立て屋に押し入ったのだ。［引用は田辺洋子訳］

破産者の財産を競売にかけた例が、1849年の報道に見られる。ブレッシントン伯爵夫人の恋人で義理の息子のドルセー公爵が、債権者を逃れて大陸へ渡ることを余儀なくされた。彼は大金を持っていたに違いない。ロンドンの社交界で〝プリンス・オブ・ダンディ〟と呼ばれていた公爵が降りた馬車を、ジェーン・カーライルは「スカイブルーとシルバーのきらびやかなものだった」と描写している。カーライルの使用人は「何て美しい人でしょう」と叫んだが、ジェーン自身はドルセー公爵の美貌を「少しおぞましい」と感じている。[5] 彼は女性っぽいといいたかったようだ。リージェント・ストリートの絹織物商〈ハウエル・アンド・ジェームズ〉は、レディ・ブレッシントンの住まいであるゴア・ハウスの高価な家具の代金を回収しようとした。この家はサウス・ケンジントンの、のちにロイヤル・アルバート・ホールとして知られる場所に建っていた。１８４９年5月、家は競売にかけられた。小説家だったレディ・ブレッシントンは、洗練された文学サロンを主宰し、彼女よりも有名な作家サッカレーも参加していた。彼は競売にかけられた品がぞんざいに扱われたことや入札者の下品さに、ひどく憤慨した。[6]

　少なくとも『タイムズ』に掲載された１８４９年第14半期の破産者リストを見る限り、破産はよくある運命のようだ。これは１８４７年の鉄道株のバブルが崩壊した結果を反映している可能性が高いが、19世紀初頭から中期にかけての混乱した事業の中、破産はよくあることで、ヴィクトリア朝の小説にもたびたび描かれている。投資や株式の詐欺と、常に一定の率で失敗するのがつきものの企業文化とが相まって、ロンドンのような活気あふれる都市で破産が日常茶飯事となったのである。賃金や給料は低かったため、遺産を賢く投資することは、快適な生活と貧乏に耐える生活との分かれ目だった。

借金が返せず、執行官に没収される財産もない者は、債務者監獄という運命に直面することになる。21歳のときに父親のジョンを訪ねて、サザークのマーシャルシー債務者監獄へ行ったチャールズ・ディケンズは、そのことを知っていた。汚くて危険なマーシャルシー監獄では、ディケンズが『リトル・ドリット』で描いたように、汚職とゆすりが横行していた。

住宅

ロンドンには大規模建造物の建築家がわずかながらいた。たとえば、グレイズ・イン・ロードのカルソープ邸や、ハイベリー・フィールズ、ワーバン・プレイス、ゴードン・スクエア、またベルグレイヴィアの大部分とピムリコのほとんどといった、高品質で高価な建造物を造ったトーマス・キュービットなどだ。日記作家のダン・グレートレクス師の兄は、高級住宅地であるウェストボーン・テラス5番地に800ポンドで家を買った。[7] しかし、マニング夫妻が住み、パトリック・オコナーを殺害したバーモンジーのミニヴァー（またはミンヴァー）・プレイスのような狭い長屋は、小規模な建築家が投機として建てたものだった。

1841年から1851年にかけて、4万3000軒以上の家がロンドンに新築された。小規模建築家は、基礎を造り、壁を築いた後、下請け業者に金を払って家を完成させた。その金は、ヴィクトリア朝初期に急速に拡大した新しい〝住宅金融組合〟に、家を抵当に入れて借りた200ポンドほどである。家が完成すると、建築業者はそれを薄利で家主に売り、抵当を買い戻す。家主は安全な投資として知られるものに数百ポンド投資したいと考えている人々で、そのため〝家のように安全［まったく安全だという意］〟という言葉が生まれた。それはその通りで、家は常にそこにあった。ただし利益が出るのは、引き合うだけの家賃を払ってくれる、信用できる借り手が見つかればの話だ。

　バーモンジーにあるマニング夫妻の家は、下位中産階級が借りる典型的な住宅だ。対照的に、トーマスとジェーン・カーライルが半郊外のチェルシーで借りていた家は、ロンドンの典型とは異なっていた。中産階級の商店主や事務員、常雇いの熟練労働者とは違い、トーマス・カーライルは知識人で、執筆で生計を立てているが土地からの収入もあり、自宅で仕事をしているため、ロンドン中心部に通いやすい場所に住む必要はなかった。

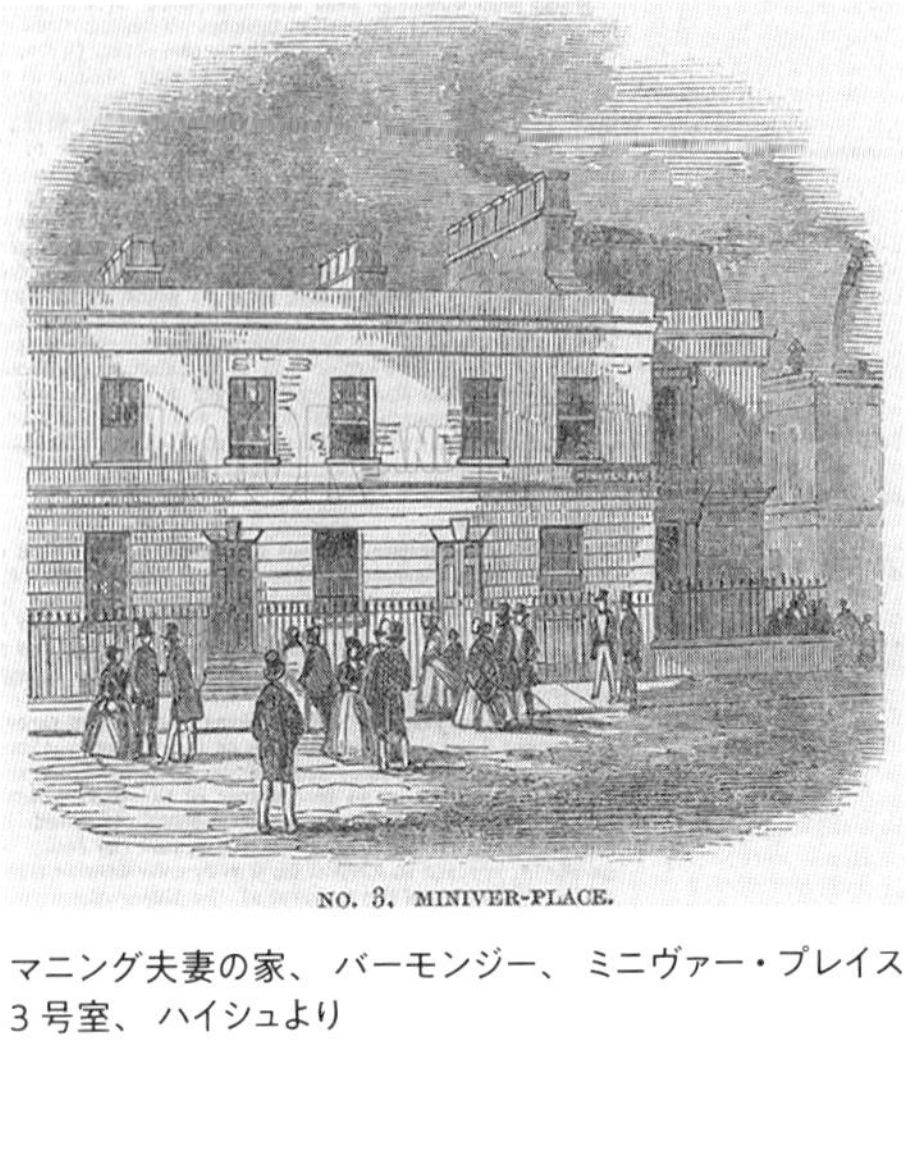

マニング夫妻の家、バーモンジー、ミニヴァー・プレイス3号室、ハイシュより

　家を借りる一般的な方法は、代理店を通じることだった。その窓にはベーズで覆われた掲示板が立てられ、物件の詳細を書いた紙が画鋲《がびょう》で留められていた。ミニヴァー・プレイス3号室は、建設者本人であるジェームズ・コールマンがマニング夫妻に貸していた。毎週分冊として1

ペニーで売られていた、ロバート・ハイシュのセンセーショナルな『犯罪の進行、あるいはマリア・マニングの真実の思い出』に描かれているように、家は白い長屋で、煉瓦造りで化粧漆喰が塗られていた。装飾のあるまぐさ石とかなめ石のついた正面のドアを開けると廊下になっていて、階段が2階の2間に通じている。1階は前後に居間があり、地下には前後に台所があった。1851年のイングランドとウェールズでの一家族の平均人数は5・5人だったことを考えると、6部屋のうち1部屋を下宿人に貸したとしても、マニング家は人数に余裕があった。[8] 家は1960年代に取り壊されたが、おそらく改築しても最低基準に達しなかったためだと思われる。

1840年代を通じて、公衆衛生の戦いは、特に住宅の問題というよりも、衛生問題全般、過密、アルコール依存、社会問題をめぐるものだった。建物の改築が提案されても、建築者の反対で延期された。1844年、首都建築法で、家、道幅、居住用の地下室の最小サイズが制定されたが、排水や衛生設備について制定されるのは1855年になってのことだった。防湿層や換気といった点では、ロンドンは特に遅れていた。それにどのみち、1844年の法律はシティ・オブ・ロンドンとシティ・オブ・ウェストミンスター、また近隣の教区にしか適用されなかった。当時、ロンドンに雇用された調査員はわずか33人だった。[9]

マニング夫妻の家には小さな庭があったが、隣人によればあまり手入れはされていなかった。とはいえ、マリアはサヤマメをところどころに植えていた。家で唯一凝っていたのは手すりで、中産階級的な自己満足を物語っている。

マニング家と同じような建物が、ロンドン北部のカムデン・タウン、ベイハム・ストリートに建っていた。ここはチャールズ・ディケンズの父親が年22ポンドに加え、さまざまな経費と税を払って借りていた場所だ。この経費と税は、家賃が20ポンドを超えると賃借人が払う義務があった。[10] こうした家を借りるには、年収250ポンドが必要だった。中産階級がそれにふさわしい水準の生活を送るには、家賃は収入の8パーセントが適切であると考えられていたからだ。[11] そのため又貸しは普通に行われた。マニングの家に下宿していた医学生のウィリアム・マッセイは、石炭と蠟燭代を含めて週4シリングほど払っていたと思われる。

1世紀後の状態がどのようなものだとしても、ミニヴァー・プレイス、のちのウェストン・ストリートは、同時代のバーモンジーのスラムの住宅の描写に比べればましだろう。

家は、2階に1間、1階に1間で、小さな流し場があり、裏庭はなく、奥行き3フィートの囲いのある舗装した一画だけがあった。洗濯をしたり干したりするのは前庭で行われ、その向かいには25世帯が使う配水塔があり、1日2時間水が出るが、日曜には出ない。中には手を洗う場所はなく、洗う水もない……25世帯にひとつのトイレと、汚水溜めがある。トイレの外には男、女、子供の行列ができていた[12]

中産階級から上流階級のレベルにいたカール・マルクスは、年36ポンドでロンドン北部に8部屋の家を借り、毎日大英博物館の図書室に通っていた。

ロンドン中心部から徒歩圏内の家もあった。しかし、ケンジントンからは野原を隔て、テムズ川の比較的きれいな部分に沿った、高級な半郊外と考えられていたチェルシーに建つ、トーマスとジェーン・カーライルの家は、それよりも大きくて全体的に質がよかった。高い煉瓦塀に囲まれた大きな長方形の庭があり、着替え室として使えるほど広いクローゼットのついた８つの部屋が各階にあり、戸棚を置くのにぴったりのスペースもあった。台所には銅釜のほかに、２ガロンのお湯を沸かせるレンジボイラーがあった。蓋付きの金属の大釜もあり、周囲には煉瓦が積まれ、その下で火を焚いた。これは特に洗濯用のお湯を沸かすものだった。しかし、バスルームはなかった。正面の台所は通りに面し、地下であるためいつも薄暗かった。奥の台所には、食品貯蔵庫と石炭庫があった。

カーライル夫妻は１８３４年に年35ポンドで家を借りている。１８４３年には、主な借地権者を説得して、１７０４年に建てられたこの家の異常に長い賃貸契約を放棄させようとしたが、無駄に終わった。しかし、カーライル夫妻が水道管やふたつの貯水槽、台所の流しに取り付けた蛇口など、自費で改良を加えていることを考えて、家主は同じ家賃で賃貸契約を31年延長した。[13] 誰もインフレを予測していなかったのは明らかだ。カーライル夫妻は玄関ドアの上と台所にガス灯を設置した。石油ランプや蠟燭では火災の危険があったため、これは現実的なことだった。

家賃のほかに、水道料が年間1ポンド6シリング、教会維持税が2ポンド5シリング、さらに照明、舗装、改修費、救貧税がかかった。火災保険費も必要だった。こうした費用は固定費で、最低でも年間40ポンドはかかった。

ヴィクトリア朝初期には、少なくとも使用人をひとり雇わなければ、家庭を維持することは難しかった。台所は地下にあり、前方の台所に多少の明かりを取り入れるための〝ドライエリア〟が家の前にない場合、暗くじめじめした。このドライエリアは〝エアリー〟といわれた。これはアイルランド人によくある姓と韻を踏んでいるため、ロンドンの通りで遊ぶ子供たちはこんな歌を歌った。

ワン、ツー、スリー、オリアリー
わたしのボールはお空《エアリー》へ

水を沸かす台所用レンジがあるのは、暮らし向きのよい家だけだった。そのほかの家では、少量の水を火格子の上にかけるか、〝銅釜〟に入れて焚火で沸かした。配管で水を引いたとしても、引かれたのはほぼ〝ロウ・サービス〟と呼ばれた1階のみ、あるいは地下の台所の流しのみだった。マリアは8月初旬の夕方、顔を洗ってさっぱりするようにと、そこに不幸なオコナーを招き入れ、後ろから頭を撃った。

「めかし込んだ愚かさ」

上流階級の高価な家でも、バスルームは非常に珍しかった。贅沢にふける人々は、水シャワー付きの浴槽を設置した。たとえばトーマス・カーライルは、水の配管と蛇口のある台所にこれを造っている。バケツに入った水をロープと滑車で引き上げ、バケツをひっくり返す装置によって上から水を浴びるのだ。彼は病気がちな妻ジェーンにも同じことをさせた。「信じられない衝撃だった！」とジェーンは書いている。「そして、水がわたしを活気づけてくれたのか、それとも打ちのめしたか、まだわからずにいる」[14]。１８４９年に毎月分冊で発表された、サッカレーの『ペンデニス』の第29章では、テンプル法学院の若い弁護士がシャワーを取り付けているが、年上の同僚ミスター・グランプは、その習慣を「馬鹿げた、新しもの好きの、めかし込んだ愚かさだ」という。

　１８４０年代の衛生改革の重圧により進歩した例に、１８４６年の公衆浴場および洗濯場法がある。これは、１８３３年に石鹸への課税が引き下げられはじめてから、長い時間を経て実現した。石鹸への課税は１８５３年に撤廃されている。この必需品を使うことで、１８４１年から１８５１年までに衛生状態は２倍改善している[15]。１８４９年５月には、ホワイトチャペルのゴールストン・ストリートに、大規模な公衆浴場が開設された。94の独立した温水と水風呂があり、スチームと硫黄風呂の設備もあった[16]。水風呂は１ペニー、温水シャワーは２ペンスだった。硫黄風呂は、皮膚病の疥癬《かいせん》の治療のためだったと思われる。

　人間の排泄物については、裏庭――あればの話だが――の隅に〝ネセサリー〟と呼ばれる屋外トイレを設置するのが一般的だった。排泄物は箱に落ち、シャベルで土がかけられる。多くは昼間に煙突掃除人として働いている〝汲み取り人〟が、夜に箱を空にし、中身を肥料として売る。これが不快なものを安全に取り除く方法だった。しかし、マニング家の庭には、汚水溜めに接続された水洗トイレがあった。夫妻は、フレデリックが犠牲者の息の根を止めたバールと一緒に、凶器をそこに捨てたと考えられている。警察の報告書には「水洗トイレ」と書かれているが、これは専用のタンクを持ったトイレを意味しているわけではない[17]。家は新しかったが安普請で、住人はこうした現代的な方法で用を足すことはできず、バケツの水で流すのがせいぜいだった。

しかし、十分な水はなかった。台所には水道管が通っていたが、配水は不定期だった。それでも、家には貯水槽もなければ、相当量の水を蓄えておく手段もなかった。マニング裁判では、マニング夫妻がオコナーの遺体を処理するのに使った生石灰が入っていた籠を洗うのに、マリアが「敷地内の水を使い果たした」という証拠が提示されている。これは彼女が、普通の人がやっていたように、容器に水を貯めていたことを示している。

家庭料理

マリア・マニングの家の台所には火を焚く場所があり、その上には肉などを焼くための串を吊るすのに十分な空間があった。しかし〝コンロ〟または〝レンジ〟はなかった。これはオーブン付きの石炭ストーブで、上部には調理用の鍋を置く加熱板が付いていた。こうした設備は使われはじめたばかりで、石炭の節約になり、給湯もできた。

石炭費は当時の主要な出費だった。カーライル夫妻は、1トン当たり21シリングの石炭を年間12トン消費しており、これは使用人ひとりを雇うのと同額だった。しかし家主は、家賃を上げない限り、平均7ポンド5シリングに加えて設置費もかかる高価なレンジを取り付けようとはしなかった。そのため、ロンドンの貧しい地区ではレンジはめったに見られなかった。[18] カーライル夫妻のチェルシーの家のレンジは、うまく動かなかった。1852年、トーマス・カーライルは新しいレンジの費用を払うことに同意し、家主はカーライル夫妻が退去するときには費用を払い戻すと約束した。[19]

マニング家の地下の台所では、1年を通して火格子の中で火が燃えていたことだろう。焚火の上には串だけでなく、同時にいくつもの鍋を載せられる五徳もあったが、おそらく料理は石炭の煙の味がしたと思われる。冬には、ロンドンのほこりと霧のため、料理をすると台所は脂っぽく、汚くなった。おそらく結露も多く、床はじめじめしていただろう。洗い物は厄介だった。流しは素焼きで、粗末な木の水切り台しかなかったと考えられる。それでも、マニング夫妻の新築の家には食料を貯蔵する食品室があったし、大都会に暮らしているため、ほしいときにほしいだけ食料を買うことができた。

家庭の快適さ

家具商のミスター・ベインブリッジは、フレデリックが売ったマニング家の家具の目録を作っていた。詳細は語られていないが、ベインブリッジは中古のテーブルと椅子に対し、フレデリックは16ポンドをつけたものの、13ポンド10シリングで買ったといっている。元の値段は30ポンドで、世紀末には大量生産により12ポンド12シリングと、週給25シリングなら10週間分の給料以下にまで値が下がっていたことを考えると、かなりの高値といえる。[20]

暖房や料理用の燃料は、タインサイドからの石炭を積んだ700隻の石炭輸送船でロンドンに運ばれていた。石炭荷揚げ人によって埠頭で割られ、袋詰めされた石炭は、艀で川岸まで運ばれ、トン単位で商人に売られた。商人はそれを、力のあるシャイヤー種の馬が引く荷車に載せ、家々へ売り歩いた。ミニヴァー・プレイスでは、石炭貯蔵庫は裏の台所にあった。石炭商が来ると、黒い炭塵《たんじん》がマニング家の家を満たした。彼が階段を下り、台所を横切り、石炭貯蔵庫に石炭袋の中身が空けられると、炭塵がもうもうと上がり、洗濯物や網のカーテン、白く磨き上げられた玄関先の階段を覆った。

冬になると、下降気流が煙突から炭塵を吹き入れてくるため、部屋は煙たかった。煙突はまったく非効率的で、不完全燃焼した燃料が煤となって空に立ち昇り、一面の黒い煙となって外国からの訪問者を驚かせた。[21] また、強い風が吹いたときには、建設業者が煙突の先端に通風管をきちんと取り付けていないと、それが地面に落ち、粉々になった陶器のかけらと化すこともあった。

照明については、ガス灯は1850年代になるまで、中産階級でもめったに見られなかった。やがて、新しい庶民院にガス灯が取り付けられると、ヴィクトリア女王が即位した頃にはすでに200マイル以上のガスの本管がロンドンの通りの下を走り、主に街灯や高級店にガスを供給していたにもかかわらず、その安全性を疑っていた人々も安心した。ガスの純度はそれほど高くなく、臭くて息苦しくなった。天井には黒い跡が残った。さらに、1880年代に白熱マントルが導入されるまで、ガス灯は黄色かった。しかも非常に高価だった。トーマス・カーライルはガスを引いたが、大変な贅沢だと考えていた。

公共の建物とは対照的に、家庭にガスを引くことは、典型的な成金の見せびらかし行為だった。彼らは自宅を、まばゆく光るジン御殿［大型化し、豪華な内外装を施した酒場］のように見せた。これにより、ただでさえ暑くて息苦しい空気がさらによどみ、不純物のせいで嫌な臭いがした。ガスは女性の容姿にも残酷で、あらゆる欠点を照らし出した。[22] 料理人はガスに乗り気ではなかったが、有名シェフのアレクシス・ソワイエは、1841年から伝説的な晩餐を出していた〈リフォーム・クラブ〉でガスを使った。

ガスが普及するにつれて、料金は安くなったが、さほど裕福でない人々は菜種油のランプを使い、寝室では肉の脂から作った嫌な臭いのする獣脂の蠟燭を使った。本当に貧しい人々にとって、明かりは高価なものだったので、〝ファージング・ディップ〟と呼ばれる、熱したベーコンの脂に灯心草を浸したものを使った。[24] 蠟燭は1ポンド当たり10ペンスのため、論外だった。贅沢なことに、中産階級のカーライル夫妻は、10日で3ポンドの蠟燭を燃やしたが、これはトーマスが読書で夜更かしするのが好きだったためだ。

洗濯に関しては、マリア・マニングは自分で洗ったか、店に出したか、週に1度洗濯女を雇ったかもしれない。マリアのかさばるペチコートやフレデリックの下着、シャツ、クラバット、また家族の寝巻き、シーツ、枕カバーは、桶に浸し、激しくこすり、銅釜で煮沸し、すすぎ、青みをつけ、糊をきかせなくてはならなかった。

〝スキヴィー〟と呼ばれる最低の技能の雑役婦を雇うには、少なくとも週3ポンドの収入が必要と考えられていた。スキヴィーは、年に6ポンドから12ポンドの生活費を稼いでいた。マニング夫妻の収入では使用人に頼ることはできなかったが、マリアは必要に応じて雑役婦を雇っていた。たとえば、フレデリックと一緒にオコナーの死体を埋めた彼女は、12歳のハンナ・ファーマンに後始末をさせている。普段、ハンナは路上で、トレイに載せたマッチや靴紐、女性のコルセット用の紐を売っていた。被害者の遺体処理によって生じた石灰や土をきれいにするには、丸一日かかった。マリアはハンナに6ペンス払った。少女は報酬をけちられた埋め合わせに、ストッキング、ペチコート、卵を盗んだと、法廷での証言でしぶしぶ認めた。

階級

マリア・マニングは貴族の夫人の侍女だった。汚れ仕事をしたことはなかった。だが、今では買い物や料理、掃除をしなくてはならなくなった。しかも、アルコール依存症で頼りない夫の手伝いはほとんど期待できなかった。皮なめし工場の悪臭とロンドンの全体的な汚さのせいで、彼女は絶望に追い込まれた。既婚女性となり、すでに使用人ではなくなったにもかかわらず、彼女は階級を転落したように感じていた。しかし、彼女はどんな階級だったのだろう？

さあさあ、われらが仕事によくはげみ

地主と縁者をうやまって
日々のかてに甘んじてくらし
われらが本分をわきまえよう（松村昌家訳）

1844年のディケンズの短編「鐘の音」で、作者は皮肉を込めて引用しているが、子供たちに大真面目に教えられていたと思われるこの押韻詩は、レディ・ボウリーのために、トニック・ソルファという〝新システム〟で曲がつけられた。夫のサー・ジョーゼフ・ボウリーは国会議員で、村の大人や男の子に、夕方にこの歌を歌わせようとする。しかし、反抗的なウィル・ファーンは丁重に断る。レディ・ボウリーは不満を漏らす。「あんな階級の人たちに、無礼と恩知らず以外の何を期待できるというの？」彼女と夫は、ファーンを浮浪者として罰すべきだと考える。

中産階級の人々

お金と、それがどこからもたらされるかは、階級と切っても切れないほど結びついていた。フレデリック・マニングはイングランド西部のトーントンで商売をしている、立派な家の出だった。マリアはきわめて身分の高い貴婦人のメイドだった。彼らは、小規模の製造業者や店主、熟練の仕立て屋、宿屋の主人、巡回販売員などが属する、中位もしくは下位中産階級だった。この階級には、当時増えつつあった事務員、教員、下級の専門職、鉄道職員、下級の公務員も含まれる。こうした人々は、投資や地代で生計を立てている〝良家の人々〟と違って、〝商売〟をしているか、有料サービスを提供した。しかし肉体労働を提供していたわけではなく、このことで彼らは確固として〝中位〟もしくは〝下位〟中産階級に属し、貴族的な怠惰に反発し、〝真面目〟、勤労、酒に溺れないというピューリタン的な価値を重んじた。

1849年7月7日付の『パンチ』では、ロンドン市民の金遣いの荒さへの中産階級の非難を反映して、架空の「ミスター・ブラウン」が「みんながみんな、年収3000ポンドか4000ポンド稼いでいるような生活をしている」と痛烈に指摘する。その「みんな」には、チャールズ・ディケンズの小説『我らが共通の友』の登場人物、ハミルトンとアナスタシア・ヴェニアリング夫妻も含まれているだろう。1864年から1865年にかけて連載されたこの小説で、彼らは「ロンドンにできたばかりの地区にある、できたばかりの家に」住み、友人に後れを取るまいと、50ポンドもする晩餐会を開いている。

年に80ポンドから100ポンドの定収入のある下位中産階級は、無神論者やいかがわしい不可知論者と同じくらい、貧民や労働者階級を嫌っていた。教養や芸術的感性がほとんどないこの階級の人々は、自分たちが〝立派〟であることに誇りを持っていた。下位中産階級の人々は、自分たちを無能な貧民のお手本にし、特に子供を持つのを自制することを説いた。その価値観が次第に受け入れられるようになると、この階級に使命感と主体性が生まれた。彼らの考えでは、責任感と技術を持った労働者階級の人々は激励すべき存在だった。そこでディケンズの『ドンビー父子』に出てくる裕福な商人ミスター・ドンビーは、鉄道の火夫でのちに機関手になるミスター・

トゥードルの息子ロブに、グラインダーという架空の慈善学校へ入ることを勧めるのだ。

マニング夫妻の収入は中産階級の生活を送るには不十分で、下宿人を置かなければ家に住み続けることができなかったが、マリアが中産階級へのあこがれを抱いていたのは間違いない。マニング夫妻は、たとえ邪悪な目的があったとしても、友人をディナーに呼ぶという中産階級の習慣を取り入れていた。フレデリックがブランデーを控え、ホルボーンの文具店〈ゴーヴァー・アンド・カンパニー〉で週休2ポンドと5パーセントの歩合の仕事を続けていられたとすれば、上級店員として下位中産階級に確固たる地位を築けただろう。雇われの身としては、居酒屋の主人だった前職よりも地位は低いかもしれないが、酔っぱらいを相手にする必要はなくなった。彼は、ディケンズがヴィクトリア朝初期のロンドンの人々を観察した『ボズのスケッチ集』に出てくる「シャビー・ジェンティール」［落ちぶれても体面を保とうとする人］と呼ばれる人々よりも上の階級にいた。固定給があるという点でも、『デイヴィッド・コパフィールド』でトウモロコシを歩合のみで売っていたミスター・ミコーバーよりも地位が上だ。最盛期の建設業労働者が週給1ポンド（ウィルトシャーやドーセットの農業労働者よりもはるかに高い）、郵便配達員は22シリング、ロンドンの熟練工はおそらく1ポンド10シリング受け取っていたが、定期的に失業した。マニング自身は、鉄道警備員時代には週18シリングしか稼げなかった。例外的に、熟練工の貴族階級である印刷工は、週に4ポンド4シリングという高給を取っていた。これは彼らが印刷する新聞の記者と比べて、1ポンド少ないに過ぎない。

ずば抜けた速記の技術を持っていたチャールズ・ディケンズは、『モーニング・クロニクル』

に週5ギニーで国会記者として雇われている。ジャーナリストの腕を上げると、副編集長に昇進できるチャンスが常に巡ってきた。これは編集長の年1000ポンドとまではいかないが、年500ポンド以上の収入になる。年収500ポンドあれば、ロンドン郊外に年45ポンドの邸宅を借り、子供部屋を用意し、住み込みの使用人をふたり、または3人でも雇うことができた。[25]

下位および〝中位〟中産階級は、年100ポンドから200ポンドの収入があったが、事務員や教員はそれよりも少ないことがよくあった。のちに作家として成功したアンソニー・トロロープは、1834年に年収90ポンドの郵政省の事務員として仕事を始めた。しかし、彼は昇進し、7年後には140ポンド受け取れるようになった。これは、中産階級が結婚生活を始められる最低金額と考えられていた。『荒涼館』の第9章で、弁護士事務所の事務員ウィリアム・ガッピーは、エスター・サマーソンに結婚を申し込む。彼は週給1ポンド15シリングの自分を貧乏だと思っているが（とはいえ、これは労働者としては非常に高給だ）、のちに給料が週2ポンドに上がり、1年以内にはさらに5シリング上がると保証されて、服に金をかけ、派手な指輪を着けるようになる。彼はイズリントンのペントン・プレイスに住んでいるが、そこは薄汚くて煙たいシティよりかなり高台にある、健全な地区だった。

労働時間については、シティの会社にとって雇用慣行の模範となっていたイングランド銀行の数百人の行員は、午前9時から午後3時半、もしくは1時間半のディナー時間を含めて午前9時から午後5時まで働いた。それでも仕事が片づき、1日の残高が合っていなければ、夕方に帰宅することはできなかった。ほとんどの会社は6時半終業だった。イングランド銀行よりも下なのは、保険会社や証券取引所で働く事務員だった。彼らは週に6日働き、クリスマス以外に休暇はなかった。現に、19世紀の事務員は、慣習的な宗教上の祝日がはるかに多かった18世紀の先任者よりもよく働いた。

税

1842年、サー・ロバート・ピールはナポレオン戦争後に廃止された所得税を復活させ、年収150ポンドを超えた部分に課税した。年収300ポンドなら、150ポンドを差し引いた150ポンドに対して1ポンド当たり7ペンスを払うことになり、総額はたったの4ポンド7シリング6ペンスとなる。年500ポンドという十分な収入でも、課税対象の350ポンドに対してわずか10ポンド4シリング3ペンスだった。これは女性使用人の賃金は払えても、食事や衣服まではまかなえない金額だ。ある意味、1840年代の所得税は今ではささいなものに思えるが、それでもやはり負担であり、そのように見られていたのは間違いない。

カーライル夫妻の手紙や日記には、収入、支出、税に関して余すところなく書かれている。1847年、トーマスは地代と執筆代で800ポンドの収入を得たが、執筆の収入は不定期で、オリヴァー・クロムウェルとフランス革命に関する本の1854年の個人収入と印税は300ポンドに過ぎなかった。1855年、クリミア戦争によって引き起こされたインフレにより、家にかかるさまざまな経費や税の値上げは避けられなかった。しかし、最も上がったのは税だった。所得税は1ポンド当たり7ペンスから1シリング2ペンスに倍増した。家計を管理していたジェーン・カーライルは、四半期ごとの手当の増額を求め、トーマスはしぶしぶ認めた。また1855年には、彼女は所得税局長のケンジントンの事務所を訪ね、夫の納税義務の査定が高いと抗議した。ジェーンはその様子を、局長を容赦ない死者の裁判官ラダマンテュスになぞらえてユーモラスに描いている。ひるむことのないジェーンに、彼はトーマスが執筆で得た平均所得として報告した年収150ポンドでカーライル夫妻が暮らしていると信じろというのかと告げる。まさか、とジェーンは反論した後、夫は課税対象にならない土地からの所得の計算書を局長に提出する義務はないと冷たく続けた。「100ポンド引き下げるように」と議長はいった。

ジェーンは手ごわい相手だった。1858年、トーマスの書斎に新しい火格子を入れた費用として、建設業者は5ポンド7シリング6ペンスの請求書を出した。ジェーンは3ポンド10シリング以上の支払いを拒み、そのまま押し切った。[26]

救貧院

年金がもらえる職業に就いていた人々は、きわめて少なかった。ディケンズの『大いなる遺産』では、集金人のジョン・ウェミックが「年老いた親」と呼ぶ父親の面倒を見ているが、頼ることのできる子供がいなかったり、老後のたくわえが十分になかったりする人々には、救貧院という厳しい解決法が待っていた。1850年5月5日日曜日、ディケンズはメリルボーン救貧院を訪れ、その様子を自身が発行している2ペンスの週刊誌『ハウスホールド・ワーズ』5月25日付の記事にした[27]。この施設には1715人が収容されているほか、診療所には345人が収容されていた。これには45人の心神喪失者と〝疥癬〟病棟の患者も含まれている。若い収容者の大半は父親のない子供で、前年にコレラ被害を受けたトゥーティングの孤児院の、バーソロミュー・ドルーエのような冷酷な金の亡者に預けられていたかもしれない子供たちだった。ほかには身寄りのない未亡人がいた。記事の中で、ディケンズはこう書いている。

さまざまな老人がいた。何かぶつぶついう者、目がかすんでいる者、頭の鈍い者、耳が遠い者、脚が不自由な者。彼らは舗装された中庭越しに開いたドアから時折入ってくる、まぶしい日の光にぼんやりと目をしばたたいている……。中身は骨、外はボンネットと外套だけのような不気味な老婆たちが、ひっきりなしに汚いハンカチで目をぬぐい、男女問わず醜いしわくちゃの老人が、ぞっとするような満ち足りた様子でいるのは、見ていて気持ちのよいものでは決してない

特に使用人の場合、引退するまで長生きし、雇用主が老後の面倒を見る義務がないと考えているか、それだけの余裕がない場合には、救貧院に庇護を求めるしかなかった。病気も救貧院に入る原因となった。ディケンズは、若くて行儀のいい女性が、てんかんの発作をよく起こし、引き取ってくれる友人もいないことから、そこへ送られてきているのを見た。年を取った中産階級の

人々が、家賃を払えなくなったときにどうしていたかを知るのは難しいが、ディケンズはこの若い女性が「周囲の人々と同じ育ちをして、同じ経験をしてきた同類でないのは間違いない」と強調しているので、救貧院に入るのは年老いた貧民、孤児、また不幸な人々や無知、無能な人々に限られていたようだ。

ディケンズが訪ねたメリルボーン救貧院は、彼が『オリヴァー・ツイスト』で描いたバンブル夫婦の規則の厳しい施設と違い、きちんと運営されていた。貧しい人々は丁寧に扱われたが、精神的な刺激はなかった。ディケンズは夫と妻が別々の棟に収容されていることについては特に言及していないが、これは年老いた貧民が一番恐れることだろう。さらに、彼が救貧院を訪れたのは晴れた春の日だった。おそらく窓もドアも開け放たれていたため、ディケンズは悪臭については書かなかったのだろう。

絶えず煙が充満していたロンドンは、通りの不潔さ、不快な排水、腐りかかった泥やこやしと相まって、医師がひどく恐れる悪臭、すなわち瘴気を作り出した。しかし、人々も臭かった。1846年の公衆浴場および洗濯場法で、肉体労働者の体臭は多少改善された。彼らは体を洗わず、酸っぱい汗や、煙草やビールのすえた臭いをさせ、上着やズボン、シャツ、靴下、下着はたまにしか替えず、仕事で使うペンキ、テレピン油、石炭、にかわの臭いをさせていた。1849年12月11日、メリルボーンに公衆浴場ができたことで、社会の目を気にする中産階級の教区住民は、一般人の清潔さを容易に手に入れられると満足した。新聞はその様子を「優雅な昼食」と説明した。

労働者階級は違った臭いをさせているだけでなく、ロンドンでは違った言葉を話した。文書による記録を信用するなら、ヘンリー・メイヒューがロンドンの一般人とやり取りした記録は、おそらく初めてコックニーの韻を踏む特徴を明らかにしたものだろう。

おれが友達に、家で仲間《ブローク》とグラス一杯のラムを飲み、パイプを吸い、カードをやろうと誘うとするだろう。フラッツがいたら、こういうんだ。「スポルジャー、おいらのドラムでコークと一緒にジャック・サーパスのフィンガー・アンド・サムをやり、ノージー・ミー・ナッカーを吹かし、ちょいとブロードに触らないか？」ってね。

「フラッツ」は警官を意味する「フラットフット」から来ており、話し手はそれを欺こうとしている。「ノージー・ミー・ナッカー」は煙草（「ターバッカー」と発音する）のことで、「ブロード」はカード（「コード」と発音する）だ。ドラムは、「家《プレイス》」と同じ韻を踏むスラング「ベース」に通じている。[28]

第6章 学問、文学、典礼

広く行き渡る無知

ヴィクトリア朝の精緻で正確な統計データのおかげで、作家でジャーナリストのチャールズ・ディケンズは、ロンドン警視庁の数字から次のような結論を出すことができた。1847年に有罪判決を受けたロンドンの2万500人の女性のうち、9000人はまったく読み書きができず、1万1000人は十分に読み書きができなかった。これらの女性のうち、きちんと読み書きができたのはたったの14人だった。おそらく中産階級に属していたか、優秀な使用人だったのだろう。男性については、4万1000人のうち、きちんと読み書きができたのは150人だけだった。[1] 残りのうち、読むことができた人々も、哀れを誘うディケンズの文章によれば「子供のようにたどたどしく本を読む」ことしかできなかった。いずれにしても、読み書きの能力を測る基準は非常に低く、おそらく初歩の読本を、つかえながら何とか読み通せる程度だっただろう。ディケンズは女性の無学を、基本的な家事や裁縫の能力がないことと関連付け、この欠如を、こうした女性たちの全般的に無力な人生と結びつけた。彼の意見では、教育は実用的で道徳的な目的を持ち、彼の言葉でいう「人生の義務と本分にただちに応用でき、秩序、清潔さ、時間厳守、節約に直接役立つ」ものでなくてはならなかった。基本的な教科書としてしばしば使われる『聖書』は、読書の入門書（ディケンズの言葉では「ページの角が折られたスペリング教本」）として使われるべきものではなく、道徳的な目的も持っていた。[2]

次号の『エグザミナー』では、ディケンズは流暢《りゅうちょう》だが説得力のある筆致で、イングランドとウェールズにおける、英国国教会の原則に基づく貧困者教育のための全国協会の学校、略して国民学校に対する攻撃を始めた。ロンドンで使用人をしている少女のスーザン・グラントは、最近占い師に貯金を騙し取られた。占い師は、金を払えばスーザンの将来に対する惑星の影響を変えることができるといった。占い師が出廷したとき、治安判事はスーザンの騙されやすさに驚きを示した。ディケンズはスーザンを例に挙げ、国民学校の教育をこき下ろした。意味もわからず公教要理を繰り返すことはできても、彼女に対するいわゆる教育は、信心深い人にとっては惑星は神が操るもので、誰かに金を渡したからといって影響を与えることはできないことを教えなかったというのだ。

また、無宗派の英国外国教育協会もあったが、ディケンズから見れば、その厳しい功利主義は、「きらきら星よ、あなたはいったい誰なの？」といった子供の感性を壊してしまうということだ。ディケンズは1854年の小説『ハード・タイムズ』の第3章でも、同じ一節について書いている。彼は功利主義教育の厳しさが、ありのままの事実だけに制限していることを攻撃した。彼は作中に出てくる一家、グラッドグラインド家の子供について「誰ひとりとしてその問題［きらきら星について」を不思議に思ったことはなかった。グラッドグラインドの子供たちはみな、5歳で大熊座を解剖した」と書いている。

スーザン・グラントは教育の欠陥による無知だったと思われるが、1834年に結婚した13万組の夫婦で、実に新郎の3分の1、新婦の半分が、登録簿に自分の名前すら書けなかった。[3]その後の1851年の国勢調査でも、同様の数字が出ている。新郎の30・7パーセント、新婦の45・2パーセントが、登録簿に名前を書けなかった。[4]これらの数字の裏には、名前を殴り書きすることができても、実用的な読み書きが一切できないといった、さらに多くの人々が隠れている。

1840年、大蔵省の初等教育に対する補助金はわずか5万ポンドだった。増加はされたものの、補助金はその後10年間で、20万ポンドを下回るきわめて不十分な額にとどまった。ロンドンの子供の数万人が一度も学校に通ったことがないか、短期間または不定期に通ったに過ぎなかった。初等教育は、読み書き計算のほかに宗教を教えただけだった。教育はモニトリアル・システムに基づいていた。これは、教師が生徒に教え、その生徒が今度は最大100人にもおよぶ大きなクラスで教えるというものだ。

スクィアーズ「これがわが校のやり方だ、ニクルビー。どう思うかね？」

ニコラス「とにかく役立ちそうに思えますね」

(『ニコラス・ニクルビー』第8章)

中産階級の子供たちは私立学校で教育を受けた。イングランドとウェールズには3万校あり、70万人の子供たちが学んだ。種類はさまざまだった。〝デイム〟スクール〔中年の女性が自宅で子供に読み書きを教えたもの〕には、週に4～6ペンスかかり、労働者階級や下位中産階級にとって、特に教育を受けさせなくてはならない子供が複数いる場合は手が出なかった。より高い階級では、イートン校やハーロー校、ラグビー校といった優秀な〝パブリック〟スクールに行かなかった子供たちに対応した人道的なグラマー・スクールでさえ、土台となる規則を、しばしば数百年前にさかのぼる創立時の慣習からほとんど変えずに解釈していた。

しかし、特にディケンズが攻撃した不祥事は、親が不都合な子供を年に20ギニー（21ポンド）というさほど高くない値段で、『ニコラス・ニクルビー』でワックフォード・スクィアーズが経営する〈ドゥザボーイズ・ホール〉のような施設に永遠に預けることができたという事実だ。ディケンズはこの施設を、実例に基づいて描いている。スクィアーズの教育システムは、理論上はまさに功利主義だったが、あまり実用的な役に立たなかった。『ニコラス・ニクルビー』の第8章では、「窓」が「実名詞」だと教わった少年が、問題の観音開きの窓をきれいにするよう命じられる。残念ながら、ミスター・スクィアーズは「窓」のスペルを「winder」と思い込み、子供たちに「植物」は「bottiney」と書くのだと断言したため、実用的な教育も台無しだった。

私立学校、ブリティッシュ・スクール、国民学校を出た後は、進学すべき学校はなく、人々は野蛮な無知の中に完全に取り残されたわけではなかったが、わずかな余暇を有益に過ごすには、計り知れない努力が必要だった。1830年に大法官になった、博識な政治家として有名なヘンリー・ブルームは、ロンドン大学の前身で1828年に創設されたユニバーシティ・カレッジ・ロンドンの創始者のひとりだった。この学校は〝ガワー・ストリートの無神の教育機関〟と呼ばれた。オックスフォード大学やケンブリッジ大学と違い、この大学では入試に宗教の試験がなかったからだ。ブルームは機械工協会を設立した有用知識普及協会も創設した。機械工協会は、知性や技術を磨いて出世したいと望む労働者が講義を受けたり、本を借りたりできる場だった。協会は人々に立派であることを推奨し、酒場やパブから遠ざけ、荒っぽい娯楽ではなく平和的な娯楽を提供した。1850年には、イングランドだけでも610の機械工協会があり、10万2000人の会員がいた。そのうちのひとつ、ロンドン機械工協会は、のちにロンドン大学バークベック・カレッジとなり、現在も授業は夜間に行われている。この協会は、文学、イギリス諸島の地形学、歴史など、幅広い講義を行った。

〝独力でやり遂げる〟というのが、ヴィクトリア朝初期の功利主義者の揺るぎない信条だった。彼らはあらゆるものを、有用かどうかで判断した。功利主義者はしばしば進歩的な意見を表明し、とりわけ正当性も有用性もないと思われる特権に疑問を投げかけたが、一方で気晴らしや娯楽、芸術、美を敵視する傾向があった。平日の功利主義者は、日曜には福音主義者になることが多かった。福音主義者は最も〝真面目〟な信条を持つキリスト教徒である。両方とも、宗教と経済に関する不変の真実を伝える、真面目な文学の価値を信じていた。福音主義者も功利主義者も、自助の価値を強く信じていた。どちらにとっても、読書は目的のあるものであり、不真面目な娯楽ではなかった。自助を信じる階級と、機械工協会は、本質的には功利主義者だった。ほとんどの場合、商用の手紙の読み書き、建設労働者の数の見積もり方、それに地理や歴史に関する事実情報といったものが、その教育の限界だった。

常に本に顔を突っ込んでいる

１８４９年、政治亡命者で『共産党宣言』の著者であるカール・マルクスは、有閑階級や勉強熱心な人々と交流し、大英博物館でおびただしい数の本を読んだ。キングス・ライブラリーに、パニッツィの巨大な円形閲覧室ができる前のことである。火災のおそれがあるため、明かりを灯すことは許されなかった。秋から冬にかけて、ロンドンにうねるような霧が出ると、閲覧者は早々に家に帰った。

ほとんどの人が、本を持っていても数冊だった。この点から見れば、マニング夫妻は典型的な例だ。所有していた数冊の本は、すべてマリアのものだった。[5] そのほとんどは、おそらく彼女がスイスからイギリスに来たときに持ってきたものだろう。彼女は『スヴニール・イストリック』というフランス語の本を持っていた（おそらくその近年刊行された、ナポレオンとマリー＝ルイーズ・ボナパルトに関するメネヴァル男爵の著作『歴史的記憶』と思われる）。また、これもフランス語の『詩編』と、仏英辞書、そして『クックの手紙文例集』という実用書を持っていた。

しかし、書籍や小冊子、新聞という形式を問わず、文章を読んでいた人々の大半は、向上のためだけでなく娯楽のために書かれた出版物を読むことを習慣にしている人々であり、その数は次第に増えていった。

新聞、雑誌、本の出版は拡大し、結果として読者も拡大した。人気の二大週刊誌『ロンドン・ジャーナル』と『ファミリー・ヘラルド』は、19世紀半ばには合わせて75万部以上を売り上げた。いずれも16ページで、冒険もの、一般向けのフィクション、読者の質問への回答、真面目なエッセイ、家庭生活のヒントなどがびっしりと印刷されていた。[6] 1818年の印紙法では、継続刊行物に用いる紙に課税されなかった。そのため、チャールズ・ディケンズは子供の頃、『テリフィック・レジスター』という雑誌をよく1ペニーで買っていたことを覚えている。どの号にも、血の海と少なくともひとつの死体が描かれていた。[7] 人々は、路上で売られるきわもの的なスリラー、バラッド、ビラを読んだ。ロンドンでは、それらのほとんどはスラム地区であるセブン・ダイアルズで、ジェームズ・キャトナックによって発行された。1849年、キャトナック印刷所は、マニング殺人事件に関するビラを250万枚売り上げた。

ひと握りの人々は、限定的ではあるが徐々に手に入りやすくなった良質の文学の恩恵を受けた。1827年以降、ブルームの有用知識普及協会は、『有用知識ライブラリ』というふさわしい名前のついたシリーズを刊行しはじめた。この小冊子は、2週間ごとの分冊で発行され、それぞれ6ペンスで、びっしりと印刷された32ページのものだった。『有用知識ライブラリ』に続いたのは、それほど堅苦しくない『娯楽知識ライブラリ』だった。『有用知識』では、ほかのテーマに交じって微分学や醸造技術などが解説された。『娯楽知識』では、ブルームズベリー地区に完成したばかりの大英博物館で展示されているエルギン・マーブル［古代ギリシア・アテナイのパルテノン神殿を飾った諸彫刻］などの話題を取り上げていた。さらに人々を魅了したのは、『中世の秘密結社』のような刊行物だったろう。もっと安い啓蒙文学を手に入れることもできた。有用知識普及協会は『ペニー・マガジン』や『ペニー・サイクロペディア』を発行したが、1852年には有名な出版業者カッセルの『通俗教育家』が登場した。より魅力的な形式のこの本は、先人者たちの本には無関心だった人々も引きつけた。1848年に創業した出版者のカッセルは、ヴィクトリア朝中期の1862年までには、安価な出版物を年間2500～3000万部売り上げるようになっていた。

ヴィクトリア朝初期には、安い再版や、週刊・隔週刊・月刊といった分冊形式の拡大により、本の価格は下がった。新聞の印刷と購読に恩恵をもたらした変化もあった。1836年の印紙法で、新聞に対する課税が1ペニーに下がったのだ。1853年には広告への課税が撤廃され、新聞はさらに安くなった。

長く続いたタブロイド紙『ニュース・オブ・ザ・ワールド』は、「薬物と暴行の驚くべき事件」と題した記事とともに1843年に創刊され、刺激的なセックスと犯罪の物語を提供した。[8] 現代になっても人気があったが、2011年の盗聴スキャンダルによって廃刊に追い込まれた。ジョン・ジュリアス・ロイターは、1851年にロンドンに通信社を構えた。その理由はおそらく、イギリスの首都にはロイターが主に関心を持っていた経済と金融に関する豊富な情報源があったことと、彼の情報を求める一番の顧客であるイギリスの報道機関が数多くあったためだろう。逐次刊行物がまたたく間に驚くべき成功を収めた初期の例に、1837年のチャールズ・ディケンズの『ピクウィック・クラブ』がある。ディケンズの初期の伝記作家によれば、ディケンズが鍵屋を訪ねたとき「彼は20人ほどの聴衆の前で、『ピクウィック』を読んでいた。文字通り、男も、女も、子供もいた。彼らはお金を出し合って、移動図書館から2ペンスで本を借りていた。本の値段の1シリングは出せなかったからだ」という。[9]

大衆文学のもうひとつの人気ジャンルは〝ペニー・ドレッドフル〟と呼ばれる三文小説だった。最も有名なものは、ジョージ・ウィリアム・マッカーサー・レイノルズの1847年の『ロンドンの秘密』と、1849年から1856年にかけて分冊で刊行された『ロンドン宮廷の秘密』だろう。3万~4万冊にのぼるこれらの8ページの小冊子には、7500語が2段組でびっしりと詰まった散文が掲載され、ときおり木版画の挿絵が入り、毎週販売された。レイノルズは『レイノルズのロマンス、文学、科学、芸術雑録』という家庭向け雑誌も編集した。また、小説も多数執筆した。1848年3月、進歩的な考えの持ち主であるレイノルズは、トラファルガー広場とケニントン・コモンで行われた、チャーティスト運動の大規模な革命的集会で議長を務めた。彼はまた『レイノルズ・ウィークリー』という新聞も編集した。この新聞は過激思想の形成に大きな役割を果たし、名前を変えて1967年1月まで続いた。レイノルズの『ロンドンの秘密』のショッキングなエピソードには、ポピュリスト政治や社会を動かす主張があり、あらゆる階級の堕落を描いたドラマティックな、覗き見趣味とさえいってもよいイラストが添えられていた。もちろん、これらは〝向上〟のためのものではない。現在でも、レイノルズの文章を読めば、一部は退屈なものの、はつらつとした活力が感じられる。おそらく、次の引用のような言葉遣いに、『ロンドン宮廷の秘密』が朗読される必要があった人々でさえ期待し、喜んだのだろう。

軽率な人だ！　恋人は叫んだ。ああ！
この喜びに満ちた出会いを与えてくれた
あなたの善良さのために、ぼくがつらい
思いをすると、あなたにどうして想像で
きただろう

ケニントン・コモンでのチャーティストのデモ、1848年、E・ウォルフォード(1897年没)、『Old and New London』

レイノルズの『秘密』のようなメロドラマ的シリーズと同様のセンセーショナルな記事が載っていたのは、『ウィークリー・タイムズ』などの3ペニーの週刊新聞だった。ここでは上流階級の堕落と不道徳が暴かれた。また、犯罪や災害について、事細かに報じられた。

『ロンドンの労働とロンドンの貧民』で有名になった、ヘンリー・メイヒューの影響力のある記事は、1849年10月18日付の『モーニング・ポスト』に発表された。彼が好んで取り上げたテーマのひとつである「行商人の文学」という記事で、メイヒューは彼らがレイノルズの『秘密』を好んで読んでいたと報告している。読み書きのできる行商人が、自分では読めない人々の前でそれを読み上げ、人々は質問や意見でそれを遮った。レイノルズの『秘密』や似たような作品を、教養ある人々はあざ笑ったかもしれないが、一部にはそのきわどい文体や、ときおり挟まれる刺激に惹かれた人もいただろう。それでも、こうした大衆向けの出版物には、知らない間に読者の語彙や表現力を増やすという職業教育的な機能があった。マンチェスターの書店主アベル・ヘイウッドは1851年、『ロンドン宮廷の秘密』が、地方でさえ週に1500部売れていると報告した。彼によれば、三文小説は「浮かれ騒ぎをする若い男性で、居酒屋へ行っては、女性のように派手なしぐさで葉巻をくわえるようなタイプ」に読まれているという。[11]

こうして、識字率の低さにもかかわらず、特にロンドンのような大都市では、さまざまな要素によって読書欲が刺激された。中でも印刷物が安くなったことと、大衆向けのジャーナリズムが登場したことが大きかった。いろいろな意味で、ヴィクトリア朝初期は新しい時代を目前としていた。紙、新聞、広告への課税の引き下げと撤廃により、『デイリー・テレグラフ』は2ペンスから1ペニーと半額になった。さらに技術革命が起こり、特に新聞製作に影響を与えた。1848年には、最新型の印刷機によって、1時間に4000枚の両面印刷ができるようになった。1854年までには、『タイムズ』の発行部数が1日5万5000部に上った。

驚くほど現代的だが、ほとんどの人々は手が届かない、高品質で高価な雑誌ジャーナリズムは、『イラストレイテッド・ロンドン・ニュース』とユーモラスな社会風刺をきかせた『パンチ』によって実現した。どちらも1840年代にさかのぼるものだ。1850年3月に創刊されたチャールズ・ディケンズの『ハウスホールド・ワーズ』は、『秘密』のライバルだった。知識豊富で専門的なこの雑誌は、読者を見下すことなく、価格もちょうどよかった。デザインにも優れていて、広く大衆を魅了した。ディケンズは『イグザミナー』にも執筆した。これは1808年に創刊した雑誌で、1830年以降は、当時最も機知に富んだ書き手として有名だったオルバニー・フォンブランクによって、真面目だが読みやすい出版物になった。現代のある批評家はこれを「『ニュー・ステーツマン』、『タイムズ』、『ニュース・オブ・ザ・ワールド』の融合」といった。[12]

再版された本は、1～6シリングで手に入った。ヴィクトリア朝初期、出版者のジョン・マレーは、『ホーム・アンド・コロニアル・ライブラリ』を発行した。これには、最も優れた紀行といってほぼ間違いないジョージ・ボローの『スペインの聖書』などが含まれていた。かたや、ベントレーの『スタンダード・ノベルズ』シリーズからは、フェニモア・クーパーやマリアット大佐による小説が刊行された。

〈ミューディーズ〉の箱は届いたか？

1849年の春から夏にかけて、庶民院委員会は無料の図書館について議論を重ねていた。フランスには、公共のキャビネ・ド・レクテュール、すなわち閲覧室があった。1845年にはパリだけで198を数えたが、そこで本を読むには月ぎめの利用料を払わなければならなかった。[13] 地方税1ポンドのうち2分の1ペニーを地方の図書館に使うという法案が提出され、当然ながら反対意見はあったが、1850年8月14日には立法化された。しかし、その法律を採択したロンドンの教区はほとんどなかった。裕福な人々はそれまで通り、〈ミューディーズ〉のような私設の巡回図書館で本を借りた。

賛美歌作家で平信徒伝道師のチャールズ・エドワード・ミューディーは、1842年にロンドン中心部のサウサンプトン・ロウに巡回図書館を構えた。10年後、彼は大英博物館のすぐ南に位置するニュー・オックスフォード・ストリートに移転した。〈ミューディーズ〉は1937年まで続いたが、同じく月ぎめの巡回図書館を運営していたロンドンの有名百貨店〈ハロッズ〉に買収された。

〈ミューディーズ〉は大企業だった。ロンドンから鉄道であらゆる地方に箱を送り、外国にまで届けた。年に100万冊近く本を買い上げた。〈ミューディーズ〉はその購買力で、本を大幅な割引で手に入れることができた。人気の作品は同じ本を多数仕入れるため、年にわずか1ギニーで会員になった多くの人々の需要を満たすことができ、安さでライバルをしのいだ。マコーリー

『英国史』の3巻と4巻は2400冊揃え、ジョージ・エリオットの小説『フロス河の水車場』は2000冊あった。通常は3巻本として出される小説は、1ポンド11シリング6ペンスという、年収3〜400ポンドの人々にとっても相当高い値段だったことを考えれば、〈ミューディーズ〉の年1ギニーの購読料はお得だといえよう。

長い鉄道の旅も、読書市場を活性化した。旅人は、1848年にユーストン・スクエア駅で開業したW・H・スミスのブックスタンドで本を買い、スコットランドへの長旅をゆったりと過ごした。こうした本には、軽いきわどさすら含まれていなかった。スミスは厳格なメソジストで、〝北西部の宣教師〞というあだ名がついていた。[14]

パディントン駅には貸本屋があり、フィクションを中心とした1000冊の本を、乗客が列車を待つ間眺めることができた。人々はわずかな料金で本を借り、旅の間に読んだ。そして、目的地のブックスタンドで返却した。間もなく鉄道旅行向けの限定本が刊行されるようになる。ジョージ・ラウトレッジは〝黄表紙本〞シリーズの『レールウェイ・ライブラリ』を発行し、ジョン・マレーは『鉄道用文学』を出した。[15] 純文学、特に宗教的文学も、鉄道駅で大いに需要があった。読者の中には、列車事故で神に召されることがあったときに、外套のポケットやハンドバッグから軽薄な小説が見つかるのを心配する人たちもいたのである。

ペニー・ドレッドフルと、ストランドのすぐ北にあるホリウェル・ストリートでひそかに売られた官能小説を除けば、大衆文学は上品なものだった。それでも、大いに売れた『ピクウィック・クラブ』ですら、『エクレクティック・レビュー』できわどいと判断され、アン・ブロンテの『ワイルドフェル・ホールの住人』、姉のシャーロットの『ジェーン・エア』、『ヴィレット』、『シャーリー』、またエミリー・ブロンテの『嵐が丘』は、どれも粗野で下品と評された。[16]

1840年代後半は、イギリス小説の全盛期だった。1846年から1848年にかけて、ディケンズは『ドンビー父子』を分冊で発表した。1849年5月から11月にかけては『デイヴィッド・コパフィールド』を刊行している。同じ頃、サッカレーは『ペンデニス』を世に出している。しかし、1852年に登場した『アンクル・トムの小屋』に匹敵するヒット作はなかった。アメリカ人のハリエット・ビーチャー・ストウが書いたこの反奴隷小説は、同じ年の10月には、2週間のうちにイギリスで少なくとも10刷を重ねた。出版から半年で、この本は15万部が売れ、ある報告によれば、1年以内にはイギリス国内と植民地で合計150万部の売上に達した。[17] そのほかにヴィクトリア朝初期で成功を収めた出版物は、マコーリーの『英国史』の最初の2巻で、小説のように売れた。1848年11月に出版されてから半年の間に、書店では5刷を売り上げた。1ポンド12シリングという高価な本だったが、1年の間に2万2000冊が売れている。次の2巻は、出版から11か月で著者に2万ポンドの印税をもたらした。アメリカの海賊版出版社から作家が守られていれば、マコーリーはもっと成功していただろう。

とはいえ、読者の大半にとって、小説を読むのは原則として問題外だった。多くの人々が、小説は功利主義の平日には時間の無駄で、福音主義の日曜日には罪深いとみなし、精神を向上させる宗教的文学だけがふさわしいと考えていた。

あなたは信じますか……？

フィクション、戯曲、詩、科学をまとめても、1816年から1851年にかけて4万5260のタイトルが出版された宗教文学の量にはとうてい及ばなかった。これは1年に1300冊のペースで新刊が出たことになる。職人、店員、使用人には、毎日新聞を読む時間もお金もなかった。土曜日に発売される煽情的《せんじょうてき》な連載小説や新聞の代わりに日曜日の余暇に読む敬虔な作品としては、1799年に創設された宗教小冊子協会が発行する小冊子があった。それらは何百万部と発行され、ロンドンの通りで配布された。また、人々は英国外国聖書協会をはじめとする宗教文学の訪問販売にもわずらわされた。彼らは何百万と印刷した本やパンフレット、小冊子を置いていこうとした。疲れ知らずのある青年は、1年に1万8727件の訪問をこなし、3795点の宗教的な商品を売ったという報告がある。[18]

多くの家庭で読書は必須であり、子供にさえ求められた。ディケンズの『リトル・ドリット』の第3章では、アーサー・クレナムが陰気な日曜日の夕暮れにコーヒーハウスに座り、教会の鐘の音を聞きながら、こんなことを思い出している。

子供の頃の憂鬱な日曜日。手を膝の上に置いて坐っていた彼は、恐ろしい宗教パンフレットを見て気も狂わんばかりに怯えてしまった。その本たるや、まず哀れな子供を教育する仕事の手始めとして、表題からしてこう問いかけていたのだ。「何故汝は地獄に落ちねばならぬか?」……その上子供の心を引きつけようとしてか、一行おきくらいに括弧がついて「(『テサロニケ後書』第三章第六、七節)」とかいうように、シャックリが出たような聖書参照の註がついていた(小池滋訳)

宗教は、中産階級の間ではほぼ強迫観念になっていた。しかし、信仰への疑問は、すでに知識人の間には明確に存在していた。サー・チャールズ・ライエルの三部作『地質学原理』は1830年代に出版され、地球の年齢に関して宗教的な説明とは異なる見解を示している。1844年のロバート・チェンバースによる『創造の自然史の痕跡』は、進化に関する近年の考えを一般化したもので、変化を起こすのは自然であり、外からの力ではないという説を主張した。また1846年には、のちにジョージ・エリオットの筆名で小説を著したメアリー・アン・エヴァンズが、イエスの生涯について批判的に解説したダーフィト・シュトラウス『イエスの生涯』を、ドイツ語から翻訳している。それでも、チャールズ・ダーウィンが1859年に『種の起源』を発表し、コレンソ主教が1862年に『モーセ五書の批判的検討』を発表しはじめるまで、聖書の言葉に疑問を投げかける書物はほとんどなかった。

それから2世紀近くが経ち、無関心が広がる現在では、ヴィクトリア期に信仰の教義的解釈やそれを公に表明することで呼び起こされた感情を想像するのはなかなか難しい。英国国教会の教会の祭壇に蠟燭を置くべきかどうかや、英国国教会の司祭が祭服を着て告解を聞くべきかどうかについて、庶民院で議論することはもはやない。21世紀には、『タイムズ』が英国国教会の教会に聖人の像を復元させることに対して意見を表明したりはしない。だが、ヴィクトリア朝初期には、人々はイギリスにおけるキリスト教徒の生活の発展について話し合うとき、こうした問題の重要さをよく知っていた。

大ミサと低教会

イギリス人の大半は英国国教会に属し、一部は〝高〟教会派だった。この会派は、カトリック教会の儀式——敵対者からは〝鐘と香〟と揶揄《やゆ》された——を重んじる傾向があった。ほかの人々は〝低〟教会を支持した。これは非国教派の教会の厳格さに近い考えであることを意味する。アメリカのユニテリアン派の大臣ヘンリー・コールマンは、ロンドンを訪れたとき、庶民院と同じくらい体制派に不可欠な英国国教会が、故郷であるマサチューセッツ州ボストンの教会の「飾り気のない簡素さ」に比べて非常に因習的であることに注目している。ニュー・イングランドでは、1620年のピルグリム・ファーザーズに倣った教会は、定義においても歴史においても英国国教会と意見を異にしていた。イギリスで同等の教会といえば、17世紀にさかのぼる会衆派、バプテスト、クエーカーなどだが、18世紀のバプテストから興ったニュー・ディセントが拡大していった。ベテル、シオン山、エベニーザーといった小さな礼拝堂には、トタンで作られ、薄暗い路地にあるものもあった。その中では、過酷な工業都市やロンドンに暮らす多くの人々が、つらい生活の中の安らぎを求めた。

スペインの劇作家で、19世紀半ばにロンドンを訪れたベントゥーラ・デ・ラ・ベガは、ウェストミンスター寺院の敬虔な雰囲気と礼拝者に感銘を受けている。彼は礼拝者が顔を上げて誰が来ているか、どんな服装をしているか、どんな行動をしているかを確かめる習慣がないことに気づいた。スペインではそれが一般的で、教会へ行くというのは宗教的な行為というよりも、社会的、あるいは政治的な行為ですらあった。

日曜には禁止

ベントゥーラ・デ・ラ・ベガは、ロンドンでは日曜日に店が閉まり、陰鬱な沈黙が垂れ込めていたことにも驚いている。生き生きとしているのは教会の鐘の音だけで、活気あふれるスペインの日曜日とはあまりにもかけ離れていた。[19] 日曜日にほとんどの娯楽や買い物、旅行をさせないようにするため、1831年に主の日遵守協会が創設された。この制限が一番重くのしかかったのは、貧しい人々だった。彼らが仕事から解放され、楽しめるのは日曜日だけだったからだ。安息日の庶民の娯楽はひどく悪いこととみなされていた。ただし、〝スウェーデンのナイチンゲール〟と呼ばれたジェニー・リンドの健全さは例外だったようだ。1849年には、彼女は3度目のイギリス公演を成功させている。神に捧げるオラトリオは、安息日でも大目に見られたが、多くの場合、舞台に立つ許可を得るために苦労しなくてはならなかった。安息日厳守主義者にとっては、もちろんパブへ行くのは論外だった。こうして、終わりのない家での日曜日を過ごすため、精神を向上させる宗教文学が繁栄した。ほかにすることがなかったのだ。

のちに保守党の首相となるベンジャミン・ディズレーリは、ユダヤ教徒の家に生まれたが、若いときに洗礼を受けた。1849年のある日曜日、彼は田舎の実家からロンドンへ向かう列車に乗った。地元の教区主管者代理に、他の人のよい手本になるよういさめられたディズレーリは、安息日に旅行するのは公的な急用があるときだけだといい返した。さらにあてつけがましく、自分が礼拝に参加するのは創造主を崇拝するためで、ほかの人の手本になるためではないと反論した。[20]ロンドン主教は安息日に列車の運行を止めることはできなかったが、博物館、美術館、動物園の営業と、公園での軍楽隊の演奏を禁じることには成功した。[21] 1850年5月30日、強力な安息日厳守主義団体は庶民院に、日曜日の郵便物の集配をやめさせるよう働きかけた。安息日厳守主義者の敵として有名なチャールズ・ディケンズは、6月22日付の『ハウスホールド・ワーズ』のトップ記事で、「安息日は人のためにあるのであって、人が安息日のためにあるのではない」［『マルコによる福音書』第2章27節］という言葉を引用して彼らを非難した。彼はさらに辛辣に、日曜日の郵便業務をやめさせる動議を議会に提出したロード・アシュリーに、使用人を日曜日に働かせることはなかったかと問いただした。それに、警察はどうなる？　市民が警察に守られず、犯罪者が安息日を気にしたことがあっただろうか？　ディケンズの作品名となっているオリヴァー・ツイストをいじめる不愉快なノア・クレイポールは、警察の回し者となり、酒場の主人に気を失いそうな人にブランデーを飲ませるようそそのかして、礼拝時間に酒を売ったと警察に密告した。安息日厳守主義者は、1851年の万国博覧会を日曜に休業させることに成功し、たくさんの人々が唯一の休日に博覧会へ行くのを妨害した。１８５６年には、大英博物館と国立美術館を日曜の午後に開館させるという法案が、またしても安息日厳守主義者の反対で否決された。

それでも、安息日厳守主義者が何もかも思い通りにできたわけではなかった。１８５５年9月30日日曜日、ロンドンのハイド・パークで、首都で日曜日の商売を制限するという、貧しい人々にとって非常に負担となる法案に反対するデモが行われた。デモの参加者は、ロットン・ロウを闊歩《かっぽ》するきらびやかな馬車に向かって「教会へ行け！」と叫んで非難した。バンドの演奏に関してはその後、規律正しい品のある演奏は、日曜日にロンドンの公園で許されるようになった。日曜日の郵便業務も、結局は続いていた。

しかし、ロンドンの日曜日はやはり陰鬱だった。ディケンズは『リトル・ドリット』の第3章でこう書いている。

陰気で、息が詰まりそうで、退屈なロンドンの日曜の宵であった。教会の鐘が人の心を狂わせるように、鋭い音色と平板な音色、ひび割れた音色と澄んだ音色、速い調べとゆっくりした調べなど、ありとあらゆる不協和音を奏しては、煉瓦とモルタルの壁に醜悪に反響する。憂愁の色に閉ざされた街路は、煤にまみれた苦行の衣に包まれて、窓から外を眺める罰を受けた人の魂を、深い絶望の淵にたたき込む。すべての都大路、ほとんどすべての路地、ほとんどすべての街角で、悲しい鐘の音が叩きつけるが如く、訴えるが如く、泣くが如くに鳴り響き、あたかもロンドンにペストが蔓延し、死体を積んだ荷車がめぐっているかのよう。働きすぎた市民たちにちょっとでも慰安を与えそうな場所は、すべて厳重に門戸を閉じ、門をかけている。絵画も、珍しい動物も植物も草花も、古代世界の自然と人工の驚異も――すべて文明開化の世の厳格なタブーの犠牲となり、これでは大英博物館に陳列してある醜い南洋の異神像は、自分の故国に帰ったかと思ったかもしれぬ。見るものといったら、街路、街路、街路だけ。呼吸するものといったら、街路、街路、街路だけ。ふさいだ心をまぎらわすものも、元気づけるものもない。疲れきった勤労者ができることといったら、七日目の休日の単調さを他の六日の単調さと比べて、自分の生活の辛さを嘆き、それぞれのチャンスに応じて生活を何とか明るく――というよりはむしろ、暗く――することしかない（小池滋訳）

ジョージ・オーガスタス・サラは、バランスの取れた見方をしている。自分のような者たちは、「真面目」（つまり敬虔）であることを、「固執と偽善と自分本位の混合物」と主張しているかもしれないが、同時に何百万もの真面目で堅実な人々が「われわれが無害な気晴らしだと考えている多くのものを罪だと信じ込まされている」と書いている。[22]

自分たちのような人間には向いていない

ヴィクトリア朝のロンドンでは、教会へ行く人々の割合は低かった。[23] 1851年には、3月30日のイースター・サンデーに礼拝場に来た会衆について調査が行われている。その結果は、現状に満足していた多くの人々の目を覚ました。多数がキリスト教の礼拝場にまったく足を運ばなかったのだ。人口の4分の1が、その日、英国国教会の教会で礼拝している。また4分の1は、別の宗派の教会へ行っている。しかし、ロンドンの人口の半分に当たる250万人は、どこへも行っていない。[24]

ロンドンの労働者階級が、大半が名目上は属している英国国教会に背を向けるのはよくあることだ。おそらくそのほとんどが、子供の頃に英国国教会が運営する学校や日曜学校に通ったことがあるはずなのだが。評論家は、明らかに教会が見捨てられていることに対して、会衆席にかかる料金、教会での礼拝の全体的な退屈さ、英国国教会の聖職者の上流階級的な意見や見方が原因となって、教会へ行くのは自分たちのような人間には向いていないと感じているのだろうと主張した。1849年のある研究には「貧民は自分が貧民であると感じるように仕向けられ、金持ちは自分が非常に裕福なことに気づかされる」とある。[25] 19世紀半ばの行商人に関する記事で、ヘンリー・メイヒューは「救い主のことは少し聞いたことがある」という証言を記録している。「彼らはこういいたいようだ」とメイヒューは続ける。「その人はまああいい人のようだが、自分を殴った人を許すというなら、何もわかっちゃいないと思うね」と。1848年、小説家でもある英国国教会の司祭チャールズ・キングズリーは、こう断言した。「これはわたしたちの責任だ。わたしたちは聖書を、特別警察の手引書のようにしか使ってこなかった――重すぎる荷を背負った牛馬に我慢させつづけるための阿片のように[26]」

しかし、中産階級のキリスト教徒は、現状のままで満足していた。トラクト運動（オックスフォード運動）と福音主義というふたつの大きな運動が、彼らの腰を縛り、キリスト教復興社会を目指していたのである。

エクセター・ホールで主に会う

福音主義は、罪深い人々に規律を守らせ、神の恵みを受けて永遠の救済に値する人物にすることに関心があった。英国国教会の教義の福音主義的な側面は、より内省的で良心が監視するメソジストの精神と通じている。福音主義には広い意味があり、英国国教会の低教会派から非国教徒まで、キリスト教徒の考えの一面に訴えた。非宗教的態度が頻繁に表れることに目をつぶれば、功利主義の厳格な精神ともつながるかもしれない。福音主義は、〝天は自ら助くる者を助く〟というヴィクトリア朝の社会倫理や、自己責任精神とうまく共鳴した。

福音主義は急速に広まった。主導したのはヴィクトリア女王とアルバート公の宮廷で、非嫡出子ばかり作ったおじのジョージ4世、ウィリアム4世の宮廷よりも尊敬すべきモデルとされた。〝真面目さ〟は宮廷から貴族に広まり、彼らは新興の中産階級の望み通り、礼儀正しくふるまった。

時代の流れには従わなくてはなりません、閣下。高潔な中産階級は、フランスの女優にぞっとしています。それにウェスレー派［メソジストの創始者ジョン・ウェスレーの信奉者］――ウェスレー

派は考慮に入れなくてはなりません

若きベンジャミン・ディズレーリは１８４５年、小説の登場人物のひとりにこんな皮肉をいわせている。[27] 物事が変わったのは、１８３７年にヴィクトリア女王が即位したときの首相、メルバーン子爵がこのような不平をいったときからだった。

宗教が私生活の領域を侵すことが許されるようになってから、大変なことになった[28]

福音主義は主要な公式行事に入り込んできた。ロンドンにはそのために作られた場所があった。エクセター・ホールは１８３１年、福音主義者の会議場としてストランドに建てられた。そこには巨大なオルガン、１０００席の講堂、４０００席に加えて５００人の聖歌隊を収容できる聖歌隊席のあるもうひとつの講堂があった。福音主義者の大集会のほか、いくつかの宗教団体や伝道組織、慈善団体の年次集会も行われた。福音主義者にとって、主の日遵守協会の５月の集会は、流行に敏感な同時代の人々にとってのロイヤル・アカデミーの展覧会のようなものだった。この展覧会は、ストランドに沿って西に４分の１マイルも離れていない、トラファルガー広場の国立美術館で開かれた。

エクセター・ホールの資金を提供したのは裕福な福音主義者で、その中には有名な〝クラパム派〟（クラパム・セインツとも呼ばれる）のメンバーもいた。彼らは健全な首都の半郊外に住み、歴史家のマコーリーや、イギリス帝国の奴隷解放運動を率いた人道主義者のウィリアム・ウィルバーフォースらが含まれていた。しかし、当時の小説では、エクセター・ホールは聖人ぶった美徳のアピールを象徴するものだった。ウィルキー・コリンズの1868年の作品『月長石』では、ゴドフリー・エイブルホワイトがエクセター・ホールで道徳的な善を擁護し、多くの慈善活動を代表して演説するが、結局は偽善者で詐欺師であることがわかる。ディケンズの1870年の未完作品『エドウィン・ドルードの謎』では、ルーク・ハニサンダーがエクセター・ホールで「中央および地方慈善家の複合委員会」の会合を主催する。作者はこれに、ある種の慈善家に対する嫌悪をぶつけている。[29] しかし、1789～1792年のフランス革命と、復古したブルボン王朝を打倒した1830年の7月革命というふたつの大きな革命に暗示される社会基盤への脅威をイギリスが避けようとするなら、慈善活動と社会的関心は不可欠だと考えられていた。さらに1848年の革命は、多くのヨーロッパの首都に激変をもたらし、ロンドンに大きな不安を呼び起こした。

反カトリック主義「カトリックはいらない」エクセター・ホール、1850年。リチャード・ドイル『Manners and Customs of ye Englyshe』、1849年

トラクト運動に関心は？

1851年の〝宗教調査〟が警告を込めて示したように、特にロンドンの貧しい地区で信仰心が低下していたことについては、精力的な取り組みがなされた。福音主義者の目的は、裕福な階級の人々がキリスト教的良心にもっと敏感になるように仕向けることにより、社会を改善することだった。もうひとつの動きであるトラクト運動は、それとは対照的に、祈禱書や宗教儀式、キリスト教の聖日の敬虔な順守、一般的な教会の役割を、より熱心に信奉するよう促すものだった。

ある意味では、福音主義もトラクト運動も、始まりはプロテスタント運動だった。オックスフォード運動としても知られるトラクト運動は、教会が恐怖によって国家に服従することに反発した。国との結びつきは、庶民院が英国国教会の機関だった頃には妥当なものだった。しかし、刷新された庶民院には、ローマ・カトリックや非国教会も含まれるようになった。さらに悪いことに、トラクト運動の支持者は、庶民院の一部には世俗主義者や功利主義的リベラルが存在すると見ていた。こうした人々は、英国国教会とその歴史的な特権を根本的に憎んでいる。したがって、なぜ英国国教会が国家の一部門にならなければならないのかと、トラクト運動支持者は主張した。なぜ英国国教会の主教が、不信心者かもしれない首相に任命されなければならないのか？さらに1836年の婚姻法は、民事婚を導入した。1837年の法律によって、非国教徒は自分たちの礼拝所で法的な結婚式と洗礼式を行えるという、トラクト運動支持者から見ればスキャンダラスな権利を与えられた。さらに、トラクト運動支持者から見れば不当な介入により、政府は英国国教会のスキャンダルを改革しようとしていた。たとえば縁故主義、聖職兼務、聖職者の不在、またアンソニー・トロロープの１８５５年の小説『慈善院長』に出てくるミスター・ハーディング師が享受していたような閑職である。独立性を保つには、教会は国家と決別する必要があると、トラクト運動支持者は主張した。

トラクト運動は、『時局小冊子』と呼ばれる90の小冊子《トラクト》に教義を示したことからこう呼ばれている。これを始めたのは、オックスフォード大学の教授で詩人のジョン・キーブルで、彼はオックスブリッジのすべての教員と同じく英国国教会の聖職者だった。始まりは、彼が１８３３年に「国家的背教」という説教を行ったことだ。彼は、宗教的権威を主教に戻し、個人による聖書の解釈に重きを置くプロテスタント的な傾向を減らして、綱紀を正すことを主張した。トラクト運動の主導者ジョン・ヘンリー・ニューマンは、『妙なる道しるべの』という賛美歌の作者（彼を中傷する人々は、彼がカトリックに転向したことを引き合いに出し「その道しるべの先を見ろ」とあざ笑った）であり、オックスフォードのセント・メアリー教会の聖職者だったが、彼は当時、英国国教会はローマ・カトリックではないが、やはりカトリックだと主張した。

だが、トラクト運動支持者が一般人に与えた主な影響は、昔ながらの反カトリック主義を刺激したことだった。ヴィクトリア朝初期のロンドンでは、老人は１７８０年のゴードン暴動をまだ覚えていたし、若者はチャールズ・ディケンズの１８４１年の小説『バーナビー・ラッジ』でこの騒動について読むことができた。トラクト運動支持者は、〝教皇主義者［ローマ・カトリックを指す侮辱的ないい方］〟と非難され、新たな〝儀式主義〟と攻撃された。蠟燭、豪華な祭服、強い香のにおいは、おそらくトラクト運動で最も目立つ外見上の目印だっただろう。華美な典礼、蠟燭、立ち込める香が特徴のセント・バーナバス教会が建てられると、ロンドン郊外のピムリコで1850年と1851年に暴動が起こった。熱心な若い助任司祭のひとりは、聖歌隊の少年に金を払って、半儀式主義のスローガンを背負った雇われサンドイッチマンに腐った卵を投げつけさせた[30]。

福音主義者とトラクト運動支持者は、ローマへ行ってカトリックに改宗しない限りは、同じ英国国教会というコインの表と裏だった。メソジストその他の非国教徒は、過度に熱狂的で、イギリス社会の秩序を尊重せず、低俗とさえ見られたが、ローマ・カトリックはそれとはまったく別問題だったのである。

第7章　アウトサイダー

「教皇と枢機卿は、逆境から何も学んでいない」

カトリックには外国のものというイメージがあった。貴族を含む宗教改革前の家庭では、貧困に苦しむアイルランド人か、とりわけ目立つトラクト運動支持者でもない限り〝ローマへ行く〟、つまりカトリックに改宗することはなかった。

反カトリック主義はイギリスの一部だった。〝ブラッディ・メアリ〟と呼ばれた1550年代のカトリックの女王メアリ1世による異教徒への拷問と火あぶりについて、ぞっとするような細部にわたって書かれたフォックスの『殉教者列伝』は、多くの家庭で日曜日の午後に読まれたし、最近でも上質の新版が再発行されている。[1] お望みなら、エクセター・ホールへ行き、聖職者が1時間半にわたってカトリックに対して暴言を吐くのを聞くこともできる。あるエセックスの助任司祭は、「教皇主義の発達」とコレラの流行には関係があるという説教までしている。[2]

外国人であることを除けば、殺人犯マリア・マニングがカトリック教徒であることを示すものは何もない。それどころか、彼女の父親がプロテスタントの地であるジュネーヴで郵便局長を務めていたことを考えれば、逆だと思われる。それでも、彼女の半生に関するロバート・ハイシュの長々とした想像力たくましい記事は、彼女がカトリックの修道院で教育を受けたことが殺人を好む性格の基になったと示唆している。フレデリック・マニングは、刑務所付き聖職者のロー師に妻は無神論者だといったが、それは殺人の罪をすべて妻に押しつけようとしたことと関係しているのかもしれない。マニング夫妻の処刑後、「ノーサンバーランドの教区牧師」という署名で、ロー師はマリアに聖餐を授けたのかどうかを問う手紙が『タイムズ』に掲載された。超教派的な現代の『タイムズ』の読者は、この手紙に驚くだろう。その手紙は、カトリックの司祭なら、殺人の罪へのおざなりな後悔を示されれば満足するだろうとコメントしていたからだ。ミスター・ローは、聖餐は授けたが、夫妻には心からの悔恨とともに受けるよう「厳重に勧告」したと答えた。名誉のため、『タイムズ』はカトリックの司祭からの反論を掲載した。その司祭は、自分もほかの同僚も、マニング夫妻の後悔が本物であると確信しなければ、聖体を授けることはないと主張した。

カトリックの敵視は、アイルランド人司祭を教育するためにメイヌース大学への年間助成金を増額するという1845年のサー・ロバート・ピールの提案に、100万の反対署名が集まった事実でわかるだろう。しかし、この抗議は近視眼的なものだった。メイヌース大学が1795年に創設されたのは、神学生が大陸で学ぶことで、大陸ヨーロッパのカトリックの反動的な政治姿勢を植え付けられるのを避けるためだったからだ。

だがイギリスでは、明らかにより寛容で、政治的に賢明な方向に意見が変わっていった。カトリックに対する、かつての弾圧的で〝懲罰的〟な法律は、1829年に廃止された。カトリック教徒は、国や地方自治体の役職に就けるようになった。さらに、〝オックスフォード運動〟とも呼ばれるトラクト運動により、かなりの数の社会的・知識的著名人が、一歩進んでカトリックに改宗することが後押しされた。[3]

カトリックの復興を感じた教皇は、1850年9月19日、イギリスでカトリックの序列を復活させ、それまで教区を監督していた管理者の代わりに、正式に司教を任命した。スペイン生まれのニコラス・ワイズマンが、ロンドン大司教に指名された。カトリックへの一般庶民の敵意は高まった。「教皇と枢機卿は、逆境から何も学んでいない」と、『ロンドン・イラストレイテッド・ニュース』は評した。異質なものへの原始的な恐怖が、プロテスタントのイギリスに対するイエズス会の陰謀への歴史的な警戒心とともによみがえった。〝教皇の侵略〟は流行語になった。首相のジョン・ラッセル卿は、スペイン無敵艦隊やガイ・フォークスの記憶も新しい昔の人々の感情を反映したような言葉遣いで、英国国教会のダーハム大主教に次のような手紙を書いた。

> いかなる外国の王子にも……これほど長きにわたり、これほど気高く、自由に意見を述べる権利を擁護してきた国に、勝手に足枷をはめることはできないだろう……迷信的な儀式を、軽蔑の目で見ている国に[4]

1851年8月、議会はパニックに陥ったかのように聖職者称号法を通過させた。これはカトリックの司教に、同等の地位を表す英国国教会の称号を使うことを禁じたものだ。しかしこの法は一度も施行されないまま、20年後に廃止された。

チャールズ・ディケンズは、〝教皇の侵略〟に、彼特有の激しく生き生きとした文章で反応した。1850年11月23日、彼は英国国教会のロンドン大主教チャールズ・ジェームズ・ブロムフィールドが、管理下にある聖職者にトラクト運動に賛同するような指示を出したとして攻撃した。ディケンズのエッセイは、イギリスを象徴するブル夫妻に関する物語という形を取っている。彼らはマスター・C・J・ロンドン（ブロムフィールド主教）が「カトリック」や「ローマ」の習慣を持ち込む司祭に寛容なことをたしなめる。

> あなたは蠟燭と燭台をもてあそぶことを注意されたことはないのですか？　何度もいわれたはずです……彼らの手が燭台に届けば、蠟燭に届く。蠟燭に手が届けば、それに火をつけると。そして、彼らが外でシャツを着て、修道士をもてあそぶようになれば、マスター・ワイズマンは赤い靴下に赤い帽子を身に着け、ほかにも愚かな真似をして、完璧なガイ・フォークスになれとけしかけられることになると。……目の前で真っ赤な布を振られるまで怒らないのは、あなたが雄牛《ブル》だからですか？

最後の一文は気がきいている。〝ジョン・ブル［擬人化されたイギリスの国家像］〟を、エリザベス女王時代からのイギリスの敵で、徹底したカトリック国家のスペインの闘牛士と結びつけ、真っ赤な闘牛士のケープを枢機卿のローブと帽子の色になぞらえているのだ。

ブル夫妻はイギリスを表しているが、ディケンズが「ローマの雄牛」というときには、カトリック教会を意味している。彼らは「みじめさ、圧制、暗黒、無知を永遠に続かせる」。このことは「ミセス・ブルのカトリックの妹、ミス・エリンゴブラー（〝アイルランドよ永遠なれ〟を意味するスローガン）の、病、汚物、ぼろ、迷信、不名誉という、この上なく嘆かわしい光景」の中に見られると、ディケンズは続ける。[5]

「貧困の嘆き」（『イラストレイテッド・ロンドン・ニュース』1849年8月4日付）

ロンドンで最も数が多く、目立ったカトリック教徒は、実は非常に貧しいアイルランド移民だった。だが、マニング夫妻の犠牲者であるパトリック・オコナーは、それとは対照的にアイルランド人の中産階級に属していた。噂では、彼が税関で実入りのいい楽な仕事に就けたのは、彼がカトリックのアイルランド人港湾労働者を改宗させ、ローマに背を向けさせることができると考えた有力者によるものということだった。この話の出どころは、マニング事件に関するロバート・ハイシュの想像力たくましい論文だが、ハイシュはオコナーの後援者の名を挙げており、その中にランダフ司教の名もあることから、事実だった可能性はある。だとすればオコナーが、カトリックの大義からの守護者として有名なアイルランド人弁護士、ロバート・シールの後押しにより独自に仕事を得たことも説明がつく。

１８４６年から１８４７年にかけてのジャガイモの胴枯れ病を原因とする、農場からの立ち退きと大飢饉により、たくさんの人々がアイルランドから海を渡ってきた。その前の１８４１年にはすでにロンドンに７万４０００人のアイルランド生まれの住人がいた。１８５１年には、アイルランド生まれの人口は10万８５４８人にのぼっている。とはいえ、国勢調査では生まれた場所しか記録されず、アイルランド生まれの住民の多くはプロテスタントで、アイルランドで生まれたイギリス人という場合もあった一方、イギリスで生まれたアイルランド人のカトリック教徒も増えていた。そのため、アイルランド人のカトリック教徒は国勢調査の数よりも多かったと思われる。さらに、多くのアイルランド人労働者、特に仕事を求めて〝放浪〟する〝作業員〟の、不安定で荒《すさ》んだ生活を考えれば、調査員に見落とされた可能性もある。

貧しいアイルランド人は、セント・ジャイルズやロンドンのイースト・エンドにあるコマーシャル・ロードの外れの貧民窟に住んでいた。彼らは建設現場、線路の敷設、港で働いた。ロンドンのアイルランド人港湾労働者は、首都の中でも最低賃金の労働者だった。彼らは毎日マッシュポテトとニシンを食べ、ひとつの部屋に一家で住み、時給３〜４ペンスという薄給を、現金でなく〝トミー・ショップ〟と呼ばれる雇い主の売店でしか利用できない金券でもらっていた[6]。将来を見通さないことや大量の飲酒に加え、住宅の質は最低で、死亡率も高かった。当時の日記作家チャールズ・グレヴィルは、アイルランド人港湾労働者の間でコレラが広まったことについて、こう書いている。

最も底辺の哀れな階級は、主にアイルランド人であり、昨日、ある医師に聞いた話よりも嘆かわしい人間の悲惨さの例はない。彼らは最も絶望的な貧困状態にあり、横になるベッドもない。臨時労働者として食いつないでいる男たちは時間単位で雇われ、1週間に4~5時間の仕事しかないこともしばしばだ。彼らはひとつの部屋に家族で身を寄せ合い、それも永続的な下宿ではなく一時的な避難所として暮らしていた。簡単にいえば、彼らは想像しうる限り最も悲惨な貧困と道徳心の低下の中で生きているのだ[7]

「どの大都市でも、最低の地区に住んでいるのはアイルランド人だ」と、会社所有者でカール・マルクスを支援したフリードリヒ・エンゲルスは書いている[8]。アイルランド人女性の多くには家事の技術がまったくなかった。彼女たちは、お針子や家政婦として働くことはできなかった。屋台で果物を売ったり、野菜の入った重い籠を持って通りを売り歩いたりするのが、アイルランド人女性の典型的な仕事だった。彼女たちはコヴェント・ガーデンや、アルドゲイトに近いデュークス・プレイス市場でオレンジやレモン、クルミ、栗、または季節の葉野菜を買い、調査ジャーナリストのひとりによれば「1ファージングで仕入れたリンゴ3個を半ペニーで」訪問販売したり、もっと貧弱な市場で売ったりした。利益はきわめて少なかった。せいぜい週に5シリングで、そこから家賃を出さなくてはならない。しかし、どんなに粗末な部屋でも2シリングは下らなかった。ヘンリー・メイヒューが話を聞いた女性のひとりは、古いクルミを集めて乾燥させ、燃料として使っていた。彼女と子供たちはベッドカバーを持っていなかった。毛くず入りのベッドが1台、部屋の隅に置かれ、シーツと毛布、キルトがかけられていた。冬にはとうてい不十分だ。部屋には椅子もテーブルもなく、あるのはスツールに板を2枚渡したテーブルと、蠟燭の使い残りを入れる細い茶筒だけだった。それでも、アイルランド人女性は慎み深いことで知られていた。思春期になった女性は、〃ペニー・ギャフ〃と呼ばれる低俗な安演芸場に行くことは許されず、子供たちは信心深く育てられた。[9]

元々住んでいた労働者階級の数少ない住居を占拠し、同じく低賃金で働く移民の登場は、しばしば暴力に発展しかねない社会的緊張の種となった。1846年夏に起こったカムデン・タウンの暴動はその一例だ。

その年の8月9日月曜日の午後、現在はチョーク・ファーム・ロードとなっている、ユーストンから1マイルの線路に沿って、大勢のアイルランド人作業員と、機関車が方向転換するラウンド・ハウスの建設現場の構内で働いていたイギリス人労働者との間で、大規模な衝突が起こった。シャベル、つるはしの柄、煉瓦の破片などが、武器として盛んに使われた。1時間もすると、衝突はカムデン・タウンで鉄道会社が所有する土地全体に広がっていた。地元の警察署から大勢の警察官が駆けつけたが、紛争を止めることはできず、現在の〃鎮圧部隊〃に当たる人々が20人ほどの男を逮捕し、近くのアルバニー・ストリート署へ連行したことでようやく収まった。翌日、アイルランド人作業員のリーダーは治安判事に、自分たちは挑発されたのだと説明した。イギリス人労働者が彼らを侮辱し、建設現場に入って仕事を始めるのを邪魔したのだと。[10]

カトリック教徒のアイルランド人が多数移住してきたことは、やがてカトリック教会の大きな原動力になるが、1840年にロンドン全体でカトリック教会が26しかなかった当時は深刻な問題となっていた。ヘンリー・メイヒューは、教区民が住んでいるスラムを歩くときの、カトリック司祭の強烈な影響力と、酒に酔って妻を殴る人々でさえ司祭に敬意を払うさまを、生き生きと描写している。1850年に任命されてから、ワイズマン大司教は宗教的にも物質的にも、貧しいアイルランド移民の要求に応えようと努力してきた。数年のうちに、さらに多くの教会、修道院、有料・無料の学校や孤児院が設立された。[11]

イングランド……ただひとつの安全な避難場所
（『イラストレイテッド・ロンドン・ニュース』1849年9月8日付）

アイルランド人はもちろん外国人ではないが、ロンドンには常に、少数の外国人がいた。彼らはレスター・スクエアやソーホー、または貧しければセント・ジャイルズやイースト・エンドのスラムに住んでいた。1820年代と1830年代のイタリア統一運動の失敗により逃れてきたイタリア人の中には、ジュゼッペ・マッツィーニもいた。彼は1837年にイギリスに来たが、1848年にイタリアへ帰り、ローマ共和国が崩壊した後に再度ロンドンに渡ってきた。ポーランド人は、1831年の独立運動をロシアに制圧され、ロンドンへ逃げてきた。ほかの少数のグループには、スペインの自由主義者がいた。彼らは、1813年に半島戦争でウェリントン公がフランスを破った後、反動的なフェルナンド7世が王位に返り咲いたことで、国から逃げてきたのだ。彼らのことを、トーマス・カーライルは1851年にこう回顧している。

その頃、ロンドン市民の中で目立っていたのは……ここに政治的避難所を求めてきた少数のスペイン人である。……26年前、初めてロンドンを目にしたとき、新たな現象の中にこうしたスペイン人も含まれていたのを思い出す。冷たい春風の中、自国とはまるで違う空の下で、50人から100人の威厳ある人々が、擦り切れた外套を誇らしげに着て歩き回っているのを、毎日のように目にした……ユーストン・スクエアからセント・パンクラス・ニュー・チャーチ界隈で[12]

しかし、1840年代後半には、ほとんどのスペイン人は帰国した。例外は、定住して成功したか、ロンドンの新しい大学やキングス・カレッジでスペイン語を教えるという学術的な職を得た少数の人々だった。

おそらく、路上で最もよく見られた外国人は、大道芸人としてあちこちにいたイタリア人だったろう。ロンドンのイタリア人街は、ハットン・ガーデン、レザー・レーン、サフラン・ヒル、あるいはホルボーンの北あたりだ。〝リトル・イタリア〟として知られたこの界隈は、老朽化した下宿屋が立ち並ぶ地区だった。イタリア人がここに惹かれたのは、クラーケンウェルに近かったためだろう。クラーケンウェルには時計と楽器売買の長い歴史があり、これはイタリア人が路上で演奏する手回しオルガン、〝ハーディ・ガーディ〟と関係があった。セント・ピーターズ教会は、カトリック教徒のイタリア人を福音主義のプロテスタントの宣教活動から守るため、1864年にこの地区の中心に建設された。[13]

ロンドンの路上で見かけるイタリア人は、主に手回しオルガン弾きか、石膏像や鏡、額縁を売る露天商だった。通りすがりの人々から競って小銭を得ようとする芸人の中には、膝につけた紐で人形を操りながら、管楽器やドラムを演奏するイタリア人もいた。[14] ほかにも、イタリア人の大人や子供が、踊る犬やからくり人形で道行く人を楽しませた。白ネズミの芸を見せるイタリア人の少年たちは哀れを誘った。そのうちのひとりが1831年に殺されてからはなおさらだった。[15] しかし、オルガン弾きの音色があまりに頻繁に聞こえるため、これを禁止するか保護するかは、重大な政策の違いとなった。貴族院議員は、門のある屋敷に守られ、広い庭を隔てたところで暮らしていたので、ロンドンの通りの騒音から逃れることができ、したがって寛容だった。しかし、首都の裕福な高台に住む上位中産階級は、夏場は絶え間ない路上のオルガンの騒音に腹を立てた。[16]

ちなみにイタリア人の名前は特定の分野、特に帽子屋や婦人服の仕立て屋で利用されていた。『ニコラス・ニクルビー』の第10章で、ディケンズが生んだキャラクターのマントルは、自分と妻の名前をマンタリーニに変えている。

> 奥方が、宜なるかな、英国風の名では商売上がったりと思し召したからだ（田辺洋子訳）

ロンドンは政治難民をかくまったが、その中には自由主義的な見解を持つ大陸ヨーロッパの弁護士や陸軍士官、共和主義者、社会主義者もいた。カール・マルクス、フランスの社会主義者ルイ・ブラン、ロシアの知識人アレクサンドル・ゲルツェン、退位させられたフランス王ルイ・フィリップ、ナポレオン・ボナパルトの甥で、やがてフランスの大統領から皇帝になるルイ・ナポレオンらは、こぞってイギリスの首都に避難所を求めた。ロンドンには技巧に優れた外国人もいた。首都の豊かな財政は、多くのフランスの芸術家、美容師、俳優、歌手、料理人や、イタリアの音楽家、ドイツの子守女を支えることができた。ギリシアの商人はフィンズベリーに住み、ドイツのパン職人やスイスの時計職人はクラーケンウェルに住んだ。ロンドンの外国人街の中心は、ソーホー・スクエア、レスター・スクエア、ゴールデン・スクエアに囲まれた一画だった。通りはわびしく、複数が入居する家が立ち並んでいた。ロンドンを知り尽くしているチャールズ・ディケンズは、ラルフ・ニクルビーの事務所をソーホー地区のゴールデン・スクエアに据え、このように指摘している。

言わば、外国人の吹き溜まりだ。……夏の夜など、窓が開け放たれ、通りすがりの者には、日に焼けた口髭の男衆が出窓に腰掛け、凄まじく煙草をふかしているのが目に留まる[17]（田辺洋子訳）

肌の色の黒さ、顎ひげと口ひげ、喫煙が、イギリス人から見た外国人の特徴だった。

外国人に対するイギリス人の態度は、表向きは寛容だったが、不親切で見下しているとして知られていた。ボンベイから来たふたりの造船技師、ノウルジーとマーワンギーは、ロンドンの造船所で長いこと学んでいたが、劇場へ行く外国人に天井桟敷と平土間席の大衆席の低俗さを避けるようにアドバイスしている。彼らはこう結論づけている。

イギリスの階級の低い人々の多くは……外国人に対してとても無礼だ。彼らは自国で外国人の姿を見たくないと思っている[18]

しかし、政治亡命者は寛容に受け入れられ、しばしば歓迎され、ときにもてはやされることもあった。特に、1848年から1849年にかけての革命の失敗後にやってきたイタリアの元司祭のような、反カトリック主義の人々はそのように受け入れられた。[19] オーストリアの支配に反発したハンガリーの革命家コシュート・ラヨシュは、ギルドホールの公式レセプションで拍手喝采で迎えられた。それとは対照的に、女性革命家を鞭打つよう命じたオーストリアの将軍ハイナウ男爵は、トラファルガー広場のモーリーズ・ホテルに滞在していたが、1850年9月に、荷馬車引きにバンクサイドのバークレー・アンド・パーキンス醸造所を追い出された。荷馬車引きは鞭を振り回し、彼の名前の発音をもじって「ハイエナ」と叫んだ。ハイナウはボロー・ハイ・ストリートを追われ、〈ジョージ・イン〉に逃げ込まざるを得なくなった。最終的に警察に助けられ、船でテムズ川の対岸へ送られた。その後、スノー・ヒルのファリンドン・ホールで集会が開かれ、荷馬車引きは称賛された。[20]

自由の国

イギリスへの移民に対する規制は、ナポレオン戦争中の1793年に初めて課せられ、1826年に遅まきながら終了した。それから1905年の外国人法の制定まで、政治的な理由でイギリスへの入国を拒否されたり、追放されたりする人はいなかった。1851年の国勢調査では、外国生まれの人々はイングランドとウェールズで5万289人しかいないことが明らかになっている。ただし、ロンドンでは総人口236万2000人のうち2万5500人が外国生まれだった。それでもパーセンテージにするとわずか1・79だ。この割合はもっと少なかったと思われる。外国人の一部、特に船員は、調査が行われた日だけロンドンにいたからだ。

1846年から1851年まで外務大臣を務めたパーマストン子爵の主な狙いは、ヨーロッパでの大きな戦争を避けることだった。1848年にパリ、ベルリン、ウィーン、ブダペスト、プラハ、ミラノ、ナポリ、ローマで起こった革命は、一触即発の危機を招いた。しかし、ルイ・フィリップ王に代わって1848年に打ち立てられたフランス共和党政権は、1815年の国際和平調停であるパリ条約に変更はないとロンドンに約束した。ピエモンテ革命はオーストリアの制圧により元の状態に戻った。ハンガリーの貴族がオーストリアの支配に反抗すると、パーマストン子爵は革命を鎮圧するためのロシアの介入を認めた。状況が元通りになって初めて、彼はロシアとオーストリアの厳しい態度に抗議した。彼は大陸の独裁者に、その圧政について説教したが、国際的な力関係は乱されていないと信じていた。
1848年、オーストリアのメッテルニヒ首相は、革命家から逃れて大慌てでロンドンへ渡ってきた。フランスのルイ・フィリップも(〝ミスター・スミス〟という偽名で)やはり渡ってきた。安全で自信満々のイギリスにとって、激しやすい外国人がそこまでするのが滑稽だったのは当然だ。『パンチ』は、例によってその空気をとらえた。1848年3月25日付の誌面には、着の身着のままでやってきたといわれるフランス国王の逃亡に関する、サッカレーの詩が掲載されている。

退役した紳士が船を降りる
ぼろぼろの古い帽子と擦り切れたピー・コートで

作者は、退位させられた国王は、できるだけ早く〈E・モーゼス・アンド・サン〉で服を揃えるべきだと提案している。
大陸の革命家を見かけるのはいつものことで、『パンチ』が1849年の年鑑でこう提案するほどだった。

「超過休職について」文句をいわれたら、第一級のいいわけがある。大陸の革命に邪魔されたのだといえばいい

1848年には、約7000人のフランス人、オーストリア人、ポーランド人、ハンガリー人、イタリア人、ドイツ人の亡命者がイギリスに入国した。最も多いのはドイツ人、ポーランド人、フランス人、ハンガリー人だった[21]。現在にも通じる不満が、ドーヴァーの海峡港から1849年7月18日に内務大臣に伝えられている。船いっぱいの難民が救済を申請し、町の住民税の「大きな負担」になっているというのだ[22]。

亡命者の大半は財政的に困窮していて、自国の言語や、音楽などの技術を教えて生計を立てていた。彼らのほとんどにとって、ロンドンは汚くて寒く、歓迎されない土地だった。家賃をふっかけられたり、ずるい換金業者に騙されたりした。多くが職に就かず、おおむね法律を守っていたが、軽犯罪に手を出す者もいた。重要な政治亡命者は、たいてい十分な金と友人を得て、そこそこ快適な暮らしを送っていた。〝伯爵であり大佐のサーシー・ダンビスキー[23]〟と名乗り、政治亡命者として金をせびっては、1849年から1850年にかけて牢獄を出入りする合間に贅沢な生活を送った不届き者のせいで、亡命者全員がたかり屋とみなされるようになった。外国からの亡命者は、不道徳、無神論、家賃の不払いと結びつけられた。これはおそらく、彼らがよくひげを生やしていたせいかもしれないし、外国人がひげを生やしていたためにそれが不適切な行いと結びつけられたのかもしれない。

彼らが夜な夜な〝カフェ〟――これは新しい言葉だった――に集う様子を、ジャーナリストのジョージ・オーガスタス・サラは異国的な風景として見ていた。

風変わりな服装で驚くような身振り手振りを見せ、バベルの人々のような言葉をしゃべる集団……千個の煉瓦焼き窯のように煙を上げ、千個のスプーンを鳴らすような音を立てている[24]

亡命者は、イギリス人の目から見れば突飛で派手な服装をし、政治的クラブやソーホーのカフェの煙が充満する部屋、あるいは講義を聴くために借りた教室に集まり、主義や特定の人物、金に関して議論したり、しばしば衝突したりする存在だった。外国人の活動について当局の耳に入る報告はどれも、彼らが著しく分裂していて、そのためイギリス政府の安定を脅かすことはないだろうと強調していた。1851年に万博が開かれたときには、アルバート公がプロイセン国王に手紙を書き、政治亡命者はロンドンは共謀に適した場所ではないと理解している。したがって、

暴動や暗殺の恐れはない[25]

と伝えている。

外国政府は当然、イギリス国内の革命家に対する寛容さに抗議したが、慢心したイギリスは、そうした不安に傲慢な態度を取るように世論を導いた。他国の政府が適切に統治していれば、恐れるものは何もないはずだと。もちろん、外国人はこの国の客人である間はきちんとした態度を

取るべきだが、国家の介入は非常に嫌われていたので、彼らをスパイすることは受け入れがたいことと考えられていた。大陸ヨーロッパに比べ、イギリスに中央集権的で費用のかかる国家警察機構や、大衆をスパイする秘密諜報部隊がなかったことは、よく自己満足の根拠とされた。特に、オーストリア政府の諜報員は亡命者を監視していると疑われていたため、ジェーン・カーライルは文通相手のひとりに、とりわけ詮索好きなメイドが家族の手紙を読んでいるのを見つけたときに、「オーストリアのスパイ」のようだと書いたほどだった。[26]

チャーティスト

イギリスでは、政治亡命者を受け入れる一方、人々はフランス革命の理想を恐れる傾向があった。一部には、民主主義の支持やすべての人のための投票は反逆的と考える人さえいたし、多くは革命の理想に共感できなかった。自由主義的な心情にもかかわらず、暴徒を恐れ、民衆扇動を見下していたチャールズ・ディケンズは、１８４１年の小説『バーナビー・ラッジ』で、１７８０年にロンドンで起きたゴードン暴動を軽蔑的に描いている。反カトリックの猛威と略奪が行われたこの暴動は、60年後もまだ人々の記憶に刻まれていた。さらに新しいものとしては、ワーテルロー後の15年間は、イギリスが過剰に反応した時代だった。その代表が１８１９年の〝ピータールーの虐殺〟で、マンチェスターに集まった抗議の群衆を軍隊が追い散らし、サーベルで左右になぎ倒したのである。

やがて、こうした反応は衰退し、進歩への意欲が高まった。1832年の改革法によって、議会は刷新された。トルパドルの殉教者と呼ばれたウィルトシャーの一団は、表向きは違法な誓いを立てたという理由だが、実際には給与を上げるため労働組合を作ったことによりオーストラリアに送られていたが、恩赦により1837年にイギリスに戻された。機械を使った労働から子供を守る工場法は、1833年と1844年に可決された。穀物法が廃止されたことで、パンの値段が下がった。1830年代から1840年代にかけてのこうした改革や動きが、さらなる改善への要求につながるのは当然だった。社会主義、大半の男性への選挙権の拡大、労働者へのより手厚い保護、その他多くの問題は宙に浮いたままだった。特に、〝飢餓の40年代〟と呼ばれた1840年代はそうだった。この10年間のほとんどが、不況、失業、不作に見舞われたからだ。最後の年となる1849年はロンドンでコレラが流行した。

人民憲章《ピープルズ・チャーター》を提唱したため、チャーティスト運動と呼ばれた運動は、長期間続いた進歩的な運動だった。全男性への無記名投票での投票権の付与、議員が選挙民の代表となる前に私的な収入を得なくてもいいように給料を支払うこと、同じ大きさの選挙区、年次議会といった要求は、1839年、1842年、1848年にことごとく議会で却下された。

しかし、チャーティスト運動は集中的なものではなかった。そこには幅広い不平を訴える、さまざまな急進的グループが含まれていた。中には機械の導入による失業や短期労働、救貧法の過酷さに対する不平もあった。これらは労働者の不満だったが、国会議員の財産適格の廃止を要求したのは、財産の少ない中産階級だった。

1846年から1847年にかけての不作、厳しい冬とそれに続くインフルエンザ、気管支炎、肺炎、麻疹、チフスでの死者数、フランス国王の没落という事例、洗濯籠に隠れてウィーンへ逃げざるを得なかったメッテルニヒ首相の屈辱、ハンガリーの蜂起やその他の大陸の反乱、すべてがチャーティストの再挑戦の後押しとなった。

1848年2月、間もなくフランスで共和制が宣言されるという噂が広まった。ソーホーやレスター・スクエア周辺ではお祭り騒ぎが起こった。ロンドンのサドラーズ・ウェルズ劇場の天井桟敷や平土間席の客は『ラ・マルセイエーズ』を歌ったが、これは国歌というよりまだ革命歌だった。1848年3月6日、所得税に抗議するため、トラファルガー広場に身なりのよい人々が集まった。G・W・M・レイノルズがこれを引き継ぎ、『ロンドンの秘密』のため週に数千語を執筆する貴重な時間を割いた。議会は開会中だったので、警察は集まった1万人の人々に、この集会は違法だと告げた。ついて

エクセター・ホール、1846年、反穀物法同盟の会合。Wikipedia Commons

きた群衆は追い散らされるのを拒み、未完成のネルソンの柱の周りにめぐらせた柵を壊した。「共和国万歳《ヴィヴ・ラ・レピュブリーク》」という叫び声が、フランス人と、流行のスローガンを知っているふりをするイギリス人の両方から上がった（あるいは、海峡を越えた革命家がロンドンでトラブルを起こしているという噂を広めようとする新聞による誤報だったかもしれない）。警察は苦労して群衆を追い散らしたが、その日の遅く、群衆は街灯や窓を割り、店から略奪した。女王と政府は驚愕した。

　政府は、外国の革命家が自国の革命家と共同戦線を張るという考えで頭がいっぱいになった。数は少なくても、集結していることと目立つことから、外国人は大勢いるように思われた。「テンプル・バーからチャリング・クロス」（ロンドン中心部の目抜き通りストランドに沿って、４分の３マイルほど）「まで歩くだけで、目の届くところに強力な軍事的共和国から来た異常な数の市民がロンドンにいることがわかる」と、１８４８年４月４日付の『タイムズ』は、遠慮がちに書いている。これは国内にいる数千人のフランス人が侵略の先導者だといいたいのだろうか？　外国人が国内の革命家と手を結ぶことへの不安から、国外追放を認める１８４８年の外国人法が生まれたが、結局のところ国外追放の必要はなかった。４月10日のチャーティストのデモでは、外国人が主導的な役割を果たすという懸念があった。それは杞憂だったと、４月15日付の『タイムズ』は嬉々《きき》として報じた。これは運がよかったといえるだろう。警察官は、特に外国人と思われるひげの生えた暴徒を攻撃するよう命じられていたからだ。[27]

　チャーティストは川の南岸のケニントンで大規模なデモを行った後、ウェストミンスターまで行進し、議会に請願書を提出することになっていた。庶民院が請願書を拒否したら、国民議会を作って女王に議会の解散を呼びかけるという計画だった。政府が憲章の受け入れに同意するまで、集会はその場から永遠に去らないつもりだった。ロンドンの中産階級に警戒が走った。イギリスの首都が、大陸型の革命を経験するのだろうか？

すみやかに緊急措置が取られた。ウォータールー駅は軍隊によって封鎖され、ヴィクトリア女王はブリテン島の南岸近くに浮かぶワイト島へ身を移した。しかし、懸念がひとつあった。軍隊が、議会へ向かって前進する革命家への発砲を命じられたらどうすればいい？　命令に従うか、それとも頭上を狙って撃つか？　革命家がポーツマスの海軍基地で軍艦に乗り込み、ソレントから女王が避難しているワイト島のオズボーン・ハウスに発砲するのではないかという不安もあった。

ワーテルローの戦いを勝利に導いたウェリントン公爵が、首都の防衛の監督に任命された。彼は7122人の歩兵および騎兵を自由に使えることとなった。8万5000人もの特別警察官が、4000人の警察官の応援として宣誓就任し、1231人のチェルシー・ペンショナー［イギリス陸軍の退役兵を収容する老人養護施設であるチェルシー王立病院の入居者］は引退生活から呼び出され、かつて兵士として訓練した経験を生かした。官公庁、郵政省、大英博物館、バッキンガム宮殿、税関、ギルドホール、イングランド銀行には土嚢《どのう》でバリケードが築かれ、銃眼と臨時の大砲が設けられ、大学やキングス・カレッジの学生はこん棒で武装した。

チャーティストの大会は、予定通り午前9時に、シティのすぐ北にあるジョン・ストリートで開かれた。行進はグレイズ・イン・ロードからホルボーン、ファリントン・ストリート、ブラックフライアーズ橋と進み、ケニントン・コモンに11時半に到着した。別のグループは、ロンドン東部のステップニー・グリーンから、また別のグループはラッセル・スクエアから行進した。[28]数はまちまちだったが、当局が恐れ、チャーティストが期待した50万人には遠く及ばなかった。主導者は、ウェストミンスター橋を渡って北へ向かい、国会議事堂へ行くことを警察に阻まれても、抵抗しないと決めていた。チャーティストの請願書は、ブラックフライアーズ橋上で馬車が受け取り、裏道からウェストミンスターに届けられた。５００万筆の署名が集められたという評判だったが、実際は２００万弱だった。しかし、多くは外国人名か、「ヴィクトリア女王」、「オールド・チーズ」、「パンチ」といったふざけたものだった。[29]またしてもこれは却下された。

チャーティスト運動は暴力的なものではなかった。警戒態勢にあった軍隊は呼ばれず、警察は警棒だけで武装していた。チャーティスト運動の主導者であるブロンテル・オブライエンもファーガス・オコナーも、暴力という結果に終わるリスクを望んではいなかった。春の雨の中、オコナーは警視総監と握手し、大いなる１日は午後の早い時間に終わった。

それでも、革命運動はまだ終わっていなかった。１８４８年5月29日、8万人が無言でシティを行進した。6月4日には、内務省は警察に、イースト・エンドでのチャーティストの会合を解散させるよう命じた。6月12日には抗議活動が予定されていたが、チャーティスト運動の主導者の逮捕により阻止された。8月15日には蜂起も計画された。主導者はスパイに見破られ、ヘイマーケットの外れのオレンジ・ストリートにある〈オレンジ・ツリー・パブ〉で武装した警察官に逮捕された。「反逆者」は、槍や剣で「武装していた」という。準犯罪者街のセブン・ダイアルズで石畳をこじ開けようとする男が目撃されたときには、大陸式のバリケードが懸念されたが、警察が関係者に警告して追い払った。暴力をふるった1000人ほどのチャーティストは逮捕され、長期の禁固刑をいい渡された。

1849年7月3日、首相のジョン・ラッセル卿は庶民院で、「フランスの状況と、かの国の普通選挙と符合する結果」を考慮すると、チャーティストの要求を支持することはできないと宣言した。チャーティストの目的が、労働者階級だけを扇動することで果たされるものでないのは明らかだった。中産階級の支持者はまれだった。1840年代の保守的な精神の市民は、大陸型の革命の道具立てを恐れていた。たとえばフリジア帽「フランス革命で解放のシンボルとして用いられた、円すい形をしたフェルト帽」を竿につけ、治安判事や製造業者の窓の下で振る行為や、反教権主義、たいまつを持った会合での暴力的な言葉遣い、行進、旗、シュプレヒコールなどだ。ともかく、ロンドンの人口はあまりにも膨大で、うまく組織することは不可能だった。込み入った社会構造と多岐にわたる職業は、特定の目標に持続的な努力を集中できないことを意味していた。ロンドンの大きさ（パリの2倍）、無気力さ、警察の有能さは、ほかの場所で軍を挑発的に使うのとは対照的だった。ロンドンは革命を起こすほどには成熟していなかった。

チャーティスト運動は崩壊したが、100を超える労働者のクラブを残した。[30] さらに重要なのは、急進派の仕立て屋フランシス・プレイスが、1849年1月29日に会合を開き、議会と財政の改革に向けた全国的な協会を作ろうとしたことだった。彼の目的は、急進派と穏健派のチャーティストを結びつけることだった。協会は〝リトル・チャーター〟を提唱し、すべての男性の家長への選挙権、無記名投票、3年ごとの議会選挙、より公平な議席の分配を求めた。しかし、当時は労働者階級を中産階級の運動に結びつけることはできず、協会は1855年に解散した。その主導者だったチャーティスト、ブロンテル・オブライエンは、全国改革連盟の結成に乗り出し、それから24年間、ロンドンのソーホー地区のデンマーク・ストリート18番地で会合を開いた。1850年3月16日の満員となった会合では、救貧法を人道的な方向に改革すること、政府が土地を買い上げ失業者を居住させること、大々的に国有化することを求めた。会合は、土地は個人が所有すべきでないと主張した。また、国家信用システムや、生活必需品を原価で売る店が必要だと主張した。こうした要求はもちろん、考慮すらされなかった。

イギリスの改革は、革命運動よりも労働組合の方向へ動いていった。ヴィクトリア朝初期のロンドンは、労働条件、賃金、偏った利害関係に関心を持つ、現代的な意味での熟練労働者組合の出現を目前にしていた。合同機械工組合は1851年に創設された。組合員は、常雇いの熟練工だけが受けられる週1シリングという高い賃金を支払われ、組合には有給の職員とロンドンの本部があった。[31]

「古着!」

ロンドンで特定できるマイノリティの中で、最も多いのはアイルランド人、次は大陸ヨーロッパ人だっただろう。第3のグループはユダヤ人で、国全体で3万5000人のうち、おそらく

2万人がロンドンに住んでいた。[32] ユダヤ人はカトリックのように恐れられることも、外国人のように革命的ととらえられることもなかった。

ロンドンの裕福な地域では、ひげを生やしたユダヤ人が肩からずだ袋を下げ、形を保つためにいくつもの帽子を頭にかぶって、「古着！」と叫びながら通りを歩くのが見られた。彼らは中古や不用な服を買い、洗濯し、仕立て直して売っていた。やがて、同じユダヤ人が創業した〈E・モーゼス・アンド・サン〉などの会社が広まり、一般庶民が誰かのお下がりではなく新しい服を買えるようになると、それもすたれた。

ほとんどのユダヤ人はイギリス生まれだったが、彼らは異質なものとみなされていた。実際には、これは宗教のせいではなかった。ユダヤ人をキリスト教に改宗させると自認する、善意ではあるが怒りを買った一部の人を除けば、ほとんど関心を引かなかった。むしろ、ユダヤ人は排他的と考えられていたせいだった。その結果、仕立て業界の〝搾取者〟の大半は実際にはユダヤ人でなかったにもかかわらず、搾取の犠牲者の超低賃金を描いたチャールズ・キングスレーの『安かろう悪かろうの服』というパンフレットは、反ユダヤの痛烈な非難に満ちていた。『オリヴァー・ツイスト』で、チャールズ・ディケンズはユダヤ人のフェイギンを、スリを働く少年の一団を抱える人物として描いている。実際に盗品を売買して生計を立てている人々はいたが、ユダヤ人が少年少女の泥棒学校を経営したことがあるかどうかは疑わしい。しかしディケンズは、フェイギンの犯罪行為が、人種や宗教によるものだとは書いていない。現に、フェイギンはオリヴァーに親切で、ビル・サイクスのような残忍な悪党ではない。これは、ユダヤ人の文通相手からフェイギンに対する抗議の手紙を受け取ったディケンズが出した回答だった。バランスを取るために、彼は『我らが共通の友』にユダヤ人の集団を登場させ、そのうちのひとりである礼儀正しいミスター・ライアは、非ユダヤ教徒の金貸しに苦しめられている。事実として、ロンドンのユダヤ人のほとんどは貧しく、一部は極貧だった。１８４０年代の終わりには、首都に住む2万人のユダヤ人の3分の1が、同じコミュニティの裕福な人々から、貧困に対する救済を受けている。[33]

通りに沿って

ハウンズディッチ、ミノリーズ、アルドゲイト、またブリック・レーンの外れといった、ロンドンのシティのすぐ外に住むユダヤ人は、ロンドン中心部をくまなく歩き回って、杖や宝飾品、鉛筆や封蠟、ペンナイフ、鏡、剃刀といった〝小間物〟を行商した。しかし鉄道が登場すると、ルドゲート・ヒルの〈ラ・ベル・ソバージュ・イン〉やスノー・ヒルの〈サラセンズ・ヘッド〉といった宿から馬車で出発する旅行者相手の商売は終わりを迎えた。アルドゲイト近くのデュークス・プレイスでは、アイルランド人が安売りするようになるまで、オレンジやレモン、ナッツを商った。コヴェント・ガーデン、チープサイド、ウェスト・エンドには、〝高級な〟ユダヤ人の果物商人がいた。メイヒューは、ユダヤ人の魚フライ売りの商品は、高いけれども味がよいと書いている。ユダヤ人はラードではなくサラダ油を使い、魚を卵にくぐらせるからだ。フランス人の料理人で、のちにヴィクトリア朝のイギリスで有名シェフとなるアレクシス・ソワイエは、

1845年の料理本『大衆のための1シリング料理法』の初版に「ユダヤ風魚フライ」のレシピを掲載している。ソワイエのレシピは、調査ジャーナリストのメイヒューが、ユダヤ人が揚げ物に油を使っていたという記録を裏付けている。[34]

ミドルセックス・ストリートにある〝ザ・レーン〟は、〝ペチコート・レーン〟の名で知られ、そこから延びる通りはユダヤ人の居住地だった。メイヒューはそれについてこう書いている。

あらゆる色合い、あらゆる形の服がぶら下がっていたが、どれひとつとして、明るい色や白い色のものはなかった。薄汚い眺めだが、女性の衣類に関してはさまざまな色の薄汚さだ。燕尾服、フロックコート、厚地のロングコート、お仕着せや猟場番のコート、パルトー［ゆったりとした外套］、チュニック、長ズボン、膝丈のズボン、ベスト、ケープ、パイロットコート、作業用ジャケット、格子縞の肩掛け、帽子、化粧着、シャツ、ガーンジー・セーター……それは、世界一大きな都市の中でも、ほかでは見られない光景だった[35]

冬の夜になると、揺らめくガス灯によってたくさんの影がレーンに落ち、風に揺れる服が幽霊のように見え、「風が強いと、前へ後ろへとひるがえり、さらに神秘的な光景になった」[36]。メイヒューは、ペチコート・レーンのユダヤ人には非常に価値があると考えていた。彼らは非ユダヤ人の家の裏口から古着を買い上げたからだ。彼はまた、ユダヤ人は総じてよき夫であり父親で、少女は慎み深いとも書いている。[37]

非国教徒やカトリックに与えられている市民権をユダヤ人に与えることへの一番の反発は、次のような見解に基づいていた。たとえばユダヤ人が国会議員に選出されたとき、「キリスト教徒の真の信仰にかけて」と誓うことを免除するのは、イギリス人の暮らしからキリスト教という基盤を取り去るにも等しいという見解だ。大陸のように、ユダヤ人の神秘的な力や、彼らがきわめて裕福であること、またそれとは矛盾するが、彼らがブルジョア資本家の社会を転覆させようとしていることについての不安を口にする者はいなかった。ユダヤ人が引き合いに出されるのは、しばしばからかうときで、見下した扱いをすることさえあったが、悪意はなかったし、筋の通った根拠もほとんどなかった。たとえば、ダグラス・ジェロルドの『クードル夫人の寝室説法』では、ミスター・クードルがラザラス・ゴールドマンを新しい家族の名づけ親にすることに意義を唱える。なぜならゴールドマンは「高利貸しで、しみったれ《ハンクス》［守銭奴を指す俗語］」だからだ。これは根拠のあるものではなく彼の意見なのだが、この場合、それが正当化されるのはゴールドマンがユダヤ人だったからではないだろうか？「確かに」と、ミセス・クードルはいう。「お金を捨てるような人を見ていれば、世の中にはお金を節約する人がいてもいいはずだわ」。暗闇でベッドに横になっていなければ、彼女がそういいながら金遣いの荒い夫に意味ありげな視線を送ったのが想像できるだろう。新しい子供の洗礼名については、名づけ親と同じ名前をつけるのが習慣になっていることから、彼女はこのように譲歩する。確かにラザラスは「上品な」名前ではないけれど、いずれにしても、坊やは後からいつでもローレンスと名乗ることができると。[38]

１８３２年まで、ユダヤ人はシティ・オブ・ロンドン内で小売業に従事することは許されなかった。１８３５年まで、地元の選挙で投票しようとすれば「キリスト教徒の真の信仰にかけて」と宣誓しなければならない場合があった。それでも、１８３０年代後半には、著名なユダヤ人がシティで保安官の職に就くようになった。同じ頃、何度もシティの議員に選出されたライオネル・ド・ロスチャイルドは、定められた形式で宣誓しなかったとして議席につくことを許されなかった。グリニッジから選出され、のちにユダヤ人初のロンドン市長となったサー・デイヴィッド・サロモンズは、必要な言葉で宣誓しなかったため、就任後にその座を追われた。庶民院では、宣誓を変えるための投票が何年にもわたって行われたが、貴族院は同意しなかった。１８５９年になってようやく妥協が成立し、両院それぞれが、独自の形式の宣誓を取り決めることとなった。ユダヤ人議員はようやく庶民院の議席に座ることができたが、貴族院では、１８５５年にロスチャイルドが貴族に叙せられるまで実現しなかった。

第8章 コミュニケーション

馬車！

いわれるまでは想像もできないでしょうね、
ロンドンではどれほど速く移動できるか……
だから教えてあげる。どんな物語も一笑に付されるくらい
午前中に見たいろいろな場所を。

これは1842年に、若い女性が田舎に住む友人に書いた手紙だ。[1]

ロンドンを回る本当に速い移動手段、すなわち世界初の地下鉄となるメトロポリタン線が、群衆を煙たいトンネルと駅に運ぶまでには、あと21年待たなくてはならなかった。この若い女性がロンドンを素早く巡る唯一の手段は辻馬車だった。裕福な人々は、快適さもスマートさもさまざまなブルーム［御者席が外についている2～4人乗りの1頭立て四輪箱馬車］、バルーシュ［4人乗りの四輪馬車］、フェートン［1頭または2頭立ての軽四輪馬車で、通例2座席］を買ったり借りたりすることができたが、ほ

かに差し迫った移動手段がほしい人々はハンサム馬車［1頭立てふたり乗りの二輪馬車］で間に合わせた。これは1834年にこの乗り物で特許を取ったジョセフ・アロイシウス・ハンサムの名にちなんでいる。ハンサムは悪天候から乗客を守り、乗客は屋根のトラップから御者と話ができた。軽くて速いハンサムは大成功し、1900年代初頭に自動車が導入されるまで、ロンドンで利用されてきた。馬1頭だけで引くハンサムは、ロンドンの悪名高い渋滞を避けて通ることができた。これは旧式の貸し馬車よりも機動性がよかった。貴族から払い下げられた貸し馬車は一般的にみすぼらしく、騒々しい音を立て、口汚くて仕事熱心な御者が操縦した。出版は1861年だが、1820年代を舞台にしたチャールズ・ディケンズの『大いなる遺産』の第20章では、若いピップが田舎からチープサイドの馬車宿〈クロス・キーズ〉に到着し、貸し馬車でスミスフィールドのミスター・ジャガーズの事務所へ向かっている[2]。

それでも、折りたたみ式のうるさい梯子段で私を辻馬車に閉じこめた御者は、歳の数ほどあろうかというほどケープがついて脂じみた外套を着こみ、私を八十キロ先に運びそうな雰囲気だった。彼が御者台に上がるのにはたいへんな時間がかかった。そこには雨や雪の染みがつき、虫食いでぼろぼろになった薄緑色の飾り布がかかっていた。馬車の装備はすばらしく、外側には宝冠が六つ、うしろには使用人が何人つかまるのかと思うくらいたくさんの把手がつき、その下には、使用人ではない人が誘惑に駆られて取りつくのを防ぐ馬鍬のような突起もあった。馬車のなかは藁敷きの畜舎のようだけれど古着屋にも似ているとか……な

ど考えて、馬車の旅を愉しむ時間はほとんどなかった。御者はすぐに停まりそうな様子で……（加賀山卓朗訳）

料金は1シリングだった。馬車には4人が乗れるのに、これはかなりの料金だ。ピップの場合、御者はそれ以上請求しなかった。それは、最初の1マイルは1シリングで、その後は半マイル以下につき6ペンスというのが正しい料金だと知っている弁護士のジャガーズと面倒を起こしたくないからだと御者は告白する。貸し馬車には時間貸しもあり、渋滞のない道を長距離移動する場合はこちらのほうが安かった。1シリングで30分借りられたことは、ロンドンで1マイル走るのが30分ほどだったことを示している。貸し馬車は、ストランドのサマセット・ハウスにある税務局が発行した登録番号標をつけなくてはならなかった。これにより、不満を持った客がどこに苦情をいえばいいかわかる仕組みだった。

さらに遠くまで行きたければ、短距離の駅馬車があった。これは中心街でせっせと客を運ぶロンドンの辻馬車の独占操業を侵害することは許されていなかった。短距離の駅馬車は、シティの裕福な人々を半郊外へ運ぶのに使われた。たとえばパディントン、クラパム、クラプトン、ハマースミス、さらにはチャリング・クロスから10マイル近く離れたリッチモンド・アポン・テムズまで。年収1500ポンド以上の本当に裕福な人々は、快適に華々しくロンドンを移動するために、普通は自家用の馬車を持っていた。しかし、1日2ポンド、または年300ポンドを一括で支払い、従者を含めた馬車一式を借りることで、厩《きゅう》務員《むいん》や馬にかかる費用を節約することもできた。週末に街を出たい人たちにとって大変便利だったのは、年60ポンドで毎週日曜日に馬車と御者を自由に使える契約だった。

お急ぎください！

しかし、1829年7月4日以降、ロンドンの周辺の移動手段は乗合馬車《オムニバス》によって革命的に変化した。これは間もなく〝バス（buss）〟という呼び名と綴《つづ》りで知られるようになった。車体製造者のジョージ・シリビアは、この乗り物の名前を、フランス語とラテン語を組み合わせたヴォワチュール・オムニバス、すなわち〝すべての人のための車〟と呼んだ。この言葉はすでにパリの通りを走る乗り物につけられていた。シリビアは、現在の地下鉄ベーカールー線のエッジウェア・ロード駅のそばにある同名のパブからそれほど離れていない〈ヨークシャー・スティンゴ〉からニュー・ロードに沿った路線を開拓し、のちにメリルボーンとユーストン・ロード、続いてペントンヴィルとシティ・ロードからイングランド銀行までを結んだ。乗客は馬車に座り、料金を回収する車掌は海軍少尉候補生のような制服を着て「きわめて尊敬すべき人物」とうたわれた[3]。乗合馬車はパディントン・グリーンを午前9時、正午、午後3時、6時、8時に出て、銀行から午前10時、午後1時、4時、7時に折り返した。料金は一律1シリングだったが、イズリントンまでの場合は6ペンスだった。この路線の始発は、1863年のハリー・クリフトンの歌『パディントン・グリーンのかわいいポリー・パーキンス』が住んでいる場所だ。ポリー・パーキンスは

「女王のように誇り高く」、彼女を愛した平凡な牛乳配達人を振った。彼女は金持ちか、さらには貴族との結婚を望んでいたが、結局は「2ペニーのバスの、がに股の車掌」と落ち着くことになる。2ペニーというのは、ポリー・パーキンスが登場した頃には競争が導入されて料金が引き下げられていたためだが、2005年の後半まで、ロンドンのバスでは車掌が料金を回収し、乗車券を渡して、バスが停車したり、発車したり、しばしば舗装が悪い市内の道を揺れながら走ったりする間、がに股で立っていた。

当初、シリビアの乗合馬車は、辻馬車が独占していた地域の外を走っていたため、路線のどこでも客を乗降させることができた。系統だったバス停もなく、御者が道の反対側で手を上げる客のために馬の向きを変えるのを禁じる規則もなかった。

1832年、ロンドン中心部で乗合馬車が許可され、元々辻馬車と同じだった税金が引き下げられると、辻馬車の御者は競争にさらされることとなった。シリビアは裕福なオックスフォード・ストリートに乗合馬車を走らせることができるようになった。料金は半額になり、今では〝全路線〟で6ペンス、半分の路線で3ペンスとなった。

乗合馬車は午前9時まで操業しないので、朝6時に現場へ行き、競って仕事にありつこうとする労働者には縁がなく、そもそも運賃が高すぎた。乗合馬車は買い物へ行く女性が乗るものだったが、パディントンからイングランド銀行へ向かう始発には、成功した高級官吏、実業家、事務長など、朝9時きっかりに出勤しなくてもよい男性が乗っていた。

オムニバスという言葉自体が、乗っている紳士たちに学生時代と「すべての人のために」というオムニバスの意味を叩き込んだラテン語の引用句を思い出させた。最もよく知られているのは「インペンデト・オムニバス・ペリクルム」すなわち「危険は万人の上にある」と、「モルス・オムニバス・インスタト」すなわち「死は万人を脅かす」だろう。バスは20世紀になっても冗談の種になった。動力式《モーター》バスがオックスフォードに導入されたとき、この歴史的大学のラテン語の雄弁家で、ユーモア詩人のA・D・ゴドレイは、「このように吠えるものは何なのか？　これがモーター・バスなのか？」で始まる詩を作った。これに続いて、あたかも「モーター・バス」が2語のラテン語であるかのように、さまざまなラテン語の格に変化させ、最後には心から、神に「これらのモーター・バス」からわれらを守りたまえと（対格複数形で）訴える。

主よ、われらを守り給え《ドミネ・ディフェンデ・ノス》
これらのモーター・バスから《コントラ・ホス・モトレス・ボス》[4]

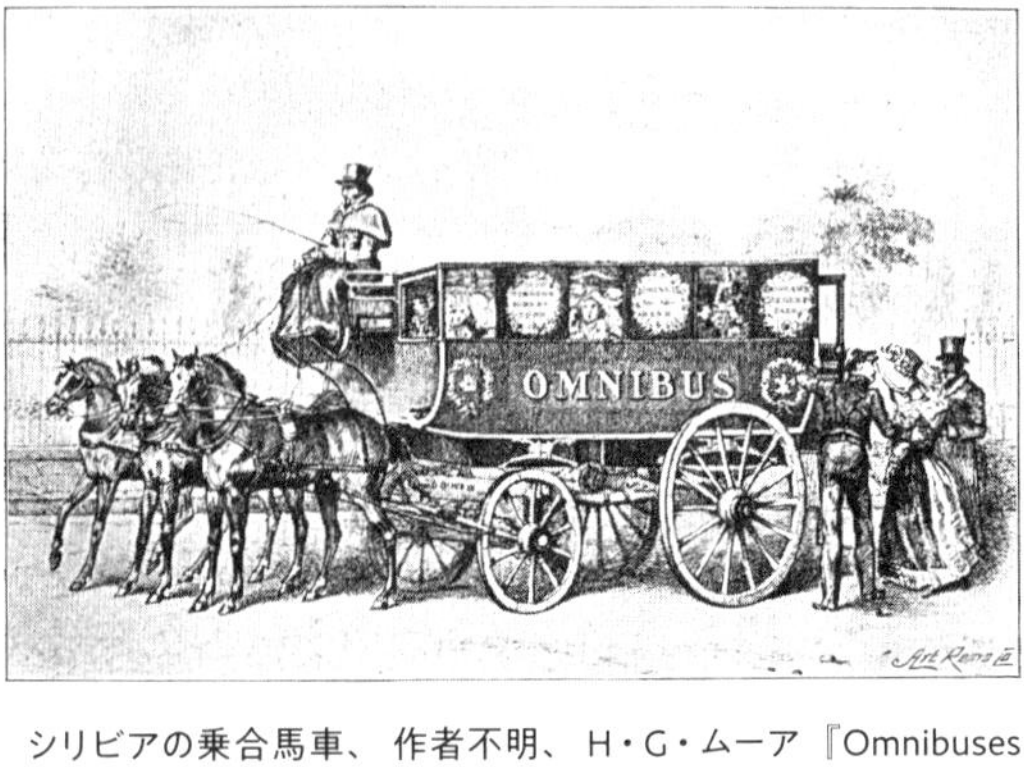

シリビアの乗合馬車、作者不明、H・G・ムーア『Omnibuses and Cabs』、1902 p/d より

オムニバスは〝すべての人のため〟という意味のはずだが、この乗り物は高価なだけでなく速度も遅かった。そのため、夫と共謀してパトリック・オコナーを殺害したマリア・マニングが、急いでマイル・エンドにあるオコナーの家へ行き、金と株券を取ってくる必要に迫られたときには、おそらくロンドン橋を渡る渋滞に巻き込まれるのが確実な乗合馬車は使わず、2マイルの道を歩いたことだろう。乗合馬車でロンドン橋を渡っても、今度は東行きの別の馬車を待って、アルドゲイトとホワイトチャペルを通ってマイル・エンドへ行かなければならなかった。ウィルキー・コリンズの『白衣の女』の第1章でも、ウォルター・ハートライトは当然のようにストランドの〈クレメンツ・イン〉から徒歩で3マイルの丘を登り、ハムステッドに住む母親と妹に会いに行っている。とはいえ、19世紀半ばには、22人の客が乗れる乗合馬車が3000台、首都の狭くて混雑する道を走っていた。路線に番号はまだ振られていなかったので、馬車は運営会社ごとに違う鮮やかな色で見分けられていた。たとえばパラゴン、アトラス、ウォータールー、キャンバーウェル、その他多数の会社があった。

乗合馬車は基本的に長方形の箱型で、両側に窓があり、後部に窓付きのドアがあった。鮮やかな赤か緑のフラシ天のクッションが置かれていたが、乗客が馬車に泥を持ち込むのを防ぐため、職員は藁を敷かなければならず、それはすぐに汚れた。乗合馬車は、特に冬には息苦しく、薄汚れていた。

乗合馬車の仕事はきついものだった。御者は風雨にさらされ、車掌は立ちっぱなしでいなければならない。所有者は職員を手荒く扱った。休みはなく、隔週の日曜日に2時間の休憩があるだけだった。8時半には馬車と馬を出発地に用意できる時間に仕事を始め、夜の11時前に帰宅することはなかった。長い1日の間、運行の合間に何度か休憩があったが、家に帰ってまともな食事ができるほどの時間はなかった。多くの労働者と同じく、彼らも予告や補償なしに解雇されることがよくあった。御者は車掌のように簡単に取り換えがきかなかったが、時刻表を守らないと罰金が科された。それでも、1世紀後の同じ仕事と変わらず、車掌はたいてい意気揚々として「お急ぎください!」と歌うようにいっては、おそらく乗合馬車の天井を叩いて、御者に出発するよう伝えたことだろう。

ベルの合図は後から導入されたが、乗客は頭上に渡され、御者の腕に固定された革紐を引っ張って合図することができた。革紐の1本は御者の左腕、もう1本は右腕に固定されていて、乗客は道のどちら側で降りたいかによって使い分けた。停留所はなかったが、御者は特定の場所で客が拾えることを知っていたので、乗合馬車を乗客で満員にするために長時間遅れるのが習慣となり、出発を待つ乗客をひどく苛立たせた。

ロンドン、ラドゲート・ヒルの渋滞、1882年、G・ドレ(1883年没)

初期の賃金体系は、車掌が一定の金額を所有者に払うというものだった。車掌は残りを御者と分けた。その後、車掌が回収した料金を所有者に渡し、手数料を加えた給料を受け取るようになった。乗車券はなかったため、所有者は車掌がどこまで正直か確認できなかった。車掌は常に注意していなくてはならなかった。所有者が〝見張り〟または〝貴婦人のふりをした女〟と呼ばれる女性を雇っていたからだ。ときには、さらなるカモフラージュのために子供を連れていることもあった。〝見張り〟は乗客の数を見積もる。それでも、彼女たちを買収できることは知られていたし、車掌が正体を見破ったときには、馬車から水たまりや馬糞の山に放り出すこともできた。逆に、所有者は車掌が料金を懐に入れていると疑っただけで解雇することができた。それでも、乗合馬車で働くのはいい仕事だった。最高の路線では車掌に週24シリングが払われたが、これはほかではなかなか見られない額だ。御者は最大34シリング稼ぐことができた。

御者の中には有名人もいた。彼らは白いシルクハットをかぶり、ボタンホールに薔薇を飾り、ひいきの客から贈られた葉巻を吸った。こうした客は、たとえばハイゲートからシティへ行く間、御者の隣に用意された席に座ることを期待した。彼らは、自分たちがかつてブライトンに赴任した摂政時代の伊達男だと空想し、見せびらかすように御者に気前よくチップを渡した。

路線の一部は、短距離の駅馬車から受け継いだものだった。ジェーン・カーライルは、住んでいたチェルシーからイズリントン、ハムステッド・ヒース、リッチモンドへ向かう長い道のりを、乗合馬車の2階席で過ごすのが好きだった。[5] ハーマン・メルヴィルは1度、ハンプトン・コートまでの長距離を旅したが、帰りは馬車より速い列車に乗った。[6]

屋根に座席のある乗合馬車が導入されたとき、女性たちは〝車内席〟で旅をした。馬車の後方に付けられた鉄の梯子を上るときに、街を行く人に足首が見えてしまうため、〝車外席〟に乗るわけにはいかなかったのである。その後、より上りやすい階段によって、2階席の〝ナイフボード［背中合わせに置かれた座席］〟にたどり着けるようになった。そこでは背板にもたれて外側を向き、行き先表示板に足を置くことができた。この表示板は、ときおり〝車内席〟の息苦しさと汚い藁、過密な乗客よりも〝車外席〟の新鮮な空気を好む女性の慎みを守る役にも立った。それでも幅広のスカート、特に1850年代のクリノリンでは階段を上るのは大変だったし、狭い乗合馬車そのものに乗り込むのもひと苦労だった。

間もなく、バスの車掌の無作法さについて、当局に苦情が舞い込むようになった。料金は乗客が降りるときに回収されるのだが、一部には金を払わず降りようとする客や、苛々《いらいら》するほど時間をかけて、ポケットや財布から金を出す客もいた。特に歩合給の車掌は、できるだけ多くの客を乗せたがったが、お釣りが足りなかったり、断固として払おうとしなかったりすることもあった。ディケンズの『ボズのスケッチ集』には、乗合馬車の後部ドアのステップに立ち、乗る気があったかどうかもわからない老紳士を引っ張り込もうとしている車掌が描かれている。1849年6月30日、シティ・オブ・ロンドンにあるマンション・ハウスの法廷の係員は、その前年、車掌の無作法な行為や、さらには乱暴な行為に対して、4000以上の出廷命令が出ていると報告している。[7]〝げす〟と呼ばれた車掌たちは、あまりに頻繁に罰金を科せられたので、個々の車掌を助けるために協力して資金を集めるほどだった。業を煮やした執政官が、ある乗合馬車の車掌を、客を集めるためにわざと馬車を遅らせ、釣りの支払いを拒んだとして2か月の刑務所送りにすると、事態は深刻になった。1849年は特に、ロンドンの乗合馬車に乗るには都合の悪い年だったようだ。『パンチ』が車掌のふるまいを非難するキャンペーンを行ったからだ。ある例では、「全行程」の料金は6ペンスだが「チャリング・クロスまで」ならたったの3ペンスという旨の看板が馬車に取りつけられていたところ、車掌がわざと「チャリング・クロスまで」の部分が隠れるように立ち、全行程の料金が割引サービスになっていると勘違いした乗客を呼び込もうとしたとして口論になっている。別の例では、どの地点がチャリング・クロスに当たるかをめぐって論争になった。それでも車掌を擁護するため、『パンチ』は車掌のひとり（おそらくなりすまし）が、ハンドバッグから小銭を数枚出すのに何年もかかるような老嬢に関して不平を綴った手紙を掲載している。

　不平はともかく、乗合馬車は最も便利な乗り物だった。サッカレーの作品のタイトルになっている主人公のペンデニスは、第28章で「シティの乗合馬車は門の前で彼を降ろした」ことで、それを実感している。[8] しかし、ときには危険なものにもなる。特に、競争相手を出し抜いて乗客を拾おうとしているときは。1849年の『パンチ』の年鑑では、道で乗合馬車の御者の注意を引かなければならない場合、読者にこうアドバイスしている。

　2台の乗合馬車が競争していたら、前の馬車に合図しないことだ。2台目の馬車に轢かれたくなかったら

ヘイ・ホー、風に雨

ロンドンの通りの泥や馬糞の中をピシャピシャ音を立てて歩いたり、苛立つ乗客と湿気の中、満員の乗合馬車に詰め込まれたりしたくなければ、悪臭を放つテムズ川を外輪でかき回す、69の蒸気船で旅することもできた。

1ペニーから4ペンスまで、さまざまな料金の蒸気船がロンドン橋の西側から出発し、サザーク、ウェストミンスター、ヴォクソール、またチェルシーや、さらに西のグリニッジやグレーヴゼンドまで運航していた。競争によって料金はぎりぎりまで安くなった。1847年に、乗客150人を乗せた〈クリケット〉のボイラーが、ハンガーフォード埠頭を出発したとたんに爆発し、5人が死亡、50人が重傷を負ったのも驚くことではない。それでも、アメリカの作家ハーマン・メルヴィルはその2年後、わずか半ペニーで住まいのすぐ南にあるアデルフィ埠頭から蒸気船でロンドン橋まで行っている。

天気がいいときは特に、蒸気船での川下りは、時間はかかるけれども列車に代わる楽しい移動手段だった。マーゲートへは6時間で着き、料金は8～9シリングだった。また〝ダイヤモンド〟線の船では、主船室が1シリング2ペンス、女性用特別室が2シリングで、川を下ってグリニッジまで遠出することができた。冬は30分ごと、夏には15分ごとに、ロンドン橋近くの北岸の埠頭から船が出た。

しかし、蒸気船での旅は常に快適なものとは限らなかった。危険なほど超満員になることもあった。冬には、乗客は風雨を避けて下の船室に詰めかけた。到着地に来ても、そこから目的地まで徒歩か辻馬車で移動しなくてはならなかった。おそらくそのことが、テムズ川はロンドンを横断する自然の経路とよくいわれながらも、住まいと職場の両方が桟橋の近くにある人以外にはそれほど便利ではない理由なのだろう。現に、1852年にトーマス・カーライルがスコットランドへ行ったときには、チェルシーの自宅近くの川から蒸気船ではるばるロンドンの埠頭まで行き、そこから海岸沿いを北上した。ジェーン・カーライルは医師の指示で列車を使った。しかし、ジェーンがワイト島のライドで休暇を過ごして帰ったときには、彼女はヴォクソールで列車を降りて、蒸気船でチェルシーへ戻っている。[10]

「いざや、金切り、雄叫び、戦慄《わなな》きつつ」（チャールズ・ディケンズ『ドンビー父子』第20章）

鉄道の黎明期である1844年、ジョン・ターナーは『雨、蒸気、スピード』という鉄道を描いた絵をロイヤル・アカデミーに出品した。スピードは、人々が鉄道に対して抱く最も大きな特徴だった。ディケンズは、いつものようにこれを簡潔にいい表している。

ビュンビュン！　埃の山、菜園、空き地。ガタゴト！　ニュー・クロス駅。衝撃！　クロイドンに到着。[11]

1845年までには、数百の鉄道路線が計画され、投機的な会社が多数作られた。投機家は事務所を借り、大げさな趣意書に、ときには無許可で貴族の名をつけ、大衆に株を売りつけた。1845年には、1週間で89の新計画が投資家から8400万ポンドを集めようとした。弁護士、国会議員、銀行家ばかりでなく、経済的に余裕のある聖職者、商人、下宿の女主人、未亡人、さらには使用人や居酒屋のボーイまでもが、代金を払ってもいないうちに株を売った。サッカレーの『馬丁粋語録』では、登場人物のジェームズ・デ・ラ・プラッシュ、実際は黄色いフラシ天《プラッシュ》を着た従僕が、20ポンドの借金から始めて株の売買で3万ポンドを儲けている。株の割り当てを申し込み、代金を払う前に利益のために一気に売ってしまう人々は〝スタッグ〟と呼ばれた。そこでディケンズは『ドンビー父子』でユーストン駅建設のために取り壊されたスラムに「スタッグズ・ガーデンズ」という名前をつけている。1864年は鉄道バブルのピークだった。議会は鉄道の資本を6000万ポンドに引き上げることを許可した。しかし、1848年までに敷設された新しい線路は1182マイルにとどまった。1847年、多くがほとんど価値をなくした株の代金の支払いが投資家に求められると、バブルははじけた。1847年4月、イングランド銀行は割引率を5パーセントに上げ、8月には5・5パーセントに上げた。鉄道株専門に作られた会社の多くが倒産し、数千人が鉄道熱のために人生を棒に振った。1847年7月28日、貯金を鉄道株に注ぎ込み気が気でない人々や、半給職の役人を憐れんで、『パンチ』はクーパーの『ロイヤル・ジョージの難破』をもじった詩を載せた。

悪党《ネイヴ》のために鐘を鳴らせ！
悪党の時代は終わった。
みんな沈んだ――すっからかんになるまで
金を出した連中もろとも。

この場合の「悪党」とは、国内で5000マイルという途方もない路線を支配していたジョージ・ハドソンのことだ。彼はイースタン・カウンティーズ鉄道、ミッドランド鉄道、ヨーク・アンド・ノース・ミッドランド鉄道、ヨーク・ニューカッスル・アンド・ベリック鉄道の社長だった。1848年に、大陸の革命の影響で鉄道株の価格が下がると、ハドソンはうまいこと工作をして株価を維持した。それには配当金を資本から払うことまで含まれていた。会社法はまだ十分に発達していなかったため、違法ではなかったのだ。ハドソンは一度も起訴されたことはないが、ニューカッスル・アンド・ベリック鉄道が、会社の資金1万8204ポンドを私的に使ったとして訴訟を起こそうとしたことはあった。

ハドソンは、読み書きも満足にできないヨークの生地屋の息子として生まれた。株が高いうちは、社交界は彼をちやほやし、祝賀会に招いたが、キッドの手袋や香水を振った扇子の裏で、彼の洗練されていないマナーやヨークシャー訛りをあざ笑っていた。サッカレーの小説『ペンデニス』で「ミセス・ホッジ＝ポジソン」としてパロディー化されたミセス・ハドソンは、背後からあざけりを受けた。彼女はマルクス・アウレリウスの胸像を見て、招待主のウェストミンスター侯爵の父である「亡くなった侯爵《マークエス》」ですかと尋ねたことで知られている。また、レスター・スクエアにある有名なジェームズ・ワイルドの〝グレート・グローブ〟に、装飾品に合わないからといって一対の立派な地球儀《グローブ》を返品したことでも知られている。現在はフランス大使館になっている、アルバート・ゲートのハドソン夫妻の邸宅は、建築家トーマス・キュービットから1万5000ポンドで購入され、さらに1万4000ポンドが注ぎ込まれた。[12]

19世紀半ばには、ロンドンは国内のほとんどの場所と鉄道でつながっていた。新たに開設されたウォータールー駅からサウサンプトンへ行くこともできたし、ロンドンから鉄道でブリストル、バーミンガム、マンチェスター、リヴァプール、レスター、シェフィールド、ノリッジ、ハル、ニューカッスル、エジンバラまで行けた。ただし、必ずしも直行ではなかった。バーモンジーのマニング夫妻の家には、5フィート6インチの巨大な車輪、鮮やかな真鍮、緑と赤に塗られた機関車の音が聞こえただろう。ひょっとしたら夫婦でそれを見に行ったかもしれない。1837年12月から、この機関車は15分間隔でロンドン・デトフォード・アンド・グリニッジ鉄道の列車を引っ張り、高架橋を走っていた。初運行では、ロンドン・ブリッジ駅で取締役が着席する中、バンドが演奏した。大砲が発射され、教会の鐘は鳴り、興奮したロンドン市民の群れが蒸気を上げて走る列車に歓声を上げた。中間駅のスパ・ロードには「ロケットのような速さで到着した」という。デトフォードは大変な人出だった。[13] 1839年からはクロイドン鉄道、1841年からはブライトン線、1849年からはグレーヴゼンド線が、ロンドン・ブリッジ駅に列車を送り込んだ。ロンドン・ブリッジからグリニッジまでの運賃は１８４４年には４ペンスに引き下げられ、結果として、旅客者数は２００万人に上った。[14]

１８４４年からは、ロンドン・ブリッジ駅を午前8時半に出て、ブライトンへの日帰り旅行を楽しめるようになった。その年の聖霊降臨節の月曜日の始発列車は、４両の機関車で45の客車を引っ張った。ニュー・クロスでは、さらに6両の客車ともう1両の機関車が、蛇のように曲がりくねる列車に接続された。これは２０００人の乗客を、それまで見たことがなかったかもしれない海へ運び、その日のうちに戻ってきた。同じ日、3万５０００人を乗せた列車が、片道料金だけでグリニッジを往復した。運賃は下がり続けた。１８５０年には3シリング６ペンスでブライトンへ日帰り旅行ができ、たった１シ

ロンドン・アンド・グリニッジ鉄道、1837年。『イラストレイテッド・ロンドン・ニュース』

リングでハンプトン・コートへ日帰りで行けた。[15] 旅行は、10年と少しの間に大きく変化した。鉄道料金が安くなっただけでなく、スピードや快適さがまたたく間に変化し、比較的若い人々でさえこんなふうに振り返っている。

過ぎ去った日の暮らしは……懐かしい思い出の中にしかない。時速8マイルだったのが、20マイルから25マイルになり……窮屈な郵便馬車に、硬い座席……古きよき昔のこうした悪に、誰が耐えられようか[16]

鉄道は現代的なものだった。建設のスピードは息をのむほどだ。1830年には、イギリス全土で線路は100マイルもなかった。1852年までには6000マイルが使われている。しかし、この増加はごく最近のことだった。1845年にはまだ線路は2200マイルしか敷かれていなかった。ヴィクトリア朝初期で最も大規模な鉄道敷設計画が立てられたのは、1845年から1848年のことだ。

旅行者はもはや、長距離の駅馬車が発着する、汚くて古風な馬車宿の馬糞や蠅、だらしない厩務員を我慢する必要はなくなった。ピカデリーの〈ホワイト・ホース・セラーズ〉やスノー・ヒルの〈サラセンズ・ヘッド〉といった、時代遅れの宿泊場所となったロンドンの馬車宿は、きちんとしたホテルのある鉄道駅の〝ターミナル〟に取って代わられた。[17]

鉄道は、時間の概念すら変えた。太陽の代わりに警備員の時計が使われるようになった。

1845年には、グレート・ウェスタン鉄道が時計をロンドンの〝鉄道時間〟に合わせた。この〝グリニッジ標準時〟は1850年代にイギリスの標準時になり、やがて25か国がグリニッジを本初子午線として認めることに合意すると、イギリスの〝鉄道時間〟は他の時間を測る基準になったのである。

騒音……そして人々

旅客は3つの階級に分けられた——通路がないことは、それぞれの車両にとどまっていなければならないことを意味する——にもかかわらず、安く旅行できるようになったことは、ディズレーリの小説『シビル』のモウブレー男爵によれば「最も危険な平等への傾向」につながった。[18] これはやや大げさだ。というのも、かつてないほど多くの人が旅をできるようになっても、列車全体がひとつの階級用になっていたからだ。そして、3等列車はきわめて乗り心地が悪かった。ハーマン・メルヴィルは1845年に3等列車でカンタベリーからロンドンへ行っているが、「外気にさらされ——向かい風を受けて走る列車は恐ろしく寒かった」といっている。[19]

〝議会列車［議会が定めた運賃の安い労働者用の3等列車］〟は、客車に屋根をつけ、全路線を少なくとも1日に1本は走り、料金は1マイルにつき1ペニー、最低速度は時速12マイルと義務づけられていたが、鉄道会社はお目こぼしにあずかれそうだと見れば、一番不便な時間に走らせた。

異なる階級の人々と接触するのを避けるため、かなり長い間、裕福な人々は列車で出かけたとしても、無蓋無側車に乗せた自分たちのランドー馬車やバルーシュ馬車を出なかった。アルゼンチン生まれのスペイン人劇作家、ベントゥーラ・デ・ラ・ベガは、１８５３年6月21日、スペイン大使館員に同行してイギリス陸軍の観兵式を見るためチャーツィーへ向かったとき、その光景を目にしている。[20]

おそらく、ディズレーリのモウブレー男爵は、『クォータリー・レビュー』の記者が鉄道客の間で気づいた「互いへの遠慮のなさと礼儀正しさ——イギリスの性質としては非常に新しい」風潮のことをいっているのだろう。[21] もっと過激なのは、ラグビー校の校長トーマス・アーノルドが、ロンドン・アンド・バーミンガム鉄道について指摘したことだ。

わたしはその光景を見て喜び、封建主義は過ぎ去ったと思った[22]

この場合、アーノルドは時代の先を予言したようだ。とはいえ、鉄道によって、これまでよりはるかに多くの上流階級と中産階級の人々が旅行できるようになった。１８４９年には、鉄道客の数は１８４２年の3倍になった。そのひとりは殺人犯のマリア・マニングだったが、スコットランドへ向かう彼女に話しかけた者は誰ひとりいなかった。

警察に連れ戻される

夫と共謀してパトリック・オコナーを殺害してから5日後、マリア・マニングは辻馬車で、住んでいたバーモンジーからロンドン・ブリッジ駅まで短い距離を移動した。衣類でいっぱいのトランクを手荷物預かり所に預けた後、同じ辻馬車でロンドン・アンド・バーミンガム鉄道のユーストン・スクエア駅へ向かった。隣のホテルで1泊した後、1849年8月14日火曜日午前6時15分、彼女はエジンバラへの長い旅路についた。

マリアのように歓楽に飽きた女性でも、ユーストン駅の入口の壮大さには息をのんだことだろう。それは、開発中だがまだ完成していないニュー・ロードのすぐ北にあった。

門を入ってからの様子を、『ペニー・マガジン』は次のように書いている。

> 輸送機関が変わったのと同じように、場所も変わったことがすぐさま感じられる。宿屋の狭い中庭で、ポーターや厩務員に肘で押しのけられたり、荷物にわずらわされたりすることはない。何もかもが大規模だった…… 〝1等〟と〝2等〟の乗客は、別の入口から、それぞれの予約デスクへ向かう。建物を抜け、列車が停まっている屋根付きの構内へ行くには、乗車券をパスポートのように見せなくてはならない[23]

それは20世紀の旅行者が、初めて飛行機の旅を楽しんだときの変化に似ているだろう。何もかもが、まぎれもなく〝現代的〟だった。ユーストン・スクエア駅で客の乗降を許されている限られた数の辻馬車が到着すると、ポーターがドアを開け、荷物を下ろし、乗客に駅の中を自由に歩いた後、プラットフォームで荷物とともに待っている自分を見つけるように促した。

ユーストン駅を外から見れば、7つの石材（ふたつは今も残っている）に、鉄道が乗客を迅速に運ぶ先の名前が刻まれ、鉄の横棒でつながっている。中央には巨大なユーストン・アーチがそびえているが、プロピュライア［神殿・寺院などの入口］といったほうがよりふさわしい。前廊の奥は駅の構内になっていて、マリアはモザイクの歩道のある完成したばかりの外玄関を通り、5つある入口のひとつからグランド・ホールに入ったことだろう。ここは「様式も大きさも、堂々たる一室」だと、1849年9月15日付の『イラストレイテッド・ロンドン・ニュース』に書かれている。長さ128フィート（38メートル）、高さは62フィート（19メートル）に及び、高い窓からの明かりに照らされていた。壮大なふたつの階段が踊り場まで延び、さらに長い玄関へと延びて、株主室へ通じていた。階段の下には、鉄道の開祖ジョージ・スティーヴンソンの像が立っていた。8つの浅浮彫が、列車で行くことのできる町を描いている。ガラスのドアを開けると、マリアは切符売り場へ行き、倹約したことのない女性らしくエジンバラ行きの1等列車の切符に3ポンド17シリング6ペンスを支払った。3等列車の硬い椅子に座り、雨にさらされ、機関車の煤に覆われることなど考えられなかった。

荷物車に自分の荷物がきちんと積まれているのを確認し、大量の荷物の追加料金を払った後、マリアは1等客車の両側に3席ずつある、布張りの快適なシートに腰を下ろした。通路も洗面所もないため、彼女は何らかの予防策を講じていたかもしれない。しかし、最初の停車駅となるハートフォードシャーのトリングはそれほど遠くはなく、1時間もしないうちに到着した。

今ではロンドン・アンド・ノースウェスタン鉄道の1000マイルに及ぶ路線の一部となったロンドン・アンド・バーミンガム鉄道に、グランド・ジャンクション鉄道、マンチェスター・アンド・バーミンガム鉄道、リブヴァール・アンド・マンチェスター鉄道を加えると、おそらく中国の万里の長城を除いて人類史上最大の公共事業となるだろう。それは2万人の〝作業員〟によって、記録的な速さで完成し、600万ポンドの費用がかかった。新たな測量技術と工学技術、特に管理技術が必要だった。

最初の数年間、客車はユーストン駅の外の傾斜をケーブルで1マイルほど引き揚げられ、カムデンの平地まで運ばれる。そこには巨大な倉庫を持つ貨物駅があり、蒸気式クレーンと巻き揚げ機で、1日に何トンもの荷物がさばかれていた。続いて乗客は、プリムローズ・ヒルの軌道の東側に今もあるラウンド・ハウスのターンテーブルで方向転換した機関車が接続される振動を感じる。列車は蒸気を上げて走りはじめ、プリムローズ・ヒル・トンネルを下って猛スピードで出てくると、できたばかりの通勤駅キルバーン周辺の3マイル標あたりで建設中の数軒の家を通り過ぎる。この駅に毎日停まる列車は少なかったが、列車は通勤にはあまり使われていなかった。たとえば、ウォータールー駅では1849年に定期券を1500しか発行していない。[24]

17世紀のサミュエル・ピープスの日記のパロディー版『イギリス人のマナーと習慣――ミスター・ピップスの日記』は、リチャード・ドイルが絵を描き、パーシヴァル・リーが文を書いている。ミスター・ピップス夫妻がバースへ旅するとき、彼らはスウィンドン駅のバーへたどり着くのに肘を使って人々を押しのけなくてはならなかった。ミセス・ピップスはやけどするほど熱いスープをドレスにこぼしてしまい、夫はスタウトを半分飲んだだけで、食べかけのハムと仔牛の肉のパイを持って、妻と列車へ走る羽目になる。[25]

マリアはロンドンから１１２マイルのバーミンガムで乗り換えなくてはならなかった。さらにニューカッスルで、別の鉄道会社の列車に乗り換えたが、翌日にならなければエジンバラには到着しなかった。それでも、馬車で行くことを考えれば、24時間はほんのわずかな時間だった。

彼女は逮捕され、8月22日午前4時45分、エジンバラ警察のモクシー警視の同行でロンドンへ戻ってきた。夏の夜明けで、乗客はあくびをし、伸びをして、夜通しの旅を終えて列車を降りる準備をしていた。その頃には、ユーストン・スクエア駅への最後の数百ヤードの下り勾配を列車が滑り降りるときの景色は、『ドンビー父子』の第6章で描かれる１８３０年後半とは違っていた。チャールズ・ディケンズは、ロンドンへ近づく間の建設中の地区をこのように描いている。

家は叩きこわされ、通りはぶった切られ、穴や壕がごっぽり口を開け、泥山がどっかと盛られ……こっちでは、てんでバラバラにうっちゃられた荷車の山……見渡す限り、どこへ通ずるでもない橋、往き止まりの目抜き通り（田辺洋子訳）

しかし、鉄道が作られた第15章では、このようになっている。

スタッグズ・ガーデンズなどという場所は、影も形もなくなっていた。地球上からすっかり消え失せていたのだ。かつて古びた腐りかけの四阿《あずまや》が建っていた所には、今や宮殿がそそり立ち、巨大な胴回りの御影石の円柱の向こうは見渡す限りの鉄道世界だった。その昔ガラクタが山と積まれていた惨めな荒地は悉く呑み干され、そのむさ苦しい跡には豪勢な商品や金目のグッズでぎゅうぎゅう詰めの倉庫が犇いていた。古びた横町は今ではありとあらゆる類の通行人や乗り物で溢れ返り、泥や轍の中でがっくり頓挫を来していた新しい街路は独自の町並を抱え……当て処のなかった橋には別荘や、庭園や、教会や、遊歩道の当て処がついていた（田辺洋子訳）

ユーストン・ターミナルでは、電信で列車がカムデンから勾配を下りるのを許可された4分後、警備員は列車の近づく音を聞き、旗を振った。ポーターは急いで持ち場へ行き、数秒後、列車が「穴から出てくる蛇のように」トンネルから出てくるのが見えてくる。[26] ゆっくりと、蒸気を上げながら、機関車が速度を落とし、停車し、激しく蒸気を噴き上げると、ポーターが急いでドアを開け、乗客の荷物を下ろすのを手伝った。

電気の火花

いくつもの腕木を持つ信号装置は、1837年にユーストン・スクエア鉄道ターミナルが電信で1・25マイル離れたカムデンとつながるようになると、急速にすたれていった。当初、電信は列車が近づくのを警告する装置として使われていたが、この新しい、即時的なコミュニケーションは、間もなく別の目的に使われるようになった。

1845年1月、ジョン・タウェルは、ロンドンから22マイル離れたバッキンガムシャーのスラウという町で殺人を犯した。彼は列車に乗るのを目撃された。スラウの駅長はロンドンに電信を送り、警察はタウェルの列車が到着するのを待ち伏せした。

1849年、電信はマリア・マニングの逮捕に一役買っている。彼女がスコットランド行きの列車に乗ったことがわかると、ロンドン警視庁のヘインズ警部補は、彼女の特徴をエジンバラ警察に〝電報《ワイヤ》〟で伝えた。1849年8月21日火曜日、モクシー警視はヘインズ警部補のメッセージを受けたわずか1時間後、マリアを逮捕したとロンドンに電信で伝えている。驚くべき結末だが、このニュースへの『パンチ』の反応は、やや凝りすぎだろう。

容赦ない稲光……電気のパルスが――ワイヤを震わせ――たちまちのうちに愚かな殺人者は、正義の前に言葉を詰まらせ、蒼白になった[27]

3年のうちに、1800マイルの線路に沿って電柱が並んだ。人々は鉄道駅へ、彼らのいう〝電報《ワイヤ》を送り〟に行った。だが1850年代には、電信会社がロンドンの数か所にオフィスを構え、多くは女性を雇い、通りにはケーブルが巡らされるようになった。これはのちに、電話線とともにロンドン特有の風景となった。現代の携帯電話のアンテナ塔やテレビのパラボラアンテナのようなものだ。

電信のメッセージは電報《テレグラム》と呼ばれるようになったが、これを送るのは高くついた。20語をロンドンからマンチェスターまで送るのに8〜9シリングかかり、グラスゴーまで送る場合は14シリングかかった。[28]電報は主に、鉄道会社が列車の運行に使うのと、実業家が使った。株価の変化や競馬の配当の変化をすぐに知る必要がある株式仲買人やブックメーカーにとっては、役立つ道具だったのだ。

郵便配達員のノック

郵便配達員って何て素敵なの、
ドアからドアへ急いでる。
その手にはいろいろな知らせを持っている
身分の高い人、低い人、お金持ち、貧乏人のため。
たくさんの人の顔を見て、彼も喜び
同じくらいたくさんの人の顔に悲しみを見る
大きなノックの音でドアが開く、
それに素早く配達してくれる。
毎朝、時計のように正確に、

郵便配達員のノックが聞こえる。

ロンドンの通りで浮浪児が繰り返し歌い、あらゆる手回しオルガンが奏でたこの歌だが、作曲者のL・M・ソーントンは著作権を音楽出版社にわずか1ギニーで売ってしまい、最後は貧しいまま救貧院で亡くなっている。[29]

1839年3月の、ディケンズの『ニコラス・ニクルビー』連載12回に4万部の賛同パンフレットが織り込まれた新システムに関する論争を経て、新たにペニー郵便が議会で承認された。鉄道のおかげで、手紙や小包、本の膨大な流通が可能になった。1840年1月10日から始まり、数年後には手紙と小包はすべて鉄道で運ばれるようになり、その速さはかつての郵便馬車の2倍になった。これはヴィクトリア朝初期の、文字通り数百万の人々の人生を大きく変えることとなった。家から離れていても家族とやり取りしたり、仕事の上ではセールスマンや卸売業者、顧客とやり取りしたりできるようになったのである。

1840年1月10日には、手紙——便箋1枚を折り、蠟で〝封印〟して、表に住所を書いたもの——をロンドンからエジンバラまで送る料金は1シリング1ペニーから1ペニーと、それまでの13分の1となり、払うのは送り主となった。これは20世紀末に電子メールが導入されたのと同じくらい革命的なことだった。以前は、封入した便箋の数だけでなく封筒にも料金がかかり、多くの女性が、料金が払えないために留守中の夫や息子の消息を知ることができなかった。今では封筒は無料になった。何を入れても、重さ半オンス以下なら、イギリス国内のどこでも1ペニーで届いた。有名な〝ペニー・ブラック〟切手が一気に60万枚導入され、郵便物の量は1年で1億6900万通に倍増した。配達は1軒につき毎日6回で、のちに12回に増えた。ディケンズの『デイヴィッド・コパフィールド』第44章では、タイトルになっている主人公が友人のトラドルズと町で会ったとき、彼はトラドルズを今夜の夕食に招待するという手紙を妻のドーラに出せば、間に合う時間に届くと考えている。

現在の電子メールや携帯電話のように、ヴィクトリア朝初期の人々は、それまでは明らかにならなかった通信の必要性を目の当たりにした。ロンドンの郵便物があまりにも多いので、仕分けを容易にするため首都は12の地区に分割された。ロンドンの古い町名板には、今もその地区を示す文字が書かれているのが見られる。1914〜1918年の大戦中には、さらに分割された地区の番号を書いた円形の金属板がつけられた。これは、一時的に雇い入れた郵便配達人が古参の仕分け係ほど町名を知らなかったためと、軍に従事している男性からの手紙が大幅に増えたためだ。

ヴィクトリア朝初期にはまだ〝郵便集配人〟と呼ばれていた郵便配達人は、真っ赤な制服に青い襟と袖口、青いベストを身に着けていた。配達人はドアを2度ノックした。送り主が郵便料金を払うようになってから、郵

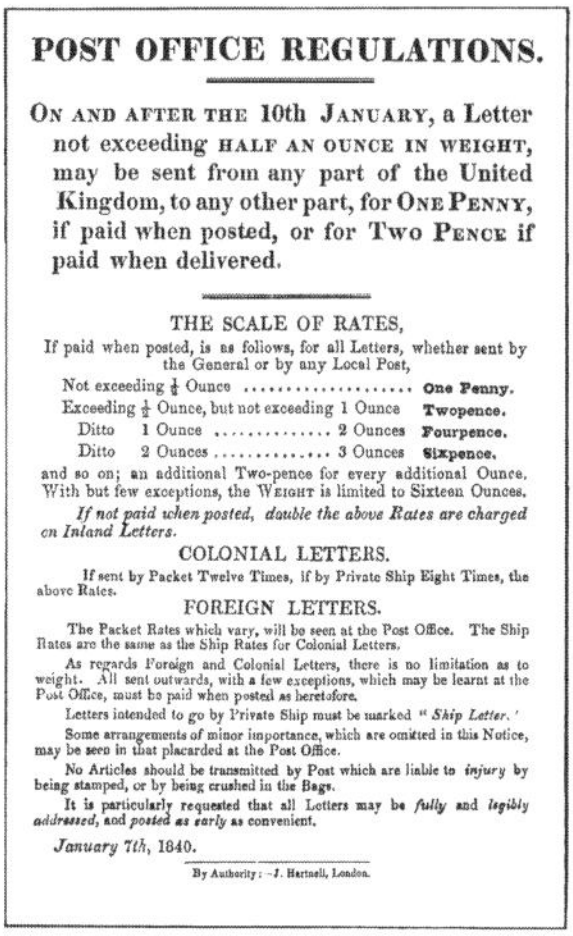

POST OFFICE REGULATIONS.

ON AND AFTER THE 10th JANUARY, a Letter not exceeding HALF AN OUNCE IN WEIGHT, may be sent from any part of the United Kingdom, to any other part, for ONE PENNY, if paid when posted, or for TWO PENCE if paid when delivered.

THE SCALE OF RATES,

If paid when posted, is as follows, for all Letters, whether sent by the General or by any Local Post,

Not exceeding ½ Ounce	....	**One Penny.**
Exceeding ½ Ounce, but not exceeding 1 Ounce		**Twopence.**
Ditto 1 Ounce	.... 2 Ounces	**Fourpence.**
Ditto 2 Ounces	.... 3 Ounces	**Sixpence.**

and so on; an additional Two-pence for every additional Ounce. With but few exceptions, the WEIGHT is limited to Sixteen Ounces.

If not paid when posted, double the above Rates are charged on Inland Letters.

COLONIAL LETTERS.

If sent by Packet Twelve Times, if by Private Ship Eight Times, the above Rates.

FOREIGN LETTERS.

The Packet Rates which vary, will be seen at the Post Office. The Ship Rates are the same as the Ship Rates for Colonial Letters.

As regards Foreign and Colonial Letters, there is no limitation as to weight. All sent outwards, with a few exceptions, which may be learnt at the Post Office, must be paid when posted as heretofore.

Letters intended to go by Private Ship must be marked "*Ship Letter.*"

Some arrangements of minor importance, which are omitted in this Notice, may be seen in that placarded at the Post Office.

No Articles should be transmitted by Post which are liable to *injury* by being stamped, or by being crushed in the Bags.

It is particularly requested that all Letters may be *fully* and *legibly addressed*, and *posted as early* as convenient.

January 7th, 1840.

By Authority: —J. Hartnell, London.

郵便法規、1840年1月7日。
Wikipedia

便配達人は集金する必要がなくなった。そのため、人々は玄関のドアに投入口をつけ、郵便配達人がノックをして待つことなく、手紙を入れられるようにした。投入口に取り付ける派手なフレームには、蝶番《ちょうつがい》付きのカバーがあり、手紙が配達された音が家の中から聞こえる仕組みになっていた。しかし大きな家では、手紙が投入され、床に落ちる音が聞こえない可能性があった。それが進取の気性に富んだ商売人は、家の人に手紙が届いたことを知らせる解決策を思いついた。それが〈ディーンのお知らせ付き郵便受け〉だ。これは郵便の配達を知らせるだけでなく、金属のバスケットでドアから投入された郵便物その他の品物をしっかりと受け取ることができた。広告にはこう書かれている「これさえあれば、重要な知らせが何時間も気づかれないことはなくなるでしょう」[30]。これは、発生してもいない問題を解決する商品が売られた例ではないだろうか？

1843年、公務員のヘンリー・コールは、郵便事業の進化に重要な役割を果たし、1851年の万博の成功にも寄与した。クリスマス・カードの導入である。最初のカードには、理想の3世代家族（まさにコール自身の家族）が、クリスマスのディナーを食べているところが描かれていた。間もなく、こうしたカードが毎年1万通送られるようになった。

さらに、海外からの手紙も驚くほど速く着くようになった。1853年6月18日、スペインからロンドンに来ていたベントゥーラ・デ・ラ・ベガは、1週間前にマドリッドから送った手紙を受け取っている。彼は、普段は5日しかかからないといっている[31]。

郵便配達人は郵便を運んでくるが、郵便を送りたい場合は郵便局に足を運んだ。初期には〝ベルマン〟がロンドンの賑やかな地区を回っては、差し込み口の入った袋を持ってベルを鳴らし、人々はそこに郵便物を入れた。ポストが登場したのは1852年で、第1号は小説家で郵便局員のアンソニー・トロロープの勧めで、ジャージーに設置された。彼はフランスでポストを見ていたのだ。ロンドンでは、初の郵便ポストは1855年にフリート・ストリートとファリンドン・ストリートの角に置かれた。[32]

ロンドンの乗合馬車、国じゅうを走る列車、1ペニーでイギリスのどこへでも送れる手紙、そして電報は、ヴィクトリア朝初期の終わりにはどこでも見られる光景となった。地下鉄、路面電車、電話が登場するのは、まだ先のことだ。

第9章

「建物を揺るがすほどの大喝采」ロンドンの娯楽

遠出

1849年8月9日木曜日の暑い午後、夕食のため——そして殺されるため——バーモンジーにあるマニング夫妻の家に向かうべくロンドン橋を渡ったパトリック・オコナーは、眼下の浮き桟橋を見てこう思ったかもしれない。日曜日には、マーゲート行きの朝8時の蒸気船に乗ろうかと。あるいは、グレーヴゼンドで週末を過ごせたかもしれない。ロンドンに近いこの町は、職場からあまり離れていたくない男性にとってちょうどいいリゾート地だった。夜にはダンスや花火が楽しめ、遊歩道やヨットクラブ、ローシャーヴィルの庭やウインドミル・ヒルの別荘がある。しかし、休日を過ごすリゾート地としてふさわしいのは、マーゲートやその先のラムズゲートだった。少なくとも、大成功をおさめたダグラス・ジェロルドのシリーズ『クードル夫人の寝室説法』で、ミセス・クードルは夫にうるさくそういっている。1845年『パンチ』に初掲載され、その後何度も転載されたこのシリーズは、ミスター・クードルが毎夜、ベッドで寝ようとするたびに妻からの説法に耐えなければならないという内容だ。

とうとう、ミスター・クードルは折れて、夫妻はケント州北部の海辺ハーン・ベイを訪ねる。あるときには、夫妻は海峡を渡ってブローニュへ行く。ミセス・クードルは、自分が行くといい張った割に、フランスを気に入らなかった。最初は、フランスの税関上屋で女性に調べられたことに怒って抗議している。いざとなったら、イギリスに帰るときにレースやビロード、絹のストッキングを密輸するのをためらわなかったとしてもだ。彼女はまた、ブローニュの漁民の娘たちが素足でいることに驚き、ブリクストン、バラム、クラパム、ホーンジー、マズウェル・ヒルの、彼女のいう「本当に上品な」コテージのほうがよかったと考える。これらの場所は現在ではロンドンの郊外だが、ヴィクトリア朝初期には半郊外の町だった。

ビールを飲み続けて

ミセス・クードルは、夫のパブ通いと「飲み友達」を、絶えずこき下ろした。騒々しいパブの前を通り過ぎるときには顔をしかめたことだろう。ある売春婦が救世軍の士官にいわれたという「飲酒は悲しみや恥を紛らわせ、良心を鈍らせる。酒の興奮がなければ、何百人もの人々がこのような生活を送ることはできないだろう」との言葉は、彼女には当てはまらなかった。[1] 1841年には、週給15シリングから1ポンドの労働者は、1日1パイントのビールしか飲まなかったが、それでも週に1シリング2ペンスかかった。収入の20パーセントを酒に使う家庭もあった。[2]

これは家庭の話だが、パブは温かくて楽しかった。それに引き換え、家はおそらく薄暗く、くたびれた妻が蠟燭の明かりで洗い物をし、その周りでは子供たちが喧嘩している。２３０万人のロンドンの人口に対して７０００軒ほどの酒の小売店があり、これは３３３人に1軒ということになる。また、平均して１００ヤードごとに1軒、直販店があった。[3] イングランドとウェールズのビールの年間消費量は、１８４９年でひとり当たり19・４ガロンだった。すなわち、すべての男女と子供が、週におよそ3パイント消費していることになる。それでも、メソジストや福音主義運動の絶対禁酒家が相当数いることを考えると、この数字は誤解を招くだろう。多くの人々が平均よりもずっと多くの酒を、伝統的なパブだけでなく新しいジン御殿で飲んだ。ジン御殿では、ガス灯の明かりがたくさんの鏡に反射してきらめいていた。ディケンズは、彼のいう「ジン・ショップ」について書いている。それはトッテナム・コート・ロードの南端の、「不潔でみじめな光景の」場所にある。しかしジン・ショップは「煌々《こうこう》と明かりがつき、フランスニスを塗ったマホガニーのカウンターがある」。サロンは「贅沢で広々としていて、派手な格好をしたふたりの乙女がジンを売っている」。カウンターのそばには、ペパーミント入りのジンのグラスを傾け

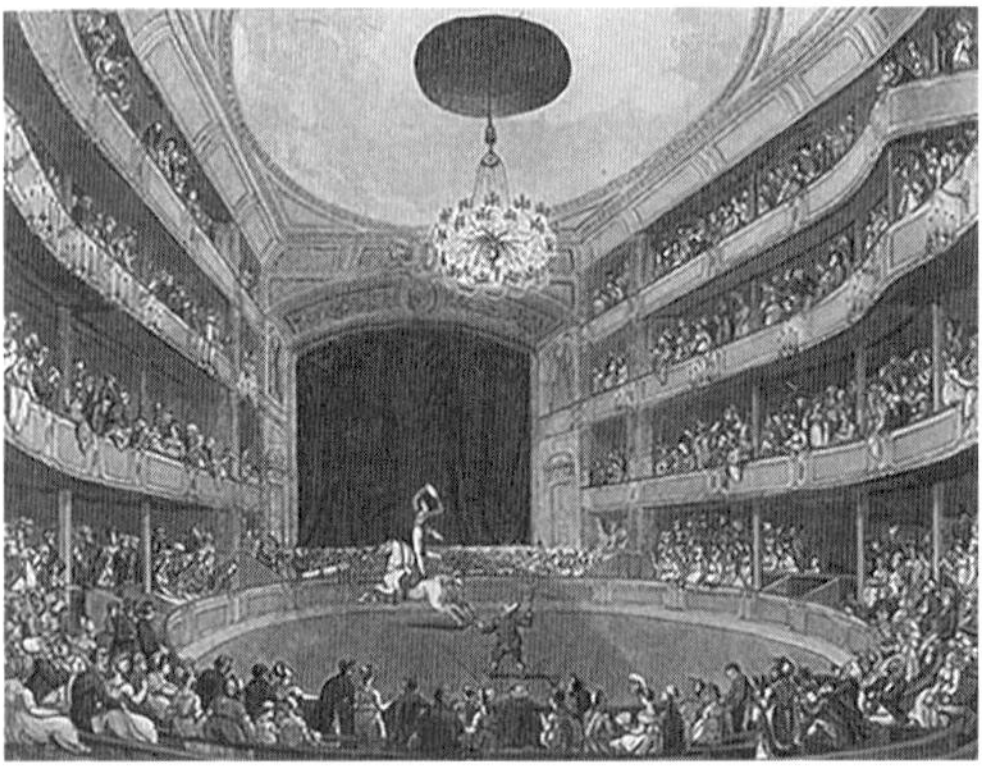

アストリー円形劇場、1808年、『Microcosm of London』(ハーバード大学ホートン・コレクション、パブリックドメイン)より

るふたりの洗濯女がいる。[4]

ビールや蒸留酒を飲むことを除いても、並ぶもののない巨大都市ロンドンは、顧客の財力や好み、連れの相手によって、幅広い娯楽を提供した。

多くの娯楽は、昔からある伝統的なものだった。舞台ではさまざまな出し物が繰り広げられたが、新しい娯楽もあった。プロムナードコンサート、ミュージカル、アストリー円形劇場の曲馬術などのサーカス的な出し物だ。しかし、本当に新しいのはパノラマだった。

パノラマ、ジオラマ、コズモラマ

科学知識の発達と機械装置への応用は、娯楽の世界にまで及んだ。特に、ジョンとロバート・バーフォードがレスター・スクエアの東側に展示したパノラマは、ヴィクトリア朝初期に大人気を博した。人々は、アルプスやヒマラヤ、月夜のナポリ、東洋の神秘カイロを描いた巨大な円形の絵に驚いた。また北極と、1845年にそこで遭難したサー・ジョン・フランクリンの捜索の様子も見られた。しかしこのパノラマは、おそらくロンドンで最も有名だったパノラマと違って動かなかった。

そのパノラマとは、ニューヨークから来たジョン・バンヴァードの動くパノラマである。36の場面が、観客をミネソタ北部の水源からニュー・オーリンズまで、胸躍るような3000マイルのミシシッピ川下りの旅へいざなった。バンヴァードはこのショーの内覧会にチャールズ・ディケンズを招いている。実際にこの旅を体験しているディケンズは、バンヴァードが観客に見せた光景は正確なものだと請け合った。

> 木や水、川や大草原、寂しい丸太小屋や森の中にそびえる都市など、この素晴らしい地域をまさにありのままに、忠実に表現したこの作品は、最初から最後まで興味深い内容で満ちている[5]

バンヴァードのパノラマはエジプシャン・ホールで見ることができた。スフィンクスを前に据えたこの展示場は、現在のピカデリー170～173番地に当たる1811～1812番地に建っていた。流行のバーリントン・アーケードと向かい合ったこの建物は、元の呼び名にちなんでエジプシャン・ハウスと呼ばれている。

バンヴァードのパノラマは、たちまちセンセーションを巻き起こした。まる2時間かけてキャンバスが展開し、観客は口を開けて断崖絶壁や寂しい山小屋、バイソンの大群のいる大草原、ネイティヴ・アメリカンのテント小屋、またヨーロッパからの新来者の幌馬車隊を眺め

バーリントン・アーケード、1827-1828年、トーマス・ホズマー・シェパード

ながらゆっくりと西へ向かい、湿地とワニ、奴隷が綿花を摘んだりサトウキビを切ったりしている南部の土手を眺めた。バンヴァードは出し物の間、軽妙な口上を述べたが、それをヤンキーの俗悪さの極みと受け取る者もいれば、面白がる者もいた。彼のパノラマは大成功をおさめ、バッキンガム宮殿に招かれる栄誉を受けた。

半世紀後のサイレント映画と同じく、これにも音楽の伴奏がついた。バンヴァード自身がピアノや、セラフィンという一種の足踏みオルガンを演奏した。副産物も金になった。バンヴァードはシート・ミュージック［ばらばらの紙に印刷してある通俗的な音楽］を販売し、その中にはおそらく、スティーヴン・フォスターの有名な『おおスザンナ』も入っていたことだろう。

ロンドンで最高のショーを見るには、ニュー・ロードに沿って乗合馬車で短く走るか、リージェント・ストリートとポートランド・プレイスを北上すれば、歩いて数分でロイヤル・コロシアムにたどり着く。リージェント・パークの隣、現在の王立内科医協会のある場所に1825年に造られたコロシアムは、古典的な前廊の奥にある多面的な建物だ。入場すると、絹の布がかかり、古典的な彫像が立ち並ぶ円形大広間となっており、コロ

エジプシャン・ホール。 Wikipedia Creative Commons

シアムの後ろはティトゥスの凱旋門やウェスタ神殿、パンテオンといった遺跡の複製を配した庭になっている。中央には美術サロンがあり、絵画、彫刻、名作の複製品が飾られていた。主な出し物は、ジオラマまたはサイクロラマと呼ばれる動くパノラマで、そのうちのひとつ「パリの夜」は、吊り上げられて街の上を漂う気球から見た。コロシアムの片側には、こぢんまりとした贅沢なホールがあり、観客はタホ川の川下りや、1755年のリスボン大地震を派手な照明効果とともに楽しんだ。音楽を奏でるのはグレート・アポロニコンと呼ばれる巨大なオルガンで、モーツァルトのオペラ『ドン・ジョバンニ』の地獄落ちを大音量で演奏した。コロシアムの目玉は、4万6000平方フィートのキャンバスを使った大パノラマで、セント・ポール大聖堂のドームから見たロンドン周辺が20マイルにわたって描かれていた。ただし、そこにはおなじみの雲や煙や霧の覆いはなかった。これを見るには、〝上昇する部屋〟と呼ばれるロンドン初の水圧式乗用エレベーターで、高いドームまで上った。

コロシアムのやや南、パーク・イースト9～10番地にある、ジョン・ナッシュによる新しい流行のテラスハウスのひとつに、ダゲールのジオラマを備えた建物があっ

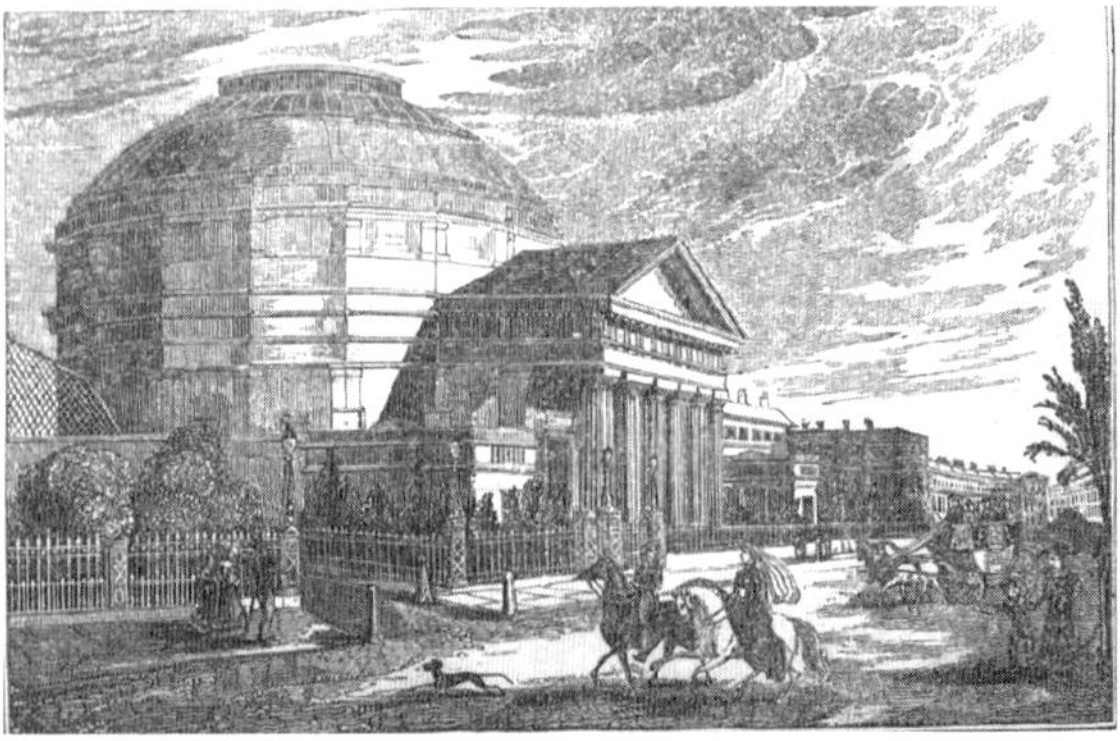

コロシアム、1827年、E・ウォルフォード(1897年没)、『Old London』

た。ガス灯、鏡、音楽に関するヴィクトリア朝初期の独創性によって、映画を見たことはなく、写真は新しくてなじみのない人々が、大規模なイリュージョンを楽しめるようになった。ここでは、精巧な照明システムによって、穏やかな風景が一瞬にして嵐の海に変わったり、平面の絵に奥行きがあるように見えたりした。円形の観客席は200人の観客を収容でき、観客は薄暗い回廊を手探りで、または案内係の先導で入っていった（これは、ずっと後になって映画館で再現される体験だ）。観客席は73度の弧を描いて動くが、観客は風景そのものが動いているような印象を受けた。光とプリズム、シャッター、滑車の複雑なシステムを使うことで、さまざまな変化で絵が溶け合い、観客は映画のような効果を目の当たりにした。ジオラマは、光や雲、太陽や影の印象を作り出すのにきわめて効果的だった。ほかの光景に交じって、ぞくぞくするようなエトナ山の噴火も描写されている。

まずは月明かりの夜、次は昼、そして夜を見よ。山から光が放たれ、頂上には雲がかかり、川となって流れる燃え盛る溶岩によって色が変わる[6]

ジオラマやパノラマは、新聞や雑誌、そして最終的に、もっと再現度の高い画像が動く映画と同じものを提供していた。つまり、事実の忠実な再現だ。のちのニュース映画のように、パノラマは「ニュースとともに始まった」。1834年10月16日に庶民院が火事で焼失したわずか1週間後、それを描いたパノラマが公開された。

パノラマはイギリス人の外国への好奇心を反映し、ある程度まで満足させた。上位中産階級の観客を維持するには十分な1シリングないし2シリングで2時間、観客はマッジョーレ湖、ライン川、グラナダのアルハンブラ宮殿、サンクトペテルブルク、カイロ、ヴェネチア、ナイアガラの滝、スイス・アルプスといった魅惑的な場所を見ることができた。

パノラマのブームで、さまざまな情景を描いた大作が作成されるようになった。これにより人気を博したのは、ウィリアム・フリスによる『鉄道の駅』、『ダービー開催日』、『ラムズゲイト・サンズ』といった、19世紀半ばの有名な絵画だ。1838年、トラファルガー広場に国立美術館が開館し、無料で一般公開されたことで、人々は絵画に触れることができるようになった。『パンチ』はその照明の暗さに絶えず不満を表明していたが、1840年代には入場者数は2倍になった。ある日曜日、アメリカの作家ハーマン・メルヴィルはフリート・ストリートで乗合馬車に乗り、ロンドン南部を縦断してはるばるダリッチ・ヴィレッジまで出かけた。そこで彼は、イギリス最古の専門美術館で美術のコレクションを鑑賞している。[7]

この半分もよいものはない

機械や科学への好奇心を満たしたのは、リージェント・ストリートの北にある王立科学技術学院だった。

私たちが王立科学技術学院について長々と説明したのは、ロンドンには——イギリスには——この半分もよいものはないからだ[8]

こう書いたのは、ロンドンで2年半造船技術を学んだインドの学生ふたりだ。1838年、完成したばかりのリージェント・ストリートにできた技術学院は、アルバート公の後援を得たことで1841年に〝王立〟の名が付され、現在はウェストミンスター大学の本館となっている。そこはまさしくほかに類を見ない場所だった。学院は科学技術を大衆化した。発明のための自由空間があり、素人向けの講義や実演のプログラムが提供された。1シリングで、日中から夜遅くまでの間、数時間を学院で過ごすことができた。バンド演奏の中、訪問者は30ある部屋を回った。特に長さ100フィートのグレート・ホールには、水門や造船所の模型が点在するミニチュアの運河と、印刷機などのきわめて複雑で専門的な機械が置かれていた。最大の呼び物のひとつは3トンの潜水鐘［釣り鐘形の水密装置］で、一般の人々が水に潜ることができ、水槽の底を歩くダイバーが、観衆が投げた硬貨を拾った。グレート・ホールのギャラリーにはあらゆる発明品の模型があり、ボンベイのふたりの学生を引きつけた。専門家が、石炭ガス、食品への異物混入、電気、化学について講義をしたり、顕微鏡の実演をしたりした。特に、ロンドン市民が飲み水にするテムズ川の豊かな動物の生態が明らかになった。屋上には、世界最初期の写真スタジオがあった。グレート・ホールの下はアラジンの洞窟のように「各種の精巧な模型が果てしなく並んでいた」と、ディケンズは自分の雑誌『ハウスホールド・ワーズ』で書いている[9]。

1847年、ジョン・ペッパーが王立科学技術学院の化学講師に指名された。1852年には、学院の名誉院長および化学教授になっている。ペッパーは製図、フランス語、ドイツ語、数学、化学、物理の通常クラスを設置し、鏡に関する技術を生かして〝ペッパーズ・ゴースト〟と呼ばれるイリュージョンを作り上げた。最初に披露されたのは、1862年のクリスマス・イヴに、学院でディケンズの『憑かれた男』が上演されたときである。最初の15か月間で25万人が見に来たといわれ、その中には女王の長男で、未来のエドワード7世もいた。

王立科学技術学院に似た施設だが、やや熱意に欠けていたのは、ストランドのロウザー・アーケードという通りの北端に位置するアデレード・ギャラリーにあった〈実用科学の国立美術館〉だろう。アデレードは、2階建ての細長い部屋だった。1階には6000ガロンの水が流れるミニチュアの運河があり、たくさんの蒸気船の模型が走っていた。ダゲレオタイプという新しい写真が、1839年にここで展示されている。屋上から撮影された写真は、建物内で現像された。亜酸化窒素、すなわち〝笑気ガス〟の麻酔的特質が利用されるのはのちになってのことだが、好奇心からここで実演された。何より印

ペッパーズ・ゴースト、1862年。

象的な展示は蒸気式のマシンガンで、1分間に1000発の弾を金属のプレートに発射する、非常に騒々しい実演だった。しかし、王立に比べると、アデレード・ギャラリーはすでに下り坂だった。1846年までには科学的展示はなくなり、アデレードはほどなくしてダンスホールになった。[10]

機械仕掛けの娯楽は、購入して家で楽しむこともできた。そのひとつが、1838年のサー・チャールズ・ホイートストンのステレオスコープである。これは右目と左目で見た光景を統合し、立体効果を出すものだ。1834年に数学者のウィリアム・ジョージ・ホーナーが発明したゾートロープは、連続したスリットの入った円筒だ。円筒が速く回転すると、スリットと向かい合う円筒内の連続したイメージが、ひとつの動く画像のように見える。

「暗愚な異教徒」

1848年5月から、新聞は鮮やかな色の3本マストの中国のジャンク船〈キーイング〉の記事や絵を掲載するようになった。チーク材でできたこの船は、川を行き来する蒸気船がつながれているブラックウォール桟橋の近くの東インド埠頭に停泊していた。中国を出発して喜望峰《きぼうほう》を回り、ニューヨークに寄港したこの船は、西洋で最初に見られたジャンク船だ。乗組員は中国人とイギリス人だった。人々は乗船し、1等客室の高級官僚と接見した。ヴィクトリア女王と王族も訪問している。

より行きやすい、ハイド・パーク・コーナーの近くには仏塔があり、中国趣味《シノワズリ》の品が収められていた。朱色に塗られた柱と緑の屋根の2階建ての建物は、長年人目を引く目印となっていた。最終的に、ハックニーのヴィクトリア・パークに移築され、1世紀以上そこに建っていた。

中国以外にも、ロンドンは異国的なものに非常に興味を持っていた。1810年から、コイコイ族のひとりで、アフリカーンス語でサーキ・バートマンという臀部《でんぶ》の大きい〝ホッテントット・ヴィーナス〟が南アフリカから連れてこられ、一般に公開された。あいにく反奴隷法の規制により、彼女を見世物にするのは中止された。20代だったサーキは、のちにパリで見世物にされている間に亡くなった。

ネイティヴ・アメリカンの居住地を幅広く旅し、数多くの絵を描いたアメリカ人のジョージ・カトリンは、ロンドンのエジプシャン・ホールで5年間、ネイティヴ・アメリカンの一団を見せた。彼らは踊りやバッファロー狩り、平和のパイプの儀式を行い、弓矢や球技の妙技を披露した。ヴィクトリア女王は、彼らをウィンザー城へ呼んで御前上演させた。

異国的で〝未開な〟見世物は、観客の好奇心を刺激し、人種的・文化的な優越感をあおった。カトリンの〝レッド・インディアンズ〟は、ヨーロッパの悪しき特性に影響を受けていない〝気高き未開人〟という型にはまっているが、1840年代には、人種に関する理論家は、他国の人々は自分たちより劣っていると類型化した。1847年には、南アフリカのブッシュマンが、アフリカの背景幕を備えた舞台で見世物にされた。『タイムズ』は彼らを、サルよりはやや優れた「暗愚な異教徒」と見ている。それでも、こうした見慣れない人々に対する興味は、感傷的で強烈な同情へと変わり、それを反映して、アメリカの奴隷を描いたハリエット・ビーチャー・ストウの小説『アンクル・トムの小屋』が大いに売れた。

ロンドンの大展示場のひとつ、エジプシャン・ホールは、ナポレオンのエジプト遠征によるブームに乗って1812年に開設された。バンヴァードの動くパノラマに加え、ホールにはスフィンクスの模型や、ヒエログリフを刻んだ石、そのほか外国から持ち込まれた数えきれないほどの珍品が展示された。キリンやサイ、ゾウの模型が、アフリカやインドの植物や珍品の中に展示され、一方ではラップランド人、エジプトのミイラ、ヴェールを着けたベドウィンの模型が空間を奪い合った。エジプシャン・ホールは部屋を貸し出してもいて、人々が独自に〝フリークス〟を見せることもできた。たとえば多肢の少年や、結合双生児のチャンとエン、手足のない女性、また6歳のピアニストやダンスをするインディアンの少女、〝こぶしで石を割る現代のサムソン〟と銘打たれ、500ポンドの錘《おもり》を歯で持ち上げる怪力男などである。現代の感覚でいう専門博物館はまだ登場せず、エジプシャン・ホールでは1840年の一時期に、千里眼、ビルマの儀礼用盛装馬車、ジョン・セインズベリーのナポレオンの遺品の大コレクションが一緒に展示された。有名な〝親指トム将軍〟は、アメリカの伝説的な興行師P・T・バーナムにより、ほかのさまざまな小人やお決まりのひげ女とともに、1844年から1846年にかけて見世物にされた。親指トムの十八番は椅子の上に立ち、ナポレオン・ボナパルトの物真似をするものだった。これはエジプシャン・ホールを大いに沸かせ、ウィンザー城に呼ばれるほどだった。ヴィクトリア女王は大いに楽しんだと報告されている。[11]

〝フリークス〟は金のために見世物にされた。ポリティカル・コレクトネスは、楽しみのためにベツレヘム病院へ精神病者を見に行くことを恥じる段階に来たばかりだった。この病院の無秩序さによって、〝べドラム〟［騒々しい場所の意］という英語が誕生している。しかし、ほかにフリークスが生きる道があっただろうか？　バーナムや他の興行師が彼らの幸福に責任を持ち、大事に扱っていたとすれば、搾取していたというのは馬鹿げていると人々は考えていたに違いない。

恐怖の部屋

1シリングの入場料を払えるロンドン市民は、マダム・タッソーがベーカー・ストリートの自宅の敷地内で公開している蠟人形館を訪ねることもできた。そこには6ペンスを追加すれば見られる〝恐怖の部屋〟があり、観客を魅了した展示の中には、死体を解剖のため外科医に供給していたバークとヘアーの人形もあった。1849年には、マダム・タッソーは新たに作成されたジェームズ・ラッシュの人形を展示した。彼はノーフォークの農民で、地主を息子もろとも射殺し、地主の妻と女性使用人に怪我を負わせた。理不尽な凶暴性による複数の銃撃に、センセーションに飢えた大衆は恐怖を感じると同時に魅了された。裁判で、ラッシュは自分で自分の弁護人となり、愛人のエミリー・サンドフォードに厳しい質問を浴びせて、自分が殺人現場でなく彼女と一緒にいたことを証明しようとした。ローンや借地といったありきたりな緊張関係がきっかけで起きた殺人だったにもかかわらず、新聞はラッシュが革命の扇動家に影響を受けたとほのめかし、大衆の不安をあおった。

　マリアとフレデリック・マニングはある日、自分たちへのご褒美として恐怖の部屋でラッシュの蝋人形を見ている。フレデリックは、下宿していた医学生のウィリアム・マッセイに、毒薬の効果のほかに殺人者は死後に天国へ行くのかと質問している。このことはマニング夫妻の殺人容疑での裁判で、興味深い証言となった。この出来事のドラマティックな皮肉は、フレデリックとマリア自身が、それほど時を置かずにマダム・タッソーの蝋人形館に展示されたことだ。

　1837年のヴィクトリア女王の戴冠式は、ナポレオンの馬車と並んで常設展示された。ナポレオンの馬車は、ワーテルローの戦いの際に略奪され、摂政皇太子に献上されたが、皇太子はのちにエジプシャン・ホールにそれを寄贈し、そこからマダム・タッソーが買い上げた。彼女は人形や情景を常に最新のものにし、写真が登場する前の最も正確で生き生きとした再現を人々に見せた（色が塗られている分、写真よりも優れていたかもしれない）。そこにはサー・ロバート・ピール、ジョン・ラッセル卿、パーマストン子爵といった当時の政治家、俳優のウィリ

恐怖の部屋、リチャード・ドイル、『Manners and Customs of Ye Englyshe』(1849)、Wikicommons、Gutenberg

アム・マクレディや歌手のジェニー・リンドといった舞台のスターが飾られていた。

マダム・タッソーは館の質を非常に高く保ち、まばゆいガス灯、鏡、ソファ、さらにはオーケストラまで取り揃えていた。それでもなお、彼女は展示しているナポレオンの遺品の一部を内部機構で動かし、精巧な仕掛けへの情熱にふけった。それは、増えつつある見世物や珍しいものへの観客を引きつけるための、ロンドンの興行師の情熱と同じだった。たとえば、ストランドで行われた、いわゆる解剖学的蠟人形の展示では、解剖された女性の体を見ることができた。展示を説明する小冊子には、ミロのヴィーナスの体であると書かれていた。もちろん、この見世物は性的好奇心を刺激するという真の目的をおくびにも出さず、「神の創造物の秩序と美」を展示していると主張した。慎み深い女性のために内覧会を開くこともできると、宣伝は腹黒く書いている。[12]

「いいや、彼らは動いていない」

男性向けには、さらに思わせぶりな見世物があった。フランスにまつわるものは性的に大胆だという原理に基づき、ミセス・ウォートンとケラー〝教授〟（この肩書はしばしば不自然で、大学とのつながりを表すものではなかった）は、プラスチックの人体を用いた活人画《タブロー・ヴィヴァン》を公開した。これは歴史や聖書、神話のヌードシーンを再現したものだ。1世紀後にウインドミル劇場で行われた同様のものでは、登場人物は動かなかった。1840年には、裸体は体にぴったりしたピンクの〝フレッシング〟というタイツによって作られていた。ジャーナリストのジョージ・オーガスタス・サラは、こうした公演を、より低俗な娯楽の地であるロンドン中心部のレスター・スクエアのサヴィル・ハウスで見ている。エデンの園の場面でアダムに扮していた男性は、脱走兵として突然逮捕され、フレッシングの上にオーバーを羽織った格好で連行されたという。[13]

スパンコールとおがくず

ウェストミンスター・ブリッジ・ロードにあるアストリー円形劇場は、常時ショーを行っているロンドンで最大級の場所だった。ディケンズはアストリーを訪れたときの雰囲気を、小説『骨董屋』で描いている。

ほんとうに、まったく、このアストリー座というところは、なんというすばらしい場所にみえたことだろう！　ペンキでぬり立て、金メッキが施され、鏡がある。なにかうっすらとただよっている馬のにおいは、これからのすばらしい舞台を思わせる。カーテンはすごい豪華な神秘をかくしている。曲馬場にはきれいな白いおがくずがまかれている。楽隊がはいってきて座席につき、彼らがそれぞれの調子を合せているとき、バイオリンひきが無造作にその連中をながめているが、それは、まるで芝居がはじまるのを望んでいないようなふう、もう芝居のことは前もって知っているといった素振りだった！（北川悌二訳）

そこには道化師、軽業師、魔術師もいたが、本当の見物は馬術だった。馬は死んだふりをしたり、舞台のセリを上下したり、座って食事をしたりするよう訓練されていた。有名な馬術師アンドリュー・デュクロウは、しばしば馬上の英雄を演じた。彼の名人芸「マゼッパズ・ライド」は、馬の背中に腹ばいに縛り付けられるというものだった。最も人気の芸は「ワーテルローの戦い」だったが、「燃えるモスクワ」、「エルサレムの十字軍」、「メキシコの征服者」なども、デュクロウのドラマティックな演技に含まれていた。1849年夏には、彼は「新たな騎馬兵士のスペクタクル」を公開した。「ムルタンとグジャラート」や「シーク教徒の征服」といったサブタイトルをつけたこの芸で、観客は最近のイギリス軍の勝利をわがことのように体験できた。パノラマやジオラマほどの正確さはなかったにせよ、アストリー円形劇場の集合ラッパの音や大砲の音がそれを補い、とりわけ子供たちにぞくぞくするような体験をさせた。

「次第に評判が悪くなったたまり場」

夏に出かける場所としては、ヴォクソール・ガーデンズやクレモーン・ガーデンズが挙げられる。現在のアルバート・エンバンクメントのすぐ後ろにあるヴォクソールの林、木陰の道、彫像に色付きのランタン、暑い夜の花火、滝、気球については、ヴィクトリア期のフィクションで幅広く取り上げられている。1847年、サッカレーの毎月の連載『虚栄の市』の第1回が掲載されたとき、年配の読者は小説の中のキャラクターの一団が30年以上前にここで過ごした夜の描写を楽しみ、ノスタルジーに浸った。模擬店で出されるハムの薄さは、街で最も古い冗談の種になった。1830年代、ディケンズは夜のヴォクソールの魔法を再現している。

寺院や酒場、コズモラマ、噴水が目の前できらきらと輝き、女性歌手の美しさや紳士たちの優雅なふるまいに心奪われ、数十万というランプのまばゆい光に感覚が揺さぶられ、ボウル1、2杯のパンチで頭がくらくらした。わたしたちはいい気分だった[14]

ヴォクソールには劇場があり、いくつかの役柄でズボンを穿いたことでスキャンダルになった、有名なコントラルト歌手のマダム・ヴェストリスの歌を聴くことができた。また、有名なテノールのジョン・ブラハムが『チェリー・ライプ』を歌った。ほかにも食堂、氷室、「ヘプタプラシーソプトロン(heptaplasiesoptron)」という発音しにくい名前で知られる、驚くべき建物があった。これは、視覚的イ

ヴォクソール・ガーデンズ、トーマス・ローランドソン、1785年、Wikicommons

リュージョンに対する当時の情熱を物語っている。ここでは回転するガラス板に柱やヤシの木、蛇の模型、噴水などが映し出された。真夏には、ヴォクソールは「ワーテルロー祭り」を催し、公爵にふさわしい冠と月桂樹とともに「ウェリントン」の名前をイルミネーションで照らした。オーケストラは軍隊行進曲を演奏し、21発の祝砲が打たれ、最後にまたイルミネーションで、戦利品に囲まれた星の中に公爵の顔が浮かんだ。[15]

しかし、ヴォクソール・ガーデンズは次第に安っぽく思われるようになった。『虚栄の市』のすぐ後に書かれた『ペンデニス』で、サッカレーはヴォクソール・ガーデンズの厳しい現実を描いている。

この遊園地がどれほど薄汚れ、どれほど荒れ果てて見えることか[16]

女性たちは誘いの声をかけられ、茂みの中では〝好ましくない行い〟が見られた。ヴォクソール・ガーデンズは、入園料を半額にすることを余儀なくされた。派手な呼び物とは裏腹に、大衆向けの路線に方向転換したのは間違いない。それは不作法な若者を引きつけ、若い男性にとっては女性を漁る場所になった。女性たちは、評判の悪い新しいダンスでくるくる回りながら、喜んで甲高い声をあげた。ポルカというそのダンスでは、男たちは衆人環視の中で、恥ずかしげもなく女性のパートナーの腰に手を回した。ヴォクソールは今や「ロンドンの下層階級の、悪評高いたまり場」になっていた。[17] その俗悪さと、客たちの騒々しさ、そこへ行くための馬車の運賃の高さ、橋を渡るための料金、そしていうまでもなく、売られている飲食物のお粗末さにより、不満は高まっていった。ついに1859年に閉園したヴォクソール・ガーデンズの面影は、今では18世紀の全盛期に支配人を務めた人物の名がつけられた、ジョナサン・ストリートとタイヤーズ・ストリートに残っているだけだ。

ヴォクソールのライバルは、テムズ川の北岸、バタシー橋の西に1840年代に開園したクレモーン・ガーデンズだ。たくさんの人々が夏には川船で訪れ、1シリングの入園料を払った。クレモーンが誇るのは劇場、ボウリング場、オーケストラだった。木々に覆われた道、快適なあずまや、ダンス場、またあちこちにパゴダや売店、寺院、スイスのシャレーがあった。クレモーンは湖で、水上トーナメントというオリジナルのショーを開催していた。この様子は、ロンドンへの訪問者としては珍しいスペイン人の劇作家、ベントゥーラ・デ・ラ・ベガが描写している。1853年のある晩、クレモーンを訪れていた彼は、湖が作り物の山に囲まれ、港と船があったといっている。突然、オーケストラの演奏

クレモーン・ガーデンズ、ダンス場、1864年、フィーバス・レヴィン(1908没)

がやみ、山の間から船が現れると、ロケット弾や炸裂弾が放たれ、最後には、船はいろいろな色の、パターン化された大爆発を起こした。[18]

夏の遅い夕暮れが訪れると、人々は細長い宴会場で半クラウンの夕食を買って食べながら、花火を眺めたり、60フィートの高さで綱渡りをするサキ夫人を見たりした。[19] 昼間には、チャールズ・グリーンが気球を上げた。〝エアロノート〟と呼ばれた彼の色鮮やかな気球は首都の上を漂い、ときにはゴンドラの下に吊り下げた空中ブランコでアクロバットが行われることもあった。園内では、ヘル・フォン・ヨエルという人物が、ヨーデルを歌いながら歩き回った。

クレモーンでは、アストリー円形劇場から借りた馬での試合や、ライフ・ガーズのバンド演奏を催した。コンサートやバレエも上演され、そのタイトル『愛の神と狂気の女神』は、内容が少しばかりきわどいことをほのめかしていた。クレモーンはやや見かけ倒し的だったが、ヴィクトリア期のかなり後まで衰退することはなかった。やがて、客たちの行動が近隣住民の不満を呼ぶようになり、1877年に認可を拒否されたため、クレモーンは閉鎖された。跡地には、ロッツ・ロード発電所が建っている。

大道芸

馬が引く乗合馬車は速度が遅く、辻馬車は高くつき、渋滞は途方もないものだったので、ほとんどの人が相変わらず徒歩でロンドンを移動していた。歩けば実にさまざまなものを目にした。

路上でのサッカーや賞金目当てのボクシング、闘鶏は、議会制定法で禁じられていたが、大道芸はどこでも見られた。男たちは、猫とネズミと鳥が同じ檻で仲よく暮らす動物園を見せて、見物人から小銭を取って生計を立てていた。このショーは「幸せな家族」と呼ばれていた。１８４９年にロンドンで見ることができたこの手のショーは5つあり、最も大きなものでは５３４の鳥と動物がひとつの檻に入れられ、ウォータールー橋の南端近くで展示された。

通りでは、アクロバット、ジャグラー、同時にいくつもの楽器を操る音楽家、パンチとジュディのショー、怪力男、手品師、火食い師、また時事問題に関する人気の詩を売る行商人がいた。たとえば、１８４９年の夏から秋にかけての裁判を待つマリア・マニングに関する詩は、膨大な量が売れた。

フェアの楽しみ

グリニッジ・フェアは、ロンドンの近くで楽しめる人気のスポットとして最も有名だった。スパンコールに短いドレスのショーガールや道化師、〝フランス式の顎と肩のダンス〟といった魅惑的な踊りをはじめとする夜のダンス、食べ物や安いおもちゃを売る屋台、奇妙な展示物を見せる〝覗きからくり〟、耳をつんざくブリキのトランペット。リチャードソンのショーは、せっかちな客に30分で悲劇とパントマイムとコミックソングを披露した。この手のものが好きなら、楽しい時を過ごせることだろう。ドイツの作家で詩人のテオドール・フォンターネは、グリニッジは騒々しく、若い女性はかしましくおしゃべりしながら走り回っていたといった。[20] 最後には、グリニッジは安酒の悪臭や酔っぱらい、威嚇的で悪態をつくロンドンの乱暴者により品位を落とした。

19世紀の中産階級の人々にとって、グリニッジは使用人が行くところだった。ディケンズは、デイヴィッド・コパフィールドが、ミセス・コパフィールドのボンネットをかぶってグリニッジへ行ったメイドを解雇せざるを得なかったと書いている。1850年代にロンドンの中心部からは、やはり遊園地のあるハムステッド・ヒースのほうが近かった。ソーホーのディーン・ストリート28番地に住んでいたカール・マルクスは、夏の日曜日に家族とともにそこを訪れ、ラウンド池の近くの〈ジャック・ストローの砦《とりで》〉として知られるパブで、ジンジャービールとチーズを買っている。

「バンジョーを膝にやってきた」

もうひとつ、大変な人気だった娯楽は、現代から見れば遠い、悪趣味なものに思える。しかし、〝黒人と白人のミンストレル〟は、テレビの時代にまで生き残っていた。ロンドンに最初に登場したのはダン・エメットのヴァージニア・ミンストレルズで、1843年、ストランドのアデルフィ劇場に詰めかけた観客の前で公演を行った。続いて1846年、エチオピアン・セレネーダーズが歌やダンス、ジョーク、バンジョー、そしてミスター・ボーンズというキャラクターで人々を楽しませた。[21] ストリートでは、黒人に扮した大道芸人が『オールド・マイ・クーン』や『バッファロー・ガール』を歌ったが、有名な『おおスザンナ』を歌わないことはまずなかった。

「ハレルヤ」

ロンドンの娯楽すべてが、派手で低俗なものとは限らなかった。賛美歌の歌唱熱は１８４０年代には国じゅうに広まった。始まりは１８４１年にドイツから来たジョーゼフ・マインツァーで、ヴィクトリア朝初期というより20世紀半ばのもののようなキャッチフレーズを考え出した。すなわち「万人のための歌」である。ミサ曲の合唱だけでなく、政治的・宗教的な会合や、禁酒運動や反奴隷運動のためにも使われた大ホールのひとつが、ストランドのエクセター・ホールだった。現在はストランド・パレス・ホテルになっている。

公の場で歌うことは、下層階級を飲酒から遠ざけ、愛国的で勤勉になるのを助けるという狙いがあった。労働者が、子供の頃に得られなかった教育を取り戻すための機械工協会のように、これも当時の〝産業労働者階級の向上〟という動機と関連していた。しかし、ジンやビールを習慣的に飲んでいる人々が、人前での歌に魅力を感じるとは考えにくかった。それはエクセター・ホールに信仰復興運動者の説教を聞きに行ったり、１８４８年のクリスマスにヘンデルの『メサイア』を聴きに来た多くの聴衆に交じったりするようなものだった。その前年には、セイクリッド・ハーモニック協会が女王とアルバート公の前で、５００人の合唱隊とオーケストラによるメンデルスゾーンの『エリヤ』を演奏している。1840年代は、オラトリオの公演であふれていた。最も有名な作曲家はヘンデルやメンデルスゾーンだが、オラトリオはジョージ・オーガスタス・サラが書いたように、「真面目な中産階級のオペラ」として称賛された。[22]

大オーケストラによるコンサートは、19世紀半ばには非常に人気を博した。口ひげを生やし、白いベストを着たムッシュー・ルイ・アントワーヌ・ジュリアンは、ロンドンの音楽界で最もよく知られた名前だった。彼は1万2000人を収容できるサリー・ガーデンズで、300〜400人の楽器演奏者からなるオーケストラを指揮した。こうしたコンサートは夏の夜、夕暮れが終わる頃に花火とともに開催された。とはいえ、どんなに華やかな花火も、ジュリアンの400人編成のオーケストラ、3つの軍楽隊、3つの聖歌隊、長さ3ヤードの楽器を吹き鳴らす20人のトランペット奏者が先導するローマ行進曲にはかなわなかっただろう。[23] 冬には、ジュリアンはドルリー・レーン劇場でコンサートを行った、人々は立って、あるいは空間があれば平土間席を歩き回りながら聴いたため、〝プロムナード〟コンサートの名前がついた。夜にはめったに家にいないように思われるハーマン・メルヴィルは、1849年11月に、こうした〝プロム〟に1シリングを払って出かけている。

「管理者は権限を有する……」

洗練された聴衆は、ヘイマーケットとペル・メルの角にあるハー・マジェスティーズ劇場のイタリアン・オペラ・ハウスへ行った。1847年5月4日、〝スウェーデンのナイチンゲール〟ことジェニー・リンドが、マイアベーアの『悪魔のロベール』でイギリスへのデビューを飾り、絶賛された。彼女の私生活は非の打ちどころがなく、歌声は並ぶものがなかった。高価なチケット代を払うため、長い行列ができた。ジェニー・リンドのようなスターは高い料金を集めることができたが、ロンドンでの生活について書き綴ったボンベイのパールシー教徒ノウルジーとマーワンギーは、バレリーナのマダム・タリオーニに一晩150ギニー払って、彼らのいう「飛び回る」様子を見るイギリス人はどうかしていると考えていた。[24]

　コヴェント・ガーデン劇場は、1847年にロイヤル・イタリアン・オペラ・ハウスとして生まれ変わり、ロッシーニの『セミラーミデ』がこけら落としだった。しかし、その評判は芳《かんば》しくなかった。バーには売春婦が入り浸っていたからである。ドルリー・レーンのシアター・ロイヤルも、グランド・サロンを売春婦がうろつき回ることで評判が悪かったが、俳優のウィリアム・マクレディが1841年に支配人になると、彼女たちにその行動をやめさせた。コヴェント・ガーデン

ジェニー・リンドを見ようとする群衆、リチャード・ドイル、『Manners and Customs of Ye Englyshe』(1849)より。Wikicommons、Gutenberg

もドルリー・レーンも非常に大きな施設で、より小さい劇場のような親しみやすさはなかった。ドルリー・レーンでは公演の間に飲み物が売られていたが、それ自体、混乱を引き起こした。平土間席には予約不要の硬いベンチが置かれていた。女性たちは大きな籠に入ったリンゴやオレンジ、ナッツ、ジンジャービールを売り歩いた。その姿は、ほぼ2世紀前のチャールズ2世時代のネル・グウィンそのままだった。

しかし、劇場の態度は観客の態度と同じように変化した。一部では、行動はまだ制限されていなかった。観客は俳優に野次を飛ばして憂さを晴らした。チャールズ・ディケンズは1841年にサドラーズ・ウェルズ劇場を訪れたとき、観客が「乱暴な」悪態をつき、ののしり、喧嘩するのを見ている。だがその後、この劇場はサミュエル・フェルプスによって厳しく管理されるようになった。彼は観客に、教会にいるようにじっとシェイクスピアに耳を傾けさせるよう努力した。サドラーズ・ウェルズは1840年代後半にシェイクスピア作品の上演で有名になった。『ハムレット』だけでも、ほかの劇の大半と同じくらい繰り返し上演された。有名俳優のウィリアム・マクレディは、1849年に『リア王』に主演した。非常に感銘を受けたディケンズは、10月27日付の『イグザミナー』に、「[観客は]いっせいに、建物が震えるほどの拍手喝采で彼を迎えた」と書いている。[25]

1843年まで、コヴェント・ガーデンとドルリー・レーンは、演劇の上演を独占していた。ほかの劇場は〝ドラマ的要素を持つ音楽演奏〟を許されていた。そこではオペレッタやバーレッタ——通常は押韻詩のついた音楽演奏——が上演されたが、次第に台詞が長くなり、音楽は短くなっていった。それでも、音楽を演奏することで、二大劇場の独占を侵害していないとみなされた。１８４３年、議会が独占を終了させると、ロンドンの20以上の劇場で音楽なしの劇が上演できるようになった。

劇場経営は、豪華な新しい劇場に呼応して、観客をさらにおとなしくするよう統制した。ヴィクトリア期には、夫は妻を連れて、ダグラス・ジェロルドの劇『黒い瞳のスーザン』を観に行った。これは人気のメロドラマで、妻の名誉を守るために上官を殴った水兵が、ぎりぎりのところで刑の執行を猶予されるという内容だった。この劇はパディントンのチャーチ・ストリートにあるメリルボーン劇場で上演されたが、この頃にはまともに運営されていた。「観客は心から笑い、そして泣いた」と、ディケンズは１８４９年5月21日付の『イグザミナー』に書いている。彼はさらにこう続けている。「現在運営されているこの劇場のデザートに注意を促し、この劇場をお勧めするのは、楽しい義務である[26]」

「手をお放しください！」

ドルリー・レーン、コヴェント・ガーデン、ウェスト・エンド劇場は高価だったが、６ペンスか、さらにはもっと安く演劇が観られる場所は数多くあった。１８５０年、ディケンズはテムズ川の南側にあるランベスのロイヤル・ヴィクトリア劇場へ足を運んでいる。ここは当時から〝オールド・ヴィック〟と呼ばれていた。ディケンズは『五月の朝《メイ・モーニング》、あるいは一七一五年の謎、そして殺人！』というメロドラマを観ており、メイ・モーニングは実は主人公の名前だったことが明らかになる。劇中では、ヒロインは恍惚となり、ヒーローは気高く、悪役は卑劣だった。平土間席の料金は6ペンス、天井桟敷は3ペンスだ。劇場は満員だった。観客の一部は決して清潔ではなかったとディケンズは報告しているが、妻を連れた上機嫌な労働者たちが来ているのを目にしている。赤ん坊も一緒で、冷めた魚のフライと、白のボトルに入った飲み物を持ってきていた。その夜の出し物の間、人々は口笛を吹いたり、ブーイングしたり、叫んだりした。また劇の進行が遅れるのに我慢できず、大道具係に大声で指図した。[27]

格下の劇場では、ディケンズはホクストンのブリタニア・サロンにも行っている。この劇場に入るにはパブのサロン・バーを抜けるしかなかったため、こう呼ばれていた。一家全員が、メロドラマを観るための夜の外出を楽しんでいた。ディケンズは、一般庶民が平土間席に座り、劇は彼らに向けて上演されていることに気づいた。大半の劇場と違い、彼らは天井桟敷に閉じ込められていなかった。ぎっしり詰め

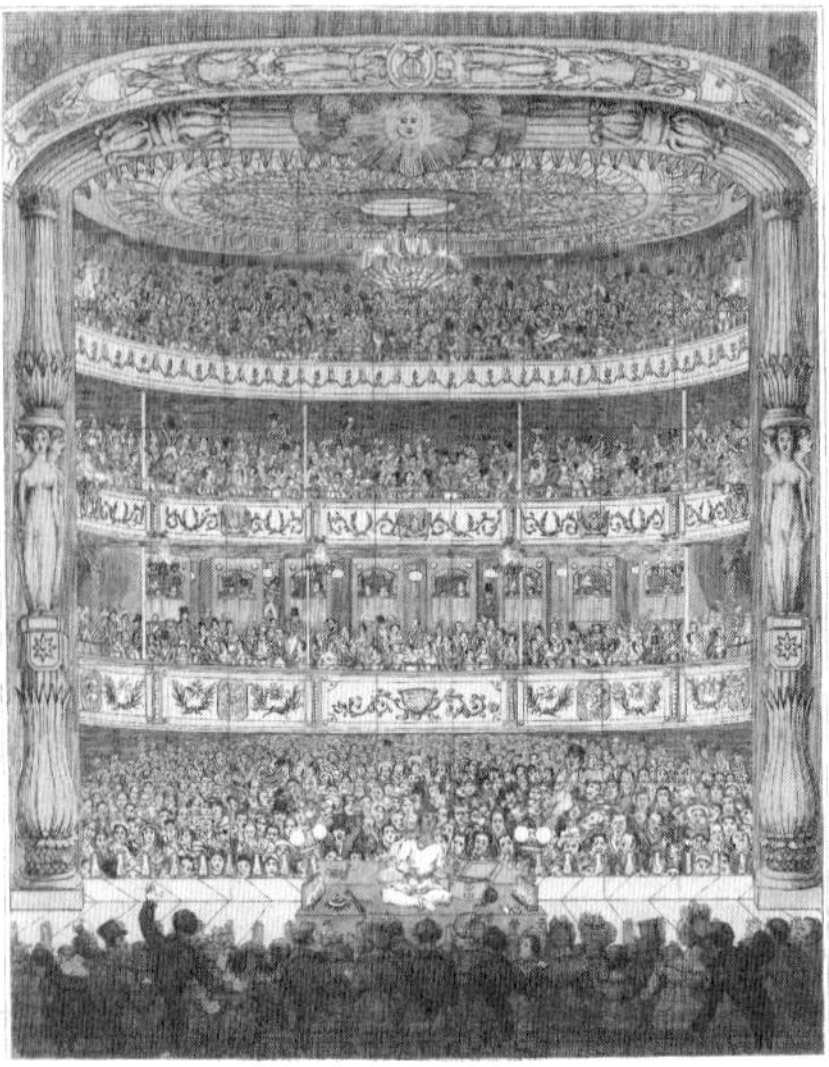

ロイヤル・コバーグ劇場（のちのロイヤル・ヴィクトリア劇場、オールド・ヴィック劇場）、1822年。 Wikicommons

かけた客の間をハムサンドウィッチなどの食べ物売りが歩き回り、観客からはいい香りがするとはいいがたいにもかかわらず、誰もが劇に集中していた[28]。

アメリカ人作家のハーマン・メルヴィルは、ストランドのロイヤル・ライシーアム劇場の舞台で、マダム・ヴェストリスと夫のチャールズ・マシューズを観ている。彼は1シリングで天井桟敷に座り、ポットとマグカップを持った男性が「ポーター、ポーター（のちに〝スタウト〟と呼ばれる一般的なビール）」と売り歩いているのに、人々の行儀が非常によいことに驚いている。翌日、彼はオックスフォード・ストリートのプリンセス劇場へ行き、1シリングで平土間席に座っている。

〝ペニー・ギャフ〟

3ペンスすら払えないが娯楽を楽しみたい人々は、〝ペニー・ギャフ〟と呼ばれる場所へ行った。それはただの部屋、ときには空いている店先で、下品な歌やパントマイムが毎晩上演された。ペニー・ギャフは、思春期の子供たちのたまり場にぴったりだった。一間か二間のむさ苦しい家で、喧嘩する両親や金切り声をあげる小さい子供たちの群れと一緒にいるより、彼らは通りに群がる方を選んだ。ロンドン南部のニュー・カットだけで、3つのペニー・ギャフがあり、午後6時から11時までショーが開催された。1838年に『ロンドンのスケッチ』という本を出したジェームズ・グラントは、毎晩2万4000人がペニー・ギャフを訪れていると計算している[29]。

初期の映画のように、ペニー・ギャフは少年犯罪を誘発すると非難された。むき出しの煉瓦の壁に木の梁、蠟燭に照らされた客席に近い舞台、雑に塗られた背景幕、数人のバイオリン弾き、いい役につけず、所有者からわずかな給料しかもらっていない俳優といったペニー・ギャフでは、『赤い鼻の怪物と山の暴君』、『悪魔の理髪師スウィーニー・トッド』、『マリア・マルテンと赤い納屋』といったタイトルのメロドラマを公開した。しかし、シェイクスピアの『ハムレット』の省略版も上演された。これはわずか30分の舞台で、その後に即席合唱会が続いた。『オセロ』や『マクベス』も人気だった。重要なのは流血だったのである。ペニー・ギャフの後継となる初期のミュージック・ホールのように、俳優と観客は機知に富んだ言葉や卑猥な侮辱を交わし、ときには酒のボトルを分け合ったり、投げつけたりした。

「紳士淑女の皆さん、途方もない報酬で……！」

ヴィクトリア朝初期の終わりには、ロンドン南部に初のミュージック・ホールが開業した。この地域は常に大衆娯楽の中心地だった。最初にできたのは、サウスウォーク・ブリッジ・ロードのサリーで、のちにウィンチェスターと呼ばれるようになった。1848年、カンタベリー・ミュージック・ホールが、ウェストミンスター・ブリッジ・ロード143番地で開業した。豪華な設備を揃え、司会者が〝演目〟を告げたが、そのどれもが〝途方もない報酬で〟契約されたとアナウンスされた。スコットランドの〝高地の女性たち〟と、みだらで豊満な女性歌手を取り揃えたカンタベリーは、新時代の先触れだった。カンタベリーの支配人で、進取の気性に富んだチャールズ・モートンは、ミュージカル・サタデー・ナイトを導入した。ショーは無料だが、客は飲食物に多くの金を払い、モートンは間もなくホールを１５００人が入れるように拡張し、観客からテーブル席に６ペンス、天井桟敷に９ペンスを取るようになった。のちにジェフリー・レイボーンと契約して、有名なバラード『シャンパン・チャーリーはわが名』を歌わせたのもモートンだった。[30]

「くそったれ」

泣きわめく子供や小言の多い妻にうんざりした夫は、コヴェント・ガーデン近くの有名なサイダー・セラーズへひとりで出かけ、２シリングの大金を使った。ここは歌とサパーを楽しめる施設のひとつ――ほかにはコール・ホールや、やや高所得者向けのエヴァンズがあった――で、午後10時から午前２時まで営業していた。客は男性だけだ。人気のメニューはポーチド・エッグやロースト・ポテトだった。観客は食事をし、煙草を吸い、歌った。『パンチ』に掲載されたパーシヴァル・リーの漫画日記で、ミスター・ピップスは１８４９年3月10日にサイダー・セラーズへ行っている。彼はキドニーとスタウトを腹に入れ、続いてブランデーと葉巻を楽しんだ。そしてG・W・ロスが、有名な煙突掃除人サム・ホールのぞっとするような物語を語るのを聴いている。彼は煤で黒くした顔に、くたびれた帽子をかぶり、小さな陶製のパイプを吸いながら、絞首刑場に連れて行く死刑囚護送車から身を乗り出しているかのように椅子に身を乗り出して、観客に悪態をついた。

おまえらみんな憎たらしい
みんなくたばっちまえばいい
くそったれ

コール・ホールでは、ドイツの劇作家テオドール・フォンターネが『裁判官と陪審員』という法廷のパロディーを観ている。彼は鋭い洞察力でこう書いている。

すべてが非常に興味深い。重要なのは、イギリスが国の最高の権威であり最古の機関をこのようにパロディー化することに寛容であるという事実だ[31]

精神の向上

向上心のあるロンドンの人々は、ヴィクトリア朝初期の政策を利用して精神を向上させようと心がけていた。その政策とは、セント・ポール大聖堂やウェストミンスター寺院、大英博物館といった公共の施設を、もっと庶民が利用しやすくしようとするものだった。公式行事での群衆のふるまいは、『パンチ』やその他の報道機関によれば、最近でははるかに改善していた。福音主義の、あるいは〝真面目〟な機械工が午後に出かけるときは、グリニッジ・フェアの下品な楽しみを避け、大英博物館のガラスキャビネットの中の展示物を鑑賞した。大英博物館には、1847年に新しいギャラリーがいくつか開設された。その結果、翌年の来場者数は合計89万7985人を数えた。20年前には、展覧会に来たのは8万1228人だった[32]。

ハックニーでは、イースト・エンドにぎっしり並んだ家々の間にヴィクトリア・パークができ、リージェント・パークの動物園は1828年に開園した。支配人のデイヴィッド・ミッチェルは、月曜日には入園料を6ポンドに下げ、おびただしい数の目新しくて恐ろしい爬虫類を入手することで、動物園の人気を高めた。グレートレクス師は1855年7月23日に動物園へ行き、新たに入ったカバと、新しいオウム小屋を見たと日記に書いている。その年の1月、彼はキングストン・ガーデンズのラウンド池でスケートをしている。ストランドにはアメリカのボウリングができる施設まであった。

ヘンリー・メイヒュー、チャールズ・ディケンズ、ジョージ・オーガスタス・サラといったジャーナリストは、ロンドン市民が楽しめるありとあらゆる機会を紹介し、その娯楽のレベルは着実に進化していった。しかしその魅力は、社会的階級によってはっきりと分かれていた。娯楽を楽しむための料金には明確な差があり、まったく違う階級の人々を引きつけた。ペニー・ギャフは1ペニーだが、パノラマや王立科学技術学院にはその12倍の1シリングが必要であり、ウェスト・エンドの劇場はそれよりはるかに高かった。

それでも、人気の大衆文学や演劇は犯罪、特に殺人に重点を置いていた。これはヴィクトリア朝の大衆を魅了した。そして、ヴィクトリア朝初期で最も悪名高い殺人事件は、マリアとフレデリック・マニングによるパトリック・オコナー殺しだった。

第10章 犯罪、警察、刑事、そしてマニング殺人事件

拡大を続ける広大な都市部に対する不十分な治安維持、ロンドンへの大量移民、適切な住居の不足、そして極端な貧困は、首都の犯罪社会の成長につながった。

押し込み強盗や家宅侵入はいつものことだった。乱闘や路上での強盗もよくあったが、ほとんどの犯罪はけちな窃盗だった。時計や財布のスリはありふれていたし、女性のかさばる服を利用した万引きも同様だった。子供でさえ、〝チャイルド・スキナー〟と呼ばれる泥棒の犠牲になった。ディケンズの『ドンビー父子』の第6章では、「やさしいブラウンばあさん」が幼いフローレンス・ドンビーの服をはいでいる。「あたしゃ、そのかあいいべべがやけに気に入っちまったねえ、ドンビーの嬢ちゃんや」と彼女はいう。「で、そのちっさなボネットも、ペチコートも、ほかにもまだまだ、嬢ちゃんのいらないもんなら何だってね。さあ、とっとと脱ぎなってんだ」［引用は田辺洋子訳］同時に、ロンドンの犯罪者のかなりの部分を占めたのも子供たち自身だった。身寄りがなく、見捨てられ、無視された子供たちの一部は、ディケンズの「逃げの名人」のように、腕ききのスリになった。

中産階級の人々は、武装するのが賢明だと考えた。1852年にカーライル家に泥棒が入った

とき、警察はミセス・カーライルに、泥棒は捕まらなかったし、盗品はすぐに売られてしまうだろうと告げた。それからというもの、夫が家にいないときには、ジェーン・カーライルは弾を込めたピストルを2丁、枕元に置いていた。[1]

1822年にロバート・ピールが内務大臣になる頃には、殺人その他の犯罪、また頻発する暴力行為が危険なレベルに達し、警察組織が創設されることになった。好きなことをする自由は生まれながらの権利であり、大陸ヨーロッパをお手本とした警察の創設は必ずや気まぐれな逮捕につながり、演説の自由や陪審員による裁判は終わりを迎えると考えている人々は、広範囲にわたって当局に反対したが、それを押し切ってのことだった。新たな機関を敵視する人々は、腐敗した、実効性のない教区警備員や、〝ボウ・ストリート・ランナーズ〟といった既存のシステムで事足りると主張した。ボウ・ストリート・ランナーズは探偵事務所のように、治安判事に代わって犯罪者を追ったが、個人のために私的に動くこともあった。彼らはしばしば、公共への義務を無視し、犯罪界とつながっていると非難された。[2]

ピールの意見はそれとは正反対で、規律を守り制服を着てはいるものの、文民警察は平和を守るために武装した軍隊を呼ぶ必要をなくすためのものだった。同時に、今あるシステムよりも効果的に犯罪者を捕まえるものだ。首都警察を創設するという法案は反対を押し切り、1829年6月19日に可決された。[3] しばしば〝新しい警察〟と呼ばれた〝メット〟(ロンドン警視庁)は、ふたりの〝警視総監〟によって運営された。引退した元大佐のチャールズ・ローワンと、弁護士のリチャード・メインだ。重要なのは、警察は武装せず、その目的は犯罪の防止、人々や財産の安全、街の平穏ということだ。彼らは決して軍に準ずるものではなく、軍の制服に似たものは着なかった。どちらかといえば民間人が着るようなダークブルーの燕尾コートに、強化したシルクハット姿だった。これはかぶる者の安全を守ると同時に、噂では警察官が壁越しに何かを見るときに台として使うためともいわれていた。[4] 巡査の態度は丁寧で、軍人のようではなく、静かで毅然としたものだった。これは、必要なときに近くにいる人に協力を求められるようにするためだ。

文民警察というピールの構想は成功した。ドイツの作家テオドール・フォンターネは1848年にロンドンを訪れたが、その頃には警察は国のほぼ全体に広まっていた。彼はイギリスの警察官が「憲兵の国のような耐えがたい口汚さがなく……長さ4フィートの剣をがちゃがちゃ鳴らしたりはしない」と指摘している。[5] おそらく彼は、フランスやドイツを念頭に置いていたのだろう。1853年にイギリスの首都を訪れたスペイン人は、通りに兵士がいないことに驚いている。マドリッドとは対照的に警察官は武装せず、入国者に届け出をさせたりパスポートを提示させたりするような官僚的な管理をしなかったことに、彼は感銘を受けている。警察官に職業を訊かれることもない。こうした自由にはマイナス面があることにも彼は気づいていた。端的にいえば犯罪者を突き止めにくいということだ。しかし彼は――おそらく世間知らずだったのだろうが――ロンドンには犯罪者が少ないので、すぐに捕まるのだろうと考えた。[6]

〝メット〟の最初の5部門は、1829年9月29日火曜日の午前6時に任務を開始した。彼らは創始者であるサー・ロバート・ピールの名前にちなみ、愛情をこめて〝ボビー〟や〝ピーラー〟と呼ばれた。今も中立的な呼び名である〝コッパー〟は、彼らが犯罪者を〝コップ〟、すなわち捕まえることから来ているのだろう。警察を嫌う人々は、着ている制服から巡査を〝ブルーボトルズ〟と呼んだ。またロンドン市民の逆さ言葉のスラングでは、〝ポリス（police）〟を逆さにして〝エシロップ（ecilop）〟または〝スロップ（slop）〟と呼んだ。この言葉は１８６０年代にも残っていて、教育の先駆者であるクィンティン・ホッグは、何年も経ってからそのことを思い出している。彼は思春期の道路清掃人ふたりを集め、字を読むことを教えようとしていた。警察官を見つけると、彼らは「見ろ、エシロップだ」といって逃げていったという。[7]

　メットは地方の教区役員からは独立していた。内務省の直轄組織として、ロンドンのチャリング・クロス周辺７マイルを管轄する唯一の組織であり、１８３７年には管轄は15マイルに拡大した。おそらく、警察に対する苦情の本質は、彼らがどれだけ評価されていたかを反映していると思われる。警察は専制的な政府の権威を振りかざす手先というより、犯罪を防ぐという仕事をきちんとこなしていないと非難された。１８４９年1月27日付の『パンチ』は、必要なときに警察がいないのは、彼らが家の玄関先で使用人の女性を口説いているからだと不満を述べた。機知に富んだ匿名の記者は、彼らは柵に矢印を書いて、「巡査Ｂ96はこちら」と書くべきだと提案している。１８４９年8月4日付の『イラストレイテッド・ロンドン・ニュース』は、「この犯罪のさらなる大胆さは、石を投げれば警察署に当たる地域で行われたところだ」と書いている。ロンドン南部で立て続けに事件が起こると、同年10月28日付の『タイムズ』は「ランベスのどこに警察がいるのだろう？」と問いかけている。

　ロンドン警視庁では階級によって昇給した。巡査は週６日、１日12時間働いて、給料はたったの1ギニー（1ポンド1シリング）だった。懸命に働けば巡査部長となり、さらに数シリング給与は上がるが、警部補でも年収わずか100ポンドで、かなり下位の中産階級の生活しか送れないことになる。しかし、これは定収入であり、警察官にはいずれ年金が支給される。それでも、ロンドンの治安の悪い地域では怪我をするおそれや、命を落とすおそれすらあった。警察官は厳しく統制され、着心地の悪い制服を着て、首都のあらゆる凶悪犯の危険にさらされていた。たとえばディケンズの小説のビル・サイクスのように、ダートムアで砕石の長期刑に処せられたり、受刑者としてオーストラリアへ送られたりするよりは、人殺しも辞さない人々だ。

刑事

公共の秩序を守ることと、犯罪者を突き止め、逮捕することは別物だ。警察ができた当初、刑事の仕事は私服の巡査が行った。1842年、ロンドン中心部から6マイルしか離れていない場所で、ダニエル・グッドが妻のパトニーを殺害した。彼は逃走し、捕まるまでの数週間、常に警察の裏をかいているようだったので、マスコミは辛辣な意見を書き立てた。その結果、首都に刑事部が設立され、警部補2名と巡査2名が配属された。部署はスコットランド・ヤードにあったため、ロンドン警視庁の犯罪捜査部（CID）は、世界的に有名なこの名で呼ばれるようになった。『チェンバーズ・ジャーナル』はこう書いている。

知力に優れた者が選ばれ、「刑事」と呼ばれる組織が作られた……ときには、刑事は一般人と同じ服装をする[8]

有能だという印象と、刑事部への称賛は、マニング殺人事件によってもたらされた。この事件は1849年の夏から秋にかけて、ほかのあらゆる事柄をかすませるほど、人々の関心を引きつけた。

「バーモンジーの恐ろしい殺人事件！」

テムズ川の南岸を走るツーリー・ストリートを右に曲がると、典型的なインナー・ロンドン地区であるバーモンジーにたどり着く。かつては屋台が立ち並ぶ通りで子供たちが遊び、石畳の上でガタゴト音を立てる車輪や、石炭売り、牛乳売り、露天商人の呼び声が騒々しく響いた。夜の通りは、特に冬は暗かった。店先や家の窓には鎧戸《よろいど》が下りていた。数少ないガス灯の明かりは薄暗く、黄色っぽかった。しかし、ジン御殿やパブでは、ドアが開いて大酒を飲んだ客が出てくると、急に騒がしく、明るくなった。客たちは大声であいさつを交わすと、寒くて暗い家へそれぞれ帰った。

ほぼ2世紀後の通りは、不気味なほど静かだ。屋台はなく、大声で商品を売り込む者もいない。子供たちはよそで遊んでいる。古いパブは高級レストランに変わり、そこで昼食をとる人々はお洒落な服を着て、スマートフォンで会話し、高級車をかつての貧民街に停めている。ヴィクトリア朝初期には、ここでみすぼらしい男たちやくたびれた女たちが、安っぽい商品を売っていた。その地区には広報コンサルタントや弁護士、不動産業者が入居し、昔からの住人は公営住宅団地に追いやられた。そういった人々は、遠くのショッピングモールで買い物をする。小さな商店はなくなり、地元で売られている高級な商品は、好みも予算も合わないのだ。

さらに進むと、第二次世界大戦で爆撃を受ける前は、バーモンジーの皮革産業の中心地だった場所にたどり着く。1849年、ガイ・ストリートの角近くに、低い2階建ての長屋が新しく建った。長屋はミニヴァー・プレイスと呼ばれた。

ヴィクトリア朝初期には、ロンドンの人々は家を借りて住むのが一般的だった。2年前に結婚したマリアとフレデリック・マニングは、ミニヴァー・プレイス3号室の1年間の借用契約を結んだ。フレデリックは30歳くらい、マリアは28歳だった。裁判では家賃には触れられなかったが、年22ポンドほどに、救貧税と教

マリアとフレデリック・マニング、ハイシュ(参考文献を参照)より、1849年、元は大衆紙。

会維持税という追加経費がかかったと思われる。合計すると彼らに払える額ではなかった。フレデリックは、主にブランデーへの耽溺が理由で事業に失敗した後、ホルボーンの文房具会社でセールスマンとして働き、週2ポンドと5パーセントの歩合を受け取っていた。又借り人を見つけなくてはならなかったふたりは、パトリック・オコナーに家の一部を借りないかと持ちかけた。オコナーは50歳くらいの背の高いアイルランド人で、結婚前のマリアの恋人であり、結婚後も関係を続けていた疑いがあった。彼は承知したが、その後、約束を反故《ほご》にしたため、マニング夫妻は近くのガイズ病院の医学生だったウィリアム・マッセイに入居を頼んだ。

マニング夫妻には多少の資金はあったが、収入は中産階級の生活水準すら維持できないほど少なかった。一方オコナーは、関税消費税庁の職員として高い給料を得ている上、金貸しでもあり、鉄道株も持っていた。マリアは彼が自分と結婚しなかったことに恨みを抱いており、別の女性とつき合っているという疑いも持っていた。

マニング夫妻は共謀してアイルランド人を殺し、彼の金と株券を盗もうとたくらんだ。1849年7月25日、フレデリックはバールを買い、翌日には夫婦は生石灰を1ブッシェル［約36リットル］注文している。28日には又借り人に、しばらくロンドンを離れるので家を出るよう告げている。また8月9日木曜日の朝、マリアは鋤を買っている。

マニング夫妻は同じ日の夕方5時半に、オコナーを食事に招いている。その少し前、彼の知人ふたりが、ミニヴァー・プレイス3号室へ向かう彼がロンドン橋を渡るのを見ている。その後、生きている彼を見たのは殺人者だけだ。

オコナーが着いたのは、まだ暑い午後のことだった。マリアは地下の台所で顔を洗ってさっぱりするよう提案した。彼女は、マニング夫妻が死体を埋めるために敷石をはがして掘った穴の上をまたいで彼を案内し、配管に必要な作業のために掘り返したのだと説明した。オコナーが顔と首を洗おうと流しに屈み込んだとき、（マリアである可能性が濃厚だが）マニング夫妻のどちらかが、最近フレデリックが銃工から買ったピストルで後頭部を撃った。オコナーは倒れた。のちにフレデリックが死刑囚監房で告白したところによれば、アイルランド人はまだいびきのような呼吸をしていたという。妻の愛人に対する憎しみを解き放つときがついに来たフレデリックは、バール（死刑囚監房の告白では割り鏨《たがね》だったというが、バールと描写された凶器はそれからしばらくしてルイス駅で見つかった。そこに置き去りにされていたのを「ミスター・スミス」が拾ったのだ）を頭上高く振り上げ、怒りの発作とともに死にかけた男にとどめを刺した。[9] 警察医の見立てでは、オコナーは頭部を17回激しく殴られていたという。続いて、マニング夫妻はオコナーの脚を後ろに縛り上げ、強いより糸で胴体にくくりつけた後、敷石の下に掘った穴に死体を乱暴に押し込み、その上から生石灰をかけて、オコナーの遺体がすみやかに分解されるようにした。のちに、想像力豊かなジャーナリストが書いた記事では、夫妻は落ち着き払って、表向きは3人で食べるためにマリアが料理しておいたガチョウを食べたという。

その夜、マリアはマイル・エンドにあるオコナーの住まいへ向かった。彼はグリーンウッド・ストリートの角にある商店の上に、寝室と居間を借りていた。オコナーの家主の女性は、彼に自分が留守の間でもマリアを家に入れていいといわれていたと法廷で語っている。マリアは彼の財産を盗み、見つかる限りの現金すべてと、多数の株券を持ち去った。

奇妙なことに、マニング夫妻はそれほど急いで逃げなかったし、念入りな計画を立てていたようにも思えない。オコナーの同僚は、翌日と翌々日に彼が職場に来なかったので、行方不明として報告している。ロンドン橋を渡っているのが見られていることから、どうやらマニング家へ夕食に向かっていたと思われたため、同僚はそのことを警察に報告した。警察はミセス・マニングに、彼の行方を知らないかと尋ねた。マリアは何もいえなかった。彼とは一緒に夕食をとらなかったと彼女はいった。家に向かう途中の彼が目撃されていることを考えれば、それは奇妙な話だった。次の月曜日に当たる8月13日、警察官はふたたび家を訪ねた。マリアはびくびくしているようだったと彼は報告している。彼女はオコナーを食事に招いたことを認めた。それでロンドン橋を渡って川の向こうのバーモンジーへ向かったのが見られたのだろうが、彼は最後の最後に気が変わることがよくあったとマリアはいった。

オコナーの友人、ウィリアム・フリンはあきらめなかった。月曜日にマイル・エンドのオコナーの住まいを訪ねると、マリアがそこにいて、金庫は空になっていた。続いてミニヴァー・プレイス3号室へ行ってみると、同じ月曜日の早い時間に、マリアが大きな箱やトランクをいくつも持って辻馬車で出て行ったことがわかった。フリンは翌日また戻り、許可を得て家に入ってみると、誰もいなかった。翌朝、中古家具商のミスター・ベインブリッジが、フレデリック・マニングが13ポンドで売った家具を取りに来た。ベインブリッジはフリンに、フレデリック・マニングはさっきまで一緒にいたが、別れたと告げた。

このときはまだ、犯罪の疑いはなかった。死体は見つかっていない。オコナーは急いで家を出て、マニング夫妻、あるいはマリアだけと、どこかで落ち合う約束をしていたのかもしれない。しかし、殺人からすでに8日が過ぎ、マニング夫妻もオコナーも消息がつかめないとなった8月17日金曜日、警察は本格的な捜査を始めた。

爪先だ！

1849年8月17日金曜日は蒸し暑かった。家を徹底的に捜索するよう命じられたヘンリー・バーンズとジェームズ・バートンというふたりの巡査は、保護のためとはいえかぶり心地の悪い強化シルクハットと、真鍮のボタンの、襟元の窮屈な青い上着を脱いだ。その裾は警棒と、ワニスを塗った黒いベルトを隠していた。ベルトには夜警用の目玉ランプと、応援を呼ぶときに〝鳴らす〟警報器が下がっていた。

庭を掘ったが何も出ず、彼らは日差しを避けて家に入った。地下室の台所が異様にきれいで磨き上げられているのに気づいたのはバーンズだった。また、敷石のひとつを囲むモルタルは新しく、ポケットナイフを差し込んだときにはまだ柔らかかった。警察官は近所の労働者から道具を借りて、敷石を持ち上げた。その下には湿ったモルタルと、急いでかけられた土が現れた。間もなく人間の爪先が現れ、続いてぞっとするような遺体が見つかった。生石灰に1週間埋もれ、誰とも見分けのつかない遺体だった。熱心なジャーナリストの目の前で、地元の医師が頭蓋骨を持ち上げ、いくつかの骨折跡があるのを見つけた。すでに脳は腐敗している、不快な頭蓋骨から、彼は入れ歯を取り出した。急いで呼ばれた警察医は、右前頭骨のすぐ後ろに、オコナーの頭に向かって発射された弾丸を見つけた。ほどなくして、入れ歯を作った医師が、持ち主は思者のパトリック・オコナーだと確認した。今や、殺人事件となったのだ。

ヒュー・アンド・クライ

センセーションという言葉は、特定の犯罪の見世物的な性格を表すために、犯罪報道でよく使われた。マニング事件は、当時最もセンセーショナルな事件だった[10]。はかのどの事件とも違い、殺人犯はロンドンの下位中産階級の夫婦で、動機は欲だった。アルコール依存で足元の怪しいフレデリック・マニングが犯罪を主導したと考える者はほとんどいなかった。マリアこそ憎むべき殺人者なのだ。彼女は、大半は陪審員に情状酌量される飢え死にしかけたシングルマザーでもなければ、虐待された妻でもなかった。外国人で、冷たく傲慢な性的魅力を漂わせ、被害者をピストルで撃ったと考えられる。

マニング夫妻の家、警察が遺体を発見する。ハイシュより

殺人だけでなく、鉄道による逃亡、電報を使った逮捕、知的な警察の働き、そして殺人者の裁判と処刑は、ヴィクトリア朝初期のロンドンで急速に拡散した。

8月半ば、追跡が始まった。マニング夫妻はどこにいる？　最初は、新聞記事が目くらましの元となった。移民船〈ヴィクトリア〉はロンドンの埠頭に停泊し、同じ8月17日金曜日に出航する予定だった。記者が手荷物係に質問したところ、マニングという名前のついた荷物が船に積まれているという。電報が飛び交い、その夜遅く、ポーツマスの海軍基地を指揮するカペル提督は、警察と内務省の要請を受けて、高速フリゲート艦〈ファイアー・クイーン〉に、〈ヴィクトリア〉を追跡して止めるよう命じた。日曜日の午前1時45分、〈ヴィクトリア〉が調査されたが、乗船していたミセス・マニングは、マリアではなくレベッカというアメリカ人女性だった。

マリア・マニングが月曜日の午後に辻馬車でミニヴァー・プレイス3号室を後にしたのを見られていることから、ショー部長刑事は粘り強く御者を探した。ついに見つかった相手は、ウィリアム・カークといい、彼女を乗せたのはミニヴァー・プレイス3号室のあたりだと慎重に認めた。今後の裁判で、カークが客を乗せたのはその住所ではないと弁護人が主張すれば、マリアに対する訴訟は失敗に終わってしまう。ショーはカークに詳細を訊いた。マリア・マニングは、刑事が辻馬車の御者に根掘り葉掘り尋ねるとは思わなかっただろう。どこへ乗せていった？　カークは、「非常に立派な外見の女性」（これは、御者の言葉というよりは警察のいい回しに思える）を、近くの鉄道ターミナルであるロンドン・ブリッジ駅まで乗せたといった。途中、彼女は文房具店で馬車を停めさせ、荷札を買った。ロンドン・ブリッジ駅の手荷物一時預かり所でペンとインクを借り、荷札に「ミセス・スミス。パリへの乗客。取りに来るまで留め置くこと」と書いた。ヘインズ警部は駅へ行き、強制力がないにもかかわらず、職員にトランクを開けることを許可させた。中にはマリアの服が入っていた。彼女は偽の痕跡を残したのか？　それとも、本当に鉄道とフェリーでフランスへ向かったのか？　確かに、彼女はパリへ行くつもりなのだろう。それは賢明だし、そこから生まれ故郷のスイスへ行くこともできる。フランスへの海峡港のイギリス領事は、彼女に注意するよう指示された。警部補と巡査がパリへ向かい、フランスの警察はホテルの捜索と鉄道駅の見張りで協力した。

マリアが何も考えずにふたたびウィリアム・カークの辻馬車で首都を縦断し、ロンドン・ブリッジ駅からユーストン・スクエア駅まで行かなければ、捜索はもっと長引いたことだろう。彼女は駅のそばで1泊する。おそらく〈アデレード〉か〈ヴィクトリア・ホテル〉に部屋を取ったことだろう。どちらも駅に近いホテルだ。翌朝6時15分、彼女はエジンバラへと発った。

ユーストン駅で、彼女はまたも考えなしに警察に手がかりを残した。たくさんの残りのトランクや箱に、「ミセス・スミス」という荷札をつけたのである。マリアから超過料金を受け取り、彼女の荷物を手荷物車に積み込んだポーターは、持ち主が女性であると特定し、その特徴を説明した。それは辻馬車の御者の説明と一致した。その結果、刑事は彼女がエジンバラ行きの列車に乗ったことをたやすく突き止めた。ヘインズ警部はすぐに彼女の特徴をエジンバラ警察に電報で伝えた。

4年前に殺人犯タウェルの逮捕に役立ったことはよく知られていたが、高価な電報は、ロンドン内の警察ではあまり使われなかった。通常は、馬に乗った配達人に〝回覧用書類〟を持たせ、ロンドン各地の本部を回らせて、最近の犯罪情報や、盗品や手配犯のリストと特徴を知らせた。各本部は、自分たちの情報を追加し、次に回した。[11] しかし、マリアの特徴を列車でエジンバラに知らせるには24時間かかり、その頃には彼女はもっと先へ行っているかもしれない。それに比べて〝電報〟なら数分で届く。

エジンバラ警察の警視リチャード・モクシーは警戒した。電信のメッセージ、すなわち〝電報〟をロンドンから受け取ると、彼はすぐさま、そこに書かれたマリアの特徴が、まさにその日、8月21日木曜日の朝に彼の注意を引いた女性と一致していることに気づいた。エジンバラの株式仲買人のところへ、マリアがオコナーの株券の一部を売りに来ていたのだ。郵便の効率のよさにも思い至らなかったのだろう、彼女は株式仲買人を訪れた朝には、ロンドンで盗まれた特定の鉄道株を取り扱わないようにという巡回警告が行き渡っていたことを知らなかった。株式仲買人は彼女の父親がロバートソンといい、グラスゴーに住んでいると聞いたが、そのフランス語訛りに気づいていた。彼はすぐに警察に知らせた。マリアは株式仲買人に自分の滞在場所の住所を書いたメモを渡していたので、警察は難なく彼女を見つけた。グラス1～2杯のワインで、彼女が落ち着きを取り戻そうとする間、警察は彼女の荷物を調べ、ソブリン金貨73枚、50ポンド札1枚、5ポンド札1枚、10ポンド札6枚を見つけた。合計すると188ポンドになるが、その3分の1以上はマニング夫妻のものだったことが明らかになった。マリアはオコナーのフランス鉄道株と、オコナーが彼女のために取っておいた株券も持っていた。この時点で、彼女は殺人容疑で逮捕された。マリアは自分から、エジンバラへ逃げたことを警察が突き止めるのを助けていた。株券を現金化しようと躍起になったことで、刑事たちをまっすぐに導いたのである。

フレデリックはといえば、ブランデーに溺れて自慢話をし、注目を集めていた。彼は8月14日火曜日にミニヴァー・プレイス3号室を出た。家は今やもぬけの殻だった。ベッドすらなかったので、フレデリックは家具を売ったベインブリッジの家に泊まった。どのみち、オコナーの死体が台所の床下で急速に腐っていくような場所にひとりで寝るのは、フレデリック・マニングよりも精神力の強い人間でさえなかなかできないだろう。水曜日、彼はベインブリッジの家を出てウォータールー駅からサウサンプトン港へ向かい、数時間パブで過ごした後、深夜のフェリーでチャンネル諸島のジャージー島へ発った。愚かにも、彼は島の首都であるセント・ヘリアのホテルで、横柄な態度と大量の飲酒で注目を集めた。彼は、すでに警察が調査を始めているフランスへ行くと話していたが、気が変わったようだ。彼はマリアの居場所を知っていたのだろうか？ふたりはフランスへ逃げる計画を立てていて、マリアは彼を裏切ってスコットランドへ向かいながらも、本当にフランスへ行くという手がかりを残したのだろうか？　ほとぼりが冷めたら、そこで会う予定だったのか？　そうかもしれないが、だとすれば、マリアは彼を裏切り、金を持ち逃げしたことになる。ふたりの間に交わされたやり取りは見つかっていない。被告人席に並んで立っているときでさえ、マリアは夫に話しかけなかった。

フレデリック・マニングは、引き続きホテルのバーで大量のブランデーを飲み、注目を集めていた。まるで、自分が恐ろしい犯罪にかかわった罪悪感にとらわれ、無意識のうちに見つけてもらいたがっているかのように。それでも、故郷のサマセット州トーントンの知り合いに出くわしたマニングは、セント・ヘリアを離れて田舎のコテージを借りようと決めた。いずれにしても、自分がどれだけ金を持っていて、それをどう使うつもりかを声高に自慢していても、この頃には資金は目減りしはじめていたはずだ。ロンドンを離れたときには、ミスター・ベインブリッジから家具代として受け取った13ポンドしか持っていなかった。ふたりの貯金はマリアが持っていた。

警察は、フレデリックをウォータールーまで乗せた辻馬車の御者に質問し、彼の行方を追いはじめた。彼は、カットに沿って真っすぐ行けばいいものを、遠回りするようフレデリックに奇妙な指示を出されたことを覚えていた。しかし、ウォータールー駅でも列車でも、マニングを覚えている者はいなかった。そこで警察は、ロンドン・アンド・サウス・ウェスタン鉄道の路線に沿ってかなりの無駄な追跡を行うこととなった。それでも幸運に恵まれ、彼がジャージー島行きのフェリーに乗っていたという目撃情報をつかんだ。チャンネル諸島の別の島、ガーンジー島に滞在していたフレデリックを見た女性が、彼だと気づいたのだ。警察はジャージー島に目をつけた。間もなく、ロンドンから知らせを受けた地元警察が、彼が〈プロスペクト・コテージ〉という宿で酒を飲んで正体を失っているのを見つけた。島の閉鎖的な社会では、マニングの過度の飲酒と無作法な態度に疑念が持ち上がっていた。警察はコテージを訪ねた。8月27日月曜日の遅い時刻、ロンドンから来たラングレー巡査部長とロッキャー巡査、ジャージー警察の署長ムッシュー・シュヴァリエは、ベッドで寝ていたマニングを逮捕した。彼の最初の言葉は「あの女は捕まったのか?」だった。これは警察発表を受けた新聞報道だが、本当は「あばずれ女」といったのかもしれない。マリアが拘留されていると聞くと、彼はこういった。「ありがたい。これで助かった。あの女が犯人だ。おれは子羊のように潔白だ」

もちろん、彼が潔白であるはずはなかった。銃を撃ったのがマリアだったとしても、被害者の頭蓋骨をバールでめった打ちにしたのがフレデリック以外の人物だと、本気で主張されることはなかった。フレデリックは刑事に対してあけすけに話し、マリアを責めた。彼の話は、警察の証拠の一部として裁判で読み上げられた。法的には、妻に対して彼がいったことは証拠として認められないため、裁判官は陪審員にフレデリックの言葉を無視するように助言したが、このことはマリアの弁護に不利になった。

8月31日の早い時間、フレデリックは平然と葉巻を吸いながら、刑事とともにセント・ヘリアの通りを歩いて港へ向かい、イングランド行きの船に乗り込んだ。海を渡る間も、彼は神経質におしゃべりを続けていたと警察は報告している。彼はサウサンプトンから列車でロンドンへ移送された。警察はウォータールーの少し手前のヴォクソールで彼を下ろしたが、おそらく野次馬が群がるのを避けるためだったのだろう。サザークのストーンズ・エンド警察署で、フレデリックはパトリック・オコナー殺害容疑で起訴された。

かくして、殺人から2週間半後、郵便と電報、そして警察の警戒心と懸命な努力によって、マリアとフレデリック・マニングは逮捕され、ロンドンへ連れ戻されたのである。

ディケンズと刑事

マニング夫妻の追跡が首尾よく行ったことに触発されたのだろう、チャールズ・ディケンズは自身の雑誌『ハウスホールド・ワーズ』に、首都警察を絶賛する長い論文を3本掲載した。[12] 最初の記事は、副編集長のW・H・ウィリスのもので、「犯罪者逮捕の近代科学」というタイトルだった。1850年7月13日に発表されたこの記事では、刑事を絵の技法から描き手を特定する美術評論家になぞらえている。刑事も同じように、犯罪の性質とそれがどのように実行されたかによって、犯人を特定するというのだ。ディケンズ自身のふたつの記事「刑事のパーティー」(1)と(2)は、今やスコットランド・ヤードの名で知られる刑事部が広報の重要性を認識し、作家の招待に応えてストランドの外れのウェリントン・ストリートにある『ハウスホールド・ワーズ』の事務所に多数の刑事を送り込んでから書かれたものだ。ここで彼らは、ディケンズが指摘したように節制しながら葉巻を吸い、ブランデーを飲みつつ、自分たちの仕事について語った。ディケンズは刑事の名前を少しだけ変えたが、出席していたのは有名なフィールド警部と多数の刑事で、中にはマニング事件を手がけたソーントンとショーもいた。

警察に心酔していたディケンズは、誰もが無言のまま、一目で部屋と編集スタッフを把握していたと指摘している。それぞれが、押し込み強盗から〝フェンシング〟と呼ばれる盗品売買、金庫破りから少年犯罪まで、異なる分野の犯罪のエキスパートだった。そして互いに、同僚の優れた知識と経験に従った。

マニング夫妻がアメリカへ逃げようとしていると疑われていたときに〈ヴィクトリア〉に乗船したソーントン巡査部長は、ランプを手にした船長とともに船の下甲板へ行き、乗っていたミセス・マニングに声をかけて、彼女が探しているマリア・マニングではないことを確認するために明かりのほうを見てくれるよう頼んだという。〝ウィッチャム〟（実際はジョナサン〝ジャック〟ウィッチャー）部長刑事は、ウィルキー・コリンズのカッフ部長刑事のモデルだが、彼は有名な馬泥棒を捕まえたときの刑事の仕事について延々と語っている。

刑事の技術は、しばしば自分を偽り、危険な役を演じるところにあった。ある事件では10週間にわたったという。刑事は鋭敏で、物知りで、洞察力があり、プロフェッショナルで、勇気があり、仕事ぶりは有能で、外見には「強い精神的興奮」に満ちた生活を送っていることが表れているとディケンズは書いている。

ディケンズにとっての英雄は、1846年からスコットランド・ヤード刑事部の部長を務めたチャールズ・フレデリック・フィールド警部だ。身長5フィート10インチと、当時としては背が高く、がっしりとした体格で、情熱にあふれていた。若い頃には俳優として舞台に立っており、そのことでアマチュア演劇好きのディケンズに特に好かれたのだろう。フィールドは新しい警察の第1期生で、1829年に25歳で採用された。危険なセント・ジャイルズ地区での最初の夜間パトロールで、フィールドは悪名高い泥棒を捕まえた。第1期生の入れ替わりの激しさも相まって、フィールドは4年で警部になり、ランベスのL地区に配属された。[13] ディケンズの小説『荒涼館』に登場するバケット警部は、フィールドをモデルにしている。第12章で、蒸し暑い夜にリンカン法曹学院広場のミスター・タルキングホーンの家にやってきたバケットは、用心深く落ち着いていると描写されている。ディケンズは「ふとった体、泰然とした風貌、鋭い目、黒い洋服を着て、年はだいたい中年の男である」（青木雄造・小池滋訳）と書いている。バケットと文具商のミスター・スナグズビーは、トム・オール・アローンズの貧民窟へ向かう。バケットは、すれ違う警察官を知らないふりをする。目ざとい犯罪者に私服刑事だと気づかれないためだ。しかし貧民窟では有名人だったので、身分を隠す必要はなく、彼はスラムに通じる悪臭を放つ通りの入口で、守りを強化するため巡査を呼ぶ。ランタンの明かりを頼りに、彼らは泥や汚い水たまりの中を歩き、感染症で死にかけている者がいるとわかっている家からは距離を置いて進んだ。バケットはあらゆる男女に、絶大な自信を持って声をかけ、おどけた調子や、恩着せがましいとさえいえる調子で話しかけた。それはディケンズが1851年6月14日付の『ハウスホールド・ワーズ』に掲載された記事で、フィールド警部とスラムを訪れたときに、この有名な警部がしたことだった。[14] 彼らはセント・ジャイルズの貧民窟から南下し、テムズ川を渡ってサザークへ向かうと、ふたたび川を渡ってラトクリフ街道にある船乗り向けの居酒屋と売春宿を訪ねた。ディケンズの説明によれ

フィールド警部。『イラストレイテッド・ロンドン・ニュース』 1855 p/d Wikipedia Commons

ば、この地区の乱暴者たちは、刑事とそれに付き添うたくましい巡査たちに道を譲れといわれると、こそこそと立ち去ったという。冷静さと落ち着きは、ロンドンの犯罪捜査員の描写の中で、ディケンズに最も強い印象を与えた資質だった。「その有名な手が、ここにいる人々の半分を逮捕した」といわれたフィールド警部は、明らかに恐れられていた。ありふれた泥棒や地元のごろつき、売春婦は、こぞって彼を懐柔しようとした。彼の逮捕から誰かをかばおうとする者はいなかった。

フィールドをフィクション化した『荒涼館』に戻ると、フランス人のメイドであるマドモアゼル・オルタンスが登場する。ディケンズはマリア・マニングをモデルにしている。彼はこの人物を「かなりみめのよい」女性として描き、彼女の顔について強く表現し、その声を辛辣な筆致で描いている。

> 奥方付きの侍女は三十二歳のフランス女で、南部のアヴィニョンとマルセイユの近くの出身である——目が大きく、肌はとび色で、髪の毛は黒く、器量はよいほうだが猫のような口つき（青木雄造・小池滋訳）

オルタンスはプライドが高く、横柄で、マリア・マニングのように暴力的なところがあった。彼女は弁護士のタルキングホーンを、自分が受け取るはずの金を払おうとしなかったという理由で射殺する。オルタンスの暴力的な態度とやや不完全な英語によって、マニング裁判を傍聴していた可能性のあるディケンズは、マリア・マニングの声を後世に残そうとしたのかもしれない。[15]

「非常に美しい女性」

マリア・マニングに関して広くささやかれた噂は、不道徳さと残酷さを併せ持っていた。実際に有罪となる前の人物を非難してはいけないというルールに縛られていなかった当時の報道機関は、彼女を「マクベス夫人」や「イゼベル」と呼んだ。新聞や路上のバラッド歌手のおかげで、この女性は伝説的な存在となった。彼女のフランス語訛りは、ほぼ同時期に重婚罪で訴えられたローラ・モンテスの偽のスペイン語訛りと違って本物だった。きちんとした上品さ、被告席に立っているときの動じなさ、また落ち着き、沈黙、明らかに冷たい傲慢さが相まって、彼女にまつわる伝説が作られた。

マリアはスイスのローザンヌ近くの村で、マリー・ド・ルーとして生まれた。父親はそこで郵便局長をしていた。[16] スイス生まれであることは、カッコー時計や美しいシャレーよりも、悪名高いスイス人のフランソワ・クルボアジェを連想させた。この下男は雇い主の首を切り、1840年7月6日にニューゲート監獄の外で絞首刑になっている。新聞の中には、マリアと彼に関係があるという噂を載せるものもあった。

マリアは30歳くらいと書かれた。身長は5フィート7インチで、当時の女性としては高かった。体格はよく、生き生きした顔色と長い黒髪をしていた。新聞記事でしばしば使われた「見事な体つきの女性」という表現は、まさにぴったりだった。

オールド・ベイリーと呼ばれた中央刑事裁判所でマニング裁判が開かれている当時に書かれた、センセーションをあおろうとする記事のせいで、事実と空想を区別するのは難しい。特に、マリアの若い頃について論じ、その頃から残酷でありながら魅惑的な殺人者の兆候を見せていたことを示そうとする場合がそうだった。有名な『クォータリー・レビュー』で「無名の不謹慎な三文文士」と紹介されたロバート・ハイシュは、こうした論文の中で最も長く、最もよく知られた『犯罪の進行、あるいはマリア・マニングの真実の思い出』の著者である。この本は、マニング裁判の間に書かれた安っぽい記事や、町に広まった噂を集めたものだ。ハイシュはマリー（マリアの本名）が、スイスを旅行中のアイルランド人夫婦に雇われていたという、真偽の怪しい話を紹介している。妻の方は、マリーの髪結いの腕に感銘を受け、夫のほうはこのスイスの娘の美しさに魅了された。アイルランドに戻ってから、妻は夫とマリーが一緒にいる現場を押さえた。マリーはその場で解雇された。夫は愛人に家を用意すると持ちかけたが、マリーは遺産を受け取るためロンドンへ向かった。ハイシュはここで、空想と事実を結びつけている。実際には、マリーはロンドンの弁護士から財産分与に関して連絡を受けていたのだ。

だが確実なのは、１８４２年頃、20代前半のマリーがレディ・パルク付のメイドになったという事実である。レディ・パルクの夫のサー・ローレンスは国会議員だった。１８４６年にレディ・パルクが亡くなると、マリーはサザーランド公爵夫人ハリエットの娘であるレディ・イヴリン・ブランタイア付のメイドとなる。公爵夫人は威厳のある美しい女性で、王室の女官長という重要な役割を担っていたので、ドレスの仕立てにかなりの腕を持っていたマリーが、手伝いのためにウィンザー城にまで呼ばれたこともあったかもしれない。

マリーはのちにマリアと名乗るようになった。マリーよりも外国人らしさがなくなるからだ。彼女は有能で、精力的で、野心家で、自信に満ちていた。彼女にはこの仕事がぴったりだった。貴婦人のメイドは使用人の序列では高いほうで、執事や料理人とほぼ同じ地位だった。専属のメイドとして、マリーはレディ・ブランタイアの行く先々へついていった。ほとんどの報告では、彼女が被害者のパトリック・オコナーと出会ったのは、1846年にレディ・ブランタイアが大陸の高級リゾートへ旅をするため、海峡を渡る蒸気船の上だったといわれている。オコナーは背が高く、言葉遣いが上品だったが、マリーより20歳以上も年上だった。ジャーナリストはでたらめな憶測を巡らせたが、この年配の男性がマリーと一緒にいてくつろぎ、船のラウンジで1杯か2杯、一緒に酒を飲んだことは想像に難くない。50歳を超えた節度ある独身男性のオコナーが、魅力的な若い女性と話すチャンスはそれほど多くなかっただろう。特に、当時ロンドンの舞台に立っていたフランス人女優のマダム・セレステを思わせるような、魅惑的なフランス語訛りで話す相手とは。マリーは心を決めた。一生貴婦人のメイドのままでいるつもりはない。現実的な彼女は、自分よりもはるかに社会的地位の高い相手と結婚できるとは思っていなかった。歳の差はあるが、オコナーはいい結婚相手だった。

オコナーは熱烈な求婚者だったようで、マリーを追ってロンドンへやってきた。彼女のほうは婚約しているつもりだったが、彼はなかなか結婚の日取りをいい出さなかった。マリーは手紙でそのことをなじったが、騎士道精神に欠けるオコナーはそれを友人に見せ、そこから新聞記者が内容を知ることとなった。「あなたが結婚を口にしたことは一度もないわ。このまま文通を続けていても、何の意味があるの？」と、マリーは泣き言を綴っている。

マリーとオコナーが性的な意味で愛人関係だったかどうかは公に議論されていないが、裁判官はそのことを強くほのめかしている。しかし、1847年5月にフレデリック・マニングと不幸な結婚をした後、マリーは家を出て、しばらくの間オコナーと〝ジョンソン夫妻〟として暮らしていた。そのため、ふたりは以前、親密な関係だったと考えられる。

貴婦人付きのメイドであるマリーには、どんなに私的なことも隠せなかった。彼女は上流階級の情事についてよく知っていたことだろう。奥様がベッドに入る前、メイドが着替えを手伝うと、ボタンとボタン穴、ホックと留め金がかけ違っているのに気づく。これは昼間、恋人との密会の後で、奥様が人の手を借りずに身支度を整えたことを示している。新女王が即位した当初は、摂政時代後期の不道徳は、まだヴィクトリア朝の厳格さに飲み込まれてはいなかった。社交界の客間では、ジョージ・ノートンが1836年の夏に首相のメルバーン子爵に対して訴訟を起こしたスキャンダルが語られていた。彼は相手を姦通罪、すなわち社交界の花である妻キャロラインの愛情を奪ったとして訴えたのだ。

しかし今や、マリー・マニング本人が、町の噂となっていた。

第11章　裁判と処刑

殺人を犯した女

女性が殺人を行う場合、犠牲者が生まれたばかりのわが子であることは珍しくなかった。1849年、ハナ・サンドラーは飢えで自暴自棄になり、子供を殺したが、死刑から減刑された。彼女のような女性は数多くいた。ときに知的障害があり、飢えに苦しむシングルマザーたちは、生まれたばかりの子供を溺死させ、通常は法廷で比較的寛大な措置を受けた。

しかし、1847年から1852年にかけては、女性が成人を殺す事件が大流行した。13人がその罪で絞首刑になり、さらに9人が刑の執行を猶予された。[1] 1849年4月28日付の『パンチ』は、直近6週間だけで、6人の女性毒殺者が絞首刑になったと指摘している。実際に、1849年は女性殺人者が突出して多い年だった。サラ・トーマス、メアリー・ボール、シャーロット・ハリス、レベッカ・スミス、メアリー・アン・ギーリングは、全員が裁判にかけられ刑を宣告された。サラ・トーマスは雇い主を殺した。シャーロット・ハリスは夫をヒ素で殺した。彼女は別の男性に恋をしており、無謀にも元夫の葬儀の日に結婚している。妊娠していたことから死刑を免れ、オーストラリアへ生涯送られることとなった。メアリー・ボールは、愛人との密会を夫がスパイしていることに気づいた。８人の子供を殺したレベッカ・スミスには、情状酌量の余地はなかった。女性の毒殺者は近年で急増していた。妻は夫を毒殺し、母親は大人になった息子や娘を毒殺して、埋葬費保険を請求した。これは埋葬の後に、少額の剰余金が出るからだ。女性の殺人者がとりわけ憎まれるのは、ヴィクトリア朝の女性らしさに背いているように見えるからだ。殺人を犯した女性は、性のない怪物のように見られた。彼女たちが本物の女性であるはずがない。女性にふさわしい感情や情緒があれば、人を殺すはずがないからだ。特に、毒殺のように前もって計画し、長い時間をかけて行うような殺人を犯すはずがない。

ヒ素。命はたやすく奪える。あるいは、毒は望めば手に入る。Wellcome Collection、ジョン・リーチより

　女性による殺人が異常なまでの数に上ったのは、絞首刑の恐怖は抑止力にはならなかったことを示している。おそらく、毒薬の入手を難しくしたほうがよかったのだろう。特にヒ素は非常に買いやすかった。安くて無色、無臭、水に溶けやすい。１８４９年９月８日付の『パンチ』には「命はたやすく奪える。あるいは、毒は望めば手に入る」というタイトルの漫画が掲載された。漫画では子供がカウンターに身を乗り出し、舌足らずな話し方で薬剤師にこう頼んでいる。

この瓶をまたロドナムで1杯にしてくれませんか？　それと、お母さんがネズミを殺すのに、ヒ素をあと1ポンド半もらえますか？

どのように抗弁しますか？

マリア・マニングに対する告発は、当時としては異例のものだった。被告席にはふたりの囚人が立ち、しかも彼らは中産階級の夫婦だった。マリアは、計画的な女性殺人者が通常使う毒を使わなかった。オコナーは頭を撃たれ、さらに鈍器で殴られて殺された。殺人の動機はオコナーの金を奪うことであり、これも新しい事態だった。女性が愛人を殺すなら、嫉妬がらみであるのが普通だったからだ。

1849年10月25日木曜日と26日金曜日、マニング夫妻は大衆の熱に浮かされたような強烈な興味の中、法廷に立った。『タイムズ』は彼らに関して72の記事を載せた。この事件の悪評と、マリアに関する新聞記事によってかき立てられた関心は非常に大きく、オールド・ベイリーには数か国の大使のための席が用意されたほどだった。彼女が被告席に連れてこられると、全員の目がいっせいに注がれた。記者は注意深く彼女の服装の細部まで記録した。彼女は体にぴったりした黒いドレスに、青を基調とした多色のショールをまとい、それを引き立てる淡黄色の手袋と白いレースのヴェールを身につけていた。威厳があり、控えめで、上品な姿をしたマリアは、この日と翌日に被告席にじっと立っている間じゅう、すべての人に注目してもらいたがっていたように思える。注目の的になるのを楽しんでいたのだろうか？　それは間違いないが、全員が男性である陪審員の同情を引き、さらには称賛さえ勝ち取るには、この格好が一番だとも思っていたのだろう。

フレデリックはオコナー殺しで告発され、マリアはその場にいて夫を手助けし、扇動したとして告発された。ふたりの被告人の検察官である法務長官は陪審員に対して、夫妻のうちどちらかひとりが実際に殺人を行ったとしても、もうひとりがその場にいて関与するか、たとえその場にいなくても事前に殺人の意図を知っていれば、陪審員は両方に対して殺人罪を宣告することができるとわざわざ説明した。マリアは既婚女性だったので、法的に彼女が夫の支配下にあると陪審員が思い込むのを未然に防いだのだ。殺人に関しては、妻も自分の行いに責任があると彼は強調した。

検察官は事件の詳細を説明し、マリアがオコナーと親密な間柄だったことを示唆した。被告席にじっと立つ、冷静で魅力的な女性を見て、陪審員の頭にはどんな空想がよぎっただろう？　マニング夫妻の共謀であることを示す証拠をすべて挙げた後、検察官は陪審員に、フレデリックはマリアに罪を着せようとしているが、被害者の頭をめった打ちにしたのは誰なのか、警察に話していないと指摘した。指紋による身元確認が行われる前の時代で、フレデリックがやったという証拠はなかったが、陪審員がマリアの仕業と考える見込みは少なかった。マリアがひとりで敷石を持ち上げ、オコナーの遺体を投げ込んだのか？　ありそうにない。一方で、検察官は今度はマリアを攻撃した。陪審員はフレデリックひとりがオコナーを撃ち、バールで頭を17回殴って死亡させ、遺体を縛り上げて敷石を持ち上げ、墓穴に押し込んだと考えるのも難しいだろうと。証拠はマリアとフレデリックの両方が有罪であることを示していた。

結局はっきりしなかった証拠の矛盾は、マリアがマイル・エンドのオコナーの家に着いた正確な時間に集中した。マリアの弁護人は、殺人が行われたときに彼女がミニヴァー・プレイス3号室にいたはずがないと主張した。その可能性はある。オコナーの家主の女性は、マリアが彼の家にいた時間をはっきり覚えていなかったからだ。それでも、バールを購入したことや生石灰が家に届けられたことから、陪審員は彼女がオコナー殺害計画を前もって知っていたと考えた。

マリアの弁護人は、フレデリックが被害者をバールで殴って殺したことに、疑いの余地はほとんどないと知っていた。それでも、マリアとオコナーとの関係についての、厄介な質問に対処しなくてはならなかった。不義密通を働いた女性が、陪審員に好感を与えるのはなかなか難しかったからだ。彼女は外国人だったのでなおさらだった。尊敬すべき資産家の男性たちは、逮捕されたフレデリックが彼女を非難したのも聞いている。その言葉を考慮に入れないよう裁判官にいわれても、無視はできなかった。

フレデリックの弁護人は、生石灰、鋤、シャベル、バールの用途は、居間にマントルピースを作るための無害なものだったと主張したが、陪審員を納得させることはできなかった。フレデリックを弁護する唯一の方法は、マリアに責任を負わせることだが、それは難しかった。弁護人は、フレデリックは弱い人間だという誰も否定できない主張をし、彼はマリアに騙されたのだと述べた。そして、被害者を死に至らしめた怪我を負わせたのは彼女だった可能性があると、陪審員を説得しようとした。弁護人は、死体を埋めたのも彼女だったかもしれないと、懐疑的だったであろう陪審員に主張した。彼はさらに、これまで妻の不貞を許してきたマニングは嫉妬深い男ではないとして、自分の主張を裏付けた。それでも陪審員はこう思ったかもしれない。オコナーが倒れて死にかけているのを見て、フレデリックが怒りを解き放ったと。フレデリックの弁護人は、マリアがフレデリックとはまったく無関係に行動していたことを示唆した。これにも一理あった。マリアがいなくなったと知ってフレデリックは驚いていたし、彼女自身がエジンバラ警察に、ロンドンを離れたことを夫は知らないといっているからだ。

陪審員はマリアの弁護人には心を動かされなかったようだ。この弁護人もやはり、生石灰とバールはマントルピースを作るために購入されたものだとほのめかした。マリアがオコナーの部屋から持ち出した株券と現金は、以前マリアが彼に株を買ってくれるよう頼んでいて、急いでいたためにたまたまオコナーのものを持ってきてしまったのだと主張した。最終的に、マリアの弁護人はフレデリックと弁護人がすべての責任をマリアに押しつけようとしていると攻撃までした。マリアの不貞については、彼女が愛人の死を願うはずがない証拠として巧みに使った。しかし、彼女が不貞を働いていたことを陪審員に思い出させたのは、必ずしもマリアに有利にはならなかった。そこで弁護人は、証拠もないのにフレデリックが妻を虐待していたといい立てた。さらに問題なことに、弁護人は陪審員に、マリアがオコナーを殺す必要はなかったと納得させようとした。若い彼女は、20歳も年上の男性から、ほしいものは何でも引き出せたはずだと。陪審員は、オコナーも愛人と同じくらい頭がよかったので、彼女をそれほど甘やかしはしなかっただろうと考えたに違いない。しかし、マリアの弁護人の主張の要点は、彼女が実際に現場にいない以上、罪にはならないというものだった。夫の殺意を知っていたとすればマリアは有罪だという法的な事実を、弁護人は無視したのだ。

法務長官は法で認められた答弁の権利を利用し、陪審員が考慮しなくてはならないことを確認した。マリアひとりでオコナーを撃ち、死ぬまで殴打し、縛り上げて埋めることはできなかったし、敷石を元に戻すこともできなかった。フレデリックが手を貸したに違いないが、彼はオコナーの部屋には入っていない。現金と株券を盗んでスコットランドへ逃げたのは彼ではなく、マリアだ。

最終弁論で、裁判官はこう述べた。マニング夫妻の片方もしくは両方以外の人物が、パトリック・オコナーを残忍に殺したことを示す証拠はないと。フレデリックが警察に、マリアがやったと訴えたことは証拠として認められないが、彼がその場にいたことを証明している。したがって、マリアひとりでオコナーを殺したのなら、なぜそれを止めなかったのか？　そんなことがあるだろうか？　裁判官は続けた。いい換えれば、マニング夫妻の片方が、もう片方に知られずに殺人を計画し、実行することは可能だろうか？　これは明らかに修辞的な質問だった。答えは〝否〟だからだ。

45分後に、陪審員はマリアとフレデリック・マニングの両方を有罪とする評決を下した。このとき初めて、マリアが口を開いた（殺人事件の被告人が証言することはなかった）。彼女は激しい口調でいった。

この国には、外国人の被疑者に対する正義も権利もない。わたしには法律が適用されない。裁判官からも、検察官からも、夫からも守ってもらえない。自分の国でなら、外国から送られてきたお金が、今イングランド銀行にあることを証明できたはず。弁護士が証人を呼んで、わたしのお金で買った株券だと証明してもらえるはずだ。

ミスター・オコナーは夫よりも大切な人で、彼と結婚すればよかったと思っている。わたしがこの国へ来てから、友人であり兄のような存在だった。彼のことは7年前から知っている。彼は私と結婚したがっていた。彼がわたしに敬意と好感を抱いていたことを証明できる手紙を持っている。わたしが孤立した女で、夫の供述と戦わなければならず、また検察官とも戦わなければならず、裁判官本人さえもわたしを敵視していることを考えれば、自分がキリスト教徒ではなく森のけだもののように扱われている気がする。裁判官と陪審員は、わたしに有罪判決を下したことで良心の呵責を感じるだろう。

わたしはミスター・オコナーを殺していない。誰かを殺したいと思ったとしても、この世でただひとりの友人の命を奪おうとは思わない。わたしが未亡人になれば、1週間のうちに妻にしてくれるはずの人の命を。わたしは立派な家庭で育ったし、請求さえしてもらえれば、あらゆる点で高潔だという紹介状を出すこともできる。わたしは、持っているのを見つかったわずかな株券よりも多くのお金について説明できる。もし夫が、嫉妬や復讐心からオコナーを殺したとすれば、なぜわたしが罰せられなければならないのかわからない。もっと英語で自分の気持ちをいえたらいいのに。いいたいことはそれだけよ。

この言葉がどこまで正確なのかは疑わしい。その場にいた記者は彼女が話すとは思っていなかったし、速記の技術を持っていたとしても、急いで書き留めなくてはならなかったからだ。それに、彼女の反論が自然に出てきたものかどうかも疑わしい。有罪判決を見越して、前もって書いてきたのだろうか？　いずれにせよ、彼女が殺人計画について何も知らず、関与もしていないとすれば、その言葉に多少の説得力があると思わずにはいられない。しかし、だとすれば、なぜ彼女はオコナーの部屋へ行き、なぜ〝たまたま〟彼の金と株券を持ってくるほど急いでいたのだろう？

フレデリックについては、被害者の息の根を止めた17回の激しい殴打は彼にしかできなかった。警察はまた、小型のピストルを2丁、マニングに〝似た〟男に売った商人を見つけたが、それではきちんとした証人にはならず、法廷での証拠にはならなかった。犯行後、フレデリックは偽名でピストルを質に入れた。彼はまったく無防備だった。マリアのほうは、強くて意志の固い印象から、陪審員は結婚生活を支配していたのは惨めなアルコール依存症のフレデリックではなく、彼女だという考えに傾いた。

黒い絹でできた四角い帽子［死刑宣告のとき裁判官が頭に載せる］をかぶった裁判官が、死刑判決を読み上げ始めると、マリアは叫んだ。

いや！　いや！　耐えられない。恥を知るといいわ。ここには法も正義もない！

連れ出されるとき、彼女は囚人の体臭をごまかすために昔から被告席の端に置かれていたヘンルーダをつかみ、法廷に投げつけて「卑劣で恥知らずなイギリス！」と叫んだ。姿が見えなくなるときには、周囲に恐ろしい罵声を浴びせるのが聞かれ、最後は「みんな地獄に落ちろ！」といったという。

彼らは絞首刑になった

19世紀初頭には、ただのこそ泥を含め幅広い犯罪に対していい渡されてきた絞首刑は、1840年代までには反逆罪、海賊行為、殺人に限られるようになった。それでも、1845年にはイングランドとウェールズで49人の男女が、いずれも殺人罪で死刑を宣告された。ただし、実際に執行されたのは12人だけだった。

マニング夫妻は、11月13日火曜日の午前9時に絞首刑となる予定だった。この3週間、報道機関と噂好きな人々は、マリアとフレデリックがどのように死に臨むかの話題で持ちきりだった。多くの人が、エキゾチックで魅力的な女性を一目見ようと、現在のニューイントン・ガーデンズにあったホースモンガー・レーン刑務所への入場を申し込んだ。

その日が近づくにつれ、刑が多くの群衆を引きつけることが明らかになってきた。絞首刑は、守衛詰所の平らな屋根の上で、公開で行われることとなった。これは、冷静で堂々としたミセス・マニングが苦しむ姿を見たくてたまらない、手に負えない野次馬を引きつけたに違いない。フレデリックに関心が向けられることはほとんどなかった。

1783年から、絞首刑は現在のマーブル・アーチ近くのタイバーン刑場ではなく、ニューゲート刑務所の外で行われていた。ここには、オールド・ベイリーで有罪宣告された囚人のほとんどが収監されていた。刑務所の外での絞首刑は、ロンドン中心部の目抜き通りを長時間搬送する際の混乱を避けるためだった。

公開処刑は、あらゆる階級の人々を引きつける無料の娯楽だった。素手で喧嘩したり、犬同士が互いを引き裂くのを見たりするのが好きな派手な若者は、パーティーを開いた。1849年4月に、ジェームズ・ラッシュがノリッジで〝絞首刑〟になったときには、実際にひとつの大きなグループが、競馬開催日のように列車を借り切った。

しかし、マニング事件の場合、マリアの奇妙な魅力と驚くべき冷静さは、まったく類を見ないものだった。人々は彼女が誇り高く、超然として死ぬのを見たかったのか、それともついに氷のような冷静さを失い、甲高い声で慈悲を乞う姿に、ひそかにサディスティックな期待を寄せていたのだろうか？

これほどドラマティックで、ロンドン市民の関心を引きつける殺人事件はめったになかった。誰の隣人にもなりそうな、一見普通の下位中産階級の夫婦が殺人を働いたのだ。ロバート・ハイシュによる、マリア・マニングのフィクション交じりの伝記の分冊は引っ張りだこになり、文字通り印刷する端から売れた。新聞の別刷り付録や大急ぎで印刷された裁判記録は、ミニヴァー・プレイス3号室で起こった殺人のあらゆる事実、警察がオコナーの遺体を掘り起こしたぞっとするような細部、証人の宣誓証言について繰り返し報じた。

マニング夫婦が牢獄でどのように過ごしているかについても関心は高まった。ジャーナリストは監房でマリアと一緒にいる女性看守に根掘り葉掘り訊いた。彼女たちは、マリアが処刑に向けて新しいドロワーズを作ったことや、彼女が刑では新しいシルクのストッキングを穿くといい張ったというような興味をそそる話をした。あるいはジャーナリストがでっち上げたのかもしれない。

守衛詰所に面する、またはそれを見下ろす窓や屋根は、見物人に高値で貸し出された。ハーマン・メルヴィルは、近くの屋根に立つのに2シリング6ペンス払った。[2] 進取の気性に富んだ商売人は、家主から家の前後の庭を借りて、大工に大急ぎで階段状のプラットフォームを作らせると、入居者の希望は無視して5シリングで席を貸した。とはいえ入居者も、窓際の席を貸し出した。安全性に疑いのある観覧席が急いで作られ、喜んで金を払う者に貸し出された。法律は不十分で、当局は危険な足場や席を作ることを禁ずる手を打つことができなかった。一番いい席は2ポンドで、処刑を一望できるふたつのパブのテラス席だった。

11月12日月曜日の夜、人々が集まってきた。見物人を食い物にしようとする首都のけちな犯罪者から、シャンパン付きの朝食を用意した裕福なメイフェアの遊び人までさまざまだった。

おそらく多くの人々が橋を渡って、マニング夫妻が殺人現場から半マイルほどしか離れていない場所で絞首刑にされるのを見に、サザークへ向かったことだろう。鉄道でロンドン・ブリッジ駅まで来た者もいれば、裕福な人々やジャーナリストはハンサム馬車で駆けつけたことだろう。夜が更けるにつれて、群衆が刑務所の外に着々と集まり、野次馬を監獄に近づけないという任務を負った数百人の警官では制御できなくなった。実際、こうした集まりを防ぐ法律はなく、防ごうとすれば暴動が起きただろう。11月17日付の『エグザミナー』は、この一帯がハイド・パークほど広かったとしても満員になるほどの群衆だったと書いている。

ファストフード売りは、ナフサランプの明かりを灯した屋台を出した。あらゆる行商人がこの機会を逃すまいとした。同じく、スリやその他のけちな犯罪者も、公開処刑を絶好のチャンスととらえていた。

その間、マリアとフレデリックは近づく死を予期していた。殺人を告白したフレデリックは、ほとんど絶えず『詩編』を呼んでいたといわれている。しかし教戒師は、マリアに罪を認めさせるすべを見つけられなかった。それでも聖餐を授けたのは、彼女が夫の求めに応じて、最後に刑務所の礼拝堂で会ったとき、殺人事件以来話すことのなかったフレデリックに恨みや憎しみはもう抱いていないと告げたためだった。

11月13日火曜日の早朝には、監獄の前の群衆は途方もないものになっていた。屋台ではソーセージとキドニーの朝食が売られ、ビールとともに流し込まれた。トレイを持った移動商人は、〝ミセス・マニング製〟というぞっとする名をつけたビスケットやペパーミントを売った。群衆の中には「人間のくずや落伍者《らくごしゃ》」がいたと『タイムズ』は書いている。また、雇い主に遅刻を大目に見てもらおうと期待する労働者や店員もいた。わんぱくな子供たちや、好奇心や好色な気持ちから集まったさまざまな大衆がいた。多くが寒い夜を明かすのに酒を飲み、煙草を吸い、踊り、数シリングを稼ごうとやってきた安娼婦と関係を持ち、卑猥な歌を歌った。ときおり、スティーヴン・フォスターの『おおスザンナ』のメロディーに合わせて、「おおミセス・マニング、泣かないでおくれ」といった歌が聞こえることもあった。

多種多様なビラやバラッドが人々に売り歩かれ、中にはこんな内容のものもあった。

ついに彼らは友人殺しを計画し、
そして相手を呼んだ。
恐ろしい凶器は準備され、
台所には墓穴が掘られた。
そうして親切にもてなしながら
彼を殺した——何という恐ろしい眺め。
彼らは死体をずたずたにし、持ちものを盗んだ、
フレデリック・マニングとその妻は。
老いも若きも肝に銘じるといい、
女たちは貞淑な生活を送ることだ。

この運命の日を思い出せ
フレデリック・マニングとその妻の。[3]

驚くことではないが、処刑の光景は当時の偉大な小説家ふたりの関心も引いた。１８４０年、雇い主の首をかき切ったスイス人の下男、フランソワ・ベンジャミン・クルボワジエの絞首刑は、ディケンズとサッカレーの両方が見ている。ディケンズは見物人のふるまいに驚き、『デイリー・ニュース』にこう書いている。

この場にふさわしい感情のしるしはひとつも見られなかった……ただ下品な言葉、道楽、場違いな陽気さ、酩酊、これ見よがしの悪徳があるばかりだった[4]

サッカレーの論調はそれとは違っていた。彼は群衆は行儀よく、冗談を飛ばし、男性は注意深く女性を守っていたと書いた。彼はまた、「放蕩にふける」男女のグループが、近所の屋根のよく見える席を借りていたと書いている。鐘が8時を告げると、ニューゲート刑務所の外を警備していた男たちが帽子を脱ぎ、「大きなつぶやきが漏れた。これまで聞いたことのない、恐ろしく、奇怪で、何ともいえない音だった。女性や子供は、恐ろしげに体をすくめた」という。「流血へのひそかな欲望」を目の当たりにした彼は、公開絞首刑は抑止力にはなるが、あまりにも恐ろしく、それ自体が殺人であるため、中止すべきだと考えた。１８４０年8月の『フレイザーズ・マガジン』に掲載された「絞首刑を見に行った話」という記事で、彼はこう書いている。

> わたしは立ち去った……あの朝、殺人への嫌悪とともに。だがそれは、目の前で行われた殺人に対する嫌悪だった[5]

マニング夫妻が絞首刑に処せられた後、チャールズ・ディケンズは渾身の力をペンに込めて『タイムズ』にこう書いた。

> 計り知れない群衆の邪悪さと軽薄さという、想像もつかないほど恐ろしい光景は……どの異教の国でも見ることはできないだろう

すでに有名になっていた小説家は、見物人の「残忍な態度や表情、言葉遣い」にぞっとしている。また、甲高い叫び声や怒号、子供の金切り声や笑い声が、刑務所の前や周囲の通りに群がる盗人や売春婦、浮浪者やごろつきの「ありとあらゆる下劣で不愉快な」ふるまいと一緒くたになった様子にも。

彼はさらに、心を動かす言葉で続けている。この言葉はその後、公開処刑が終了するまで何度となく引用されている。

太陽が昇り……見上げる何千何万もの顔を金色に照らす。その残忍な浮かれ騒ぎや無神経さは、言葉にできないほど醜悪で、人間がわが身の姿を恥じ、悪魔に似たその姿にたじろぐほどだ。このおぞましい群衆を呼び寄せた、ふたりのみじめな生き物が揺れながら宙に放り出されたとき、そこにはいかなる感情も、哀れみも、ふたつの不滅の魂が裁きへと向かったことへの思いもなく、それまでの暴言を抑制するものもなかった。この世でキリストの名が聞かれたことはなく、獣のように滅ぶ人々の間に、もはや信仰はないかのように[6]

マリアは大きな白い襟のついた黒いサテンのドレスで刑に臨んだ。『タイムズ』は、女性らしからぬ行為をした相手に対しても若干の称賛を込めて、彼女は「恐怖に怯える夫とは対照的に、一定の勇気と度胸を見せて」死んでいったと書いている。しかし、ジャーナリストがどうやってそれを見たのかについては疑問が残る。『クロニクル』は「彼女の驚くほど美しい曲線が、前へ後ろへと揺れていた」と書いた[7]。絞首刑に対する畏怖の念がないことを、ディケンズは厳しく非難したが、このことは彼自身の論評にも表れていた。彼はマリアの遺体をこう回想している。

念入りにコルセットを着け、凝った服装をした彼女の美しい姿は、左右にゆっくりと揺れている間もその整った外見を変えることはなかった[8]

男も女も、見物人は一種の性的な満足感を得たかもしれない。男性は、支配的で攻撃的な女性が苦しむのを見ただろうし、女性は自分の性に許されている行動の限界を超えた女が罰せられるのを目の当たりにしたことだろう[9]。このようにして、見物人は夫婦の絞首刑を存分に楽しんだ。とはいえ、彼らが見に来て、噂し、下品な歌にしたのは、マリアの死だった。

　しかし、問題はもっと複雑だった。１８４９年11月24日付の『イラストレイテッド・ロンドン・ニュース』で報告された公開会議では、マニングの処刑の際の群衆のふるまいを繰り返してはならないという意見で全員が一致したが、死刑廃止については多くが反対したという。

　とはいえ、廃止されるのはさらに1世紀が経ってからのことだった。公開処刑さえも継続された。ロンドン市民ならではのこの娯楽は、フェニアン［アイルランド系の急進派が結成した秘密結社］の一員マイケル・バレットが、１８６８年5月26日にニューゲートで絞首刑になるまで終わらなかった。彼の体が吊られると、およそ２０００人の群衆が、ブーイングを発し、野次を飛ばし、『ルール・ブリタニア』や『シャンパン・チャーリー』を歌った。

　マリアとフレデリック・マニングは、刑務所の敷地内に埋葬された。ふたりを思い出させるものは、今ではサザークのカミング博物館にある墓石だけだ。ひょっとしたら、１９７１年までマダム・タッソーの館に飾られていた蠟人形がまだ残っていて、倉庫の奥にしまわれているかもしれない。しかし、マニング夫妻が生きたロンドンと、彼らが歩いた通りのほとんどは、今もそこにある。

第12章 高揚と悲しみ

万国博覧会

1851年5月1日は、ロンドン中心部のハイド・パークで、ロンドン万国博覧会が正式に開会した日である。通りは再舗装され、店はペンキを塗り直した。壮大な開会式の華々しさにより、万博は永遠に記憶に残るものになった。アルバート公、ロイヤル・ソサエティ・オブ・アーツの会長、ペニー郵便に多大な貢献をしたヘンリー・コールが、大規模な国際博覧会というアイデアを後押しした原動力だった。1万7000の出展者が、10万点以上の展示物を出品し、その半分は外国のものだった。何か月にもわたり、ロンドン市民は特別な展望スポットへ上り、水晶宮を眺めた。全体がガラスでできているためこの名がついた建物は、ハイド・パークの緑の芝生と木々の上にそびえ立っていた。同じ頃、車掌の注意をよそに、ケンジントン・ロードを走る乗合馬車の客はその屋根に危なっかしく群がり、過ぎ行く景色を楽しんだ。水晶宮は、平均2000人の労働力によって、数か月で完成した。[1]

会期中有効な定期券や、1ポンドの1日入場券を買った裕福な人々がいる一方、多くの人が5

シリングから2シリング6ペンスの券を買った。そして大多数が、入場料がたったの1シリングになる日に博覧会へ出かけた。総勢で600万人以上が万博を訪れている。彼らは何を見たのだろう？　建物の中心にはガラスの噴水があり、27フィートの高さに噴き上げられた水が、ガラスの屋根から斜めに差し込む太陽の光にきらめいた。技術的な驚異としては、写真、農業用機械、ミシン、コルト・リヴォルヴァーがあった。機械室には、動力織機、〝自動紡績機〟が、疲れを知らずに長い糸をつむいでいる。巨大なジャカード・レース編み機が、最高品質の縁取りを忙しく編んでいる。ポンプが巨大な滝を作り、蒸気式の印刷機が猛スピードで印刷している。人々は蒸気機関車の模型がうなりを上げてガタゴト進むのを見て驚嘆した。通りを見下ろせば、素晴らしい質感、形、色の品々が、どこを向いても目に入った。ギャラリーの上からは、巨大な絨毯、美しい色とデザインのタペストリー、上質の絹が下がっていた。人々は、驚くべきコ・イ・ヌール・ダイヤモンド［インドで発見された巨大ダイヤモンド］をはじめとする宝石に目を凝らし、フランスの贅沢な衣服、家具、磁器を鑑賞した。身廊を見下ろすと、金めっきをほどこした巨大な枠にはまった鏡が、深紅の布の上に置かれているのが目に入った。いたるところに彫刻が置かれ、ひだを寄せた深紅の布が後ろにかかっている。博覧会の始まりを告げるため、女王とアルバート公のために用意された玉座のすぐ後ろには、乗馬姿の女王夫妻の像が置かれていた。その後ろには別の噴水があり、その隣には苔の中に植えられたヤシの木、その下には広範囲にわたって花壇が広がり、花びらが近くの噴水のプリズムに彩られていた。また、公園の背の高い楡の木は伐採されることなく、ガラスの建物の中に組み込まれ、人々の目に触れた。[2] 外のサーペンタイン湖では、軍艦の模型が走っていた。

開会日には、50万人以上がハイド・パークに集まったといわれている。いつもの乗合馬車の路線は一時的に中止され、さまざまな会社の色とりどりの馬車が、乗客を詰め込んでハイド・パークへ向かった。客が乗っていない辻馬車はなかった。目抜き通りからは、いつもなら春の散歩や買い物、観光を楽しむ人々の姿が消えていた。商店は休業し、所有者や店員は、少なくとも外から水晶宮を見に行くことができた。園内にはテーブルや椅子があり、持ってきたお弁当や移動販売員が売っているものを食べることができた。

開会日には、女王は招待客やチケットを持っている人々と自由に交流した。よく引用される日記に、彼女はこう書いている。


この日は、人生で最も素晴らしく、輝かしい日だった……胸がいっぱいになった一日だ[3]

ある逸話は、長年にわたって語り継がれることになった。招待された要人と、2万5000人の定期入場券を持った人々が正式な開会式のために水晶宮に呼ばれていたが、彼らを喜ばせ、驚かせ、または戸惑わせたのが、ひとりの中国人だった。彼は完全な礼服に身を包み、聖歌隊がヘンデルの『メサイア』の『ハレルヤ』を歌っているときに現れた。予期しない登場だったが、人々は彼も招待されたのだろうと思った。彼は当惑するヴィクトリア女王と、おそらく怒っていたであろうアルバート公の前に平伏した。身分の高い貴族なのかもしれない。小声で相談が行われた結果、彼はカンタベリー大主教とウェリントン公爵との間に案内された。結局、彼はそのときに埠頭に停泊していた中国のジャンク船の船長、あるいはもっと下位の乗組員だったとわかった。

　普通のロンドン市民は、最も安い入場料の1シリングを払うためでさえ、節約しなければならなかった。ブリック・レーンのトルーマン・ハンベリー・アンド・バクストン醸造所で働いていた300人の幸運な社員は、会社から2日間の休暇と、1日につき2シリング6ペンスが支給された[4]。海軍本部も、港湾労働者の一部を6日間ロンドンへ行かせることにし、鉄道料金があまり安くなっていなければポーツマスから船を出すと申し出た[5]。ほかの雇用主の多くも、従業員に休みを与え、博覧会見学のために補助金を支給することもあった。

　水晶宮の中では、喫煙と飲酒は禁じられていたが、濾過水は無料だったし、シュウェップスがソフトドリンクの販売契約を結んでいた[6]。当然ながら、報道機関には軽食の質に苦情を申し立てる手紙が舞い込んだ。中には次のようなものもあった。「これほどまずくて小さなサンドウィッチを食べたのは、生まれて初めてだ……コーヒーはいつでも冷めていて、何の役にも立たない……小さくて、パサパサの、6ペンスのポーク・パイ[7]」。無理もないことだが、大多数の人々は自分で食べ物を持ってきて、噴水の周りで食べているのが見られた。母親が公衆の面前で赤ん坊に授乳していたという苦情さえあった。

　82万7280人が感心し、おそらく新しいと思った設備は、無料の男性用小便器を除けば、公衆水洗トイレだっただろう。1回1ペニーという価格は手頃に感じられ、〝1ペニーを使ってくる〟といういい回しが生まれる元となった。それらは婉曲的に〝立ち寄り所〟、〝休憩室〟、〝手洗い〃などと呼ばれ、〃サルのクローゼット〃と呼ばれることもあった。水洗トイレにはタオルと櫛も用意されていたことから、洗面台と鏡もあったと思われる。[8]

　ロンドン市民の多くが、外国人だけでなく、国内各地から来たたくさんの人々を初めて目にしたことだろう。ジョーディー［イングランド北部のタイン川流域の方言］、中部地方、イングランド西部、ヨークシャー、グラスゴー、高地地方の方言が、あちこちで聞かれたに違いない。

　イギリスじゅうの貯蓄クラブや代理店がツアーや適切な宿泊地を手配した。〈トーマス・クック〉は、鉄道でロンドンを訪れた75万人のうち、16万5000人をミッドランド鉄道でロンドンに送り込んでいる。[9] 20もの特別列車が、北部からユーストン駅に到着した日もあった。[10] ヴィクトリア女王は日記に、ケントやサリーの村では、住民全員がお金をためてロンドンへ来たと綴っている。また、あるノーフォークの製造業者が、寝台や調理設備を完備した船を借り切ってロンドンへやってきて、埠頭に停泊しているとも書いている。[11]

ユーストン駅のアーチ(プロピュライア)。Wikipedia Creative Commons

宿泊施設はほとんどなかった。ロンドンの家の所有者や間借り人は、部屋を貸して高収入を得た。朝食付きの宿泊で、1週間につきひとり2ポンド10シリング以上が相場だったが、1泊2シリングの部屋もあった。[12]それに鉄道料金や雑費が加わった。膨大な数の人々が訪れたことから、多くの人がロンドン旅行にかかる4〜5ポンドの費用を貯蓄できていたことがわかる。地元の地主階級《ジェントリ》の援助があればなおさらだ。

外国からの訪問者は確認されず、数えられてすらいないため、大量の〝外国人〟――この言葉は敵意を含んでいた――が来たとよくいわれたのが誇張かどうかはわからない。ヘンリー・メイヒューは架空のサンドボーイズ一家が登場する小説で「口ひげを生やした連中が10万人、わが国の岸に放り出されるだろう」と書いている。[13]一方、噂では、フランス人は大きな顎ひげを生やしているので、イギリスの警察官は頬ひげを生やす必要を感じるかもしれないとささやかれた。もう一度いうが1848年には、外国人が無秩序と、革命さえも持ち込んでくるという不安が表明されていたのだ。水晶宮が聖書に出てくるバベルの塔の再来になるのではないかと心配する者もいた。バベルの塔を築いた人々は、突然外国の言葉を話しはじめるのだ。その夏、多くのロンドン市民と、ほとんどの地方出身者は、フランスやドイツ、その他の国籍の人々を初めて見ることになった。おそらくこのことは、フランス人はもとより、もっと距離は遠いがよく話題に上ったスペイン人、イタリア人、トルコ人について、不誠実で、暴力的で、概して好ましくないと信じている国にとって、一種の啓発になったことだろう。

1851年の夏は、初めて公共の場で紙巻き煙草を吸うのが見られたときでもあった。イギリスの中産階級と上流階級の男性は葉巻を吸ったし、労働者は陶器のパイプをくわえていた。紙巻き煙草がイギリスで一般的な習慣になるのは、クリミア戦争でトルコ人やロシア人がそういった形式で煙草を吸うのを見た将校たちが、紙巻き煙草を持ち帰ってからのことだ。[14]

博覧会はフィクションにも登場した。ウィルキー・コリンズの『白衣の女』では、ルベル夫妻がフランスの都市リヨンからロンドンへやってきて、「大陸的」ロンドンの中心であるレスター・スクエア近くに家を借りる。彼らはその家を、大挙してロンドンを訪れると見込まれる外国人向けの下宿として整備している。しかし、フィクションはさておき、博覧会自体をパトロールする刑事もいた——その名前は、ややばつが悪いが、サージェント刑事といった［同じ発音のサージェントは巡査部長の意］——彼はフランス語を話し、ディケンズによれば、一日じゅう多くのフランス人の訪問者と話していたという。[15]

マリア・マニングが絞首人の手にかかって死んでいなければ、万博のためにロンドンへ来たフランス人やスイス人、ベルギー人の通訳として、能力を発揮できたかもしれない。本名はマリーというマリアは、見た目も非常によいフランス語のネイティヴスピーカーで、英語を流暢に話した。万博は彼女に商機を与えただろう。マニング夫妻の資産の一部はマリア個人のものだったので、アルコール依存症のフレデリックと別れる決意をしたとしても、有望なビジネスをひとりで始めることができた。おそらく、部屋の仲介業などだろう。また1851年の夏には家を借りて、宿泊客の好みに合ったコンチネンタル・ブレックファーストや夕食を出したかもしれない。

口ひげや顎ひげを生やし、煙草を吸い、騒々しく、革命をもたらすかもしれない外国人が流入することへの不安はさておき、1850年6月26日付の『タイムズ』は、ハイド・パークが「ロンドンじゅうの放浪者の野営地」になるだろうと予想している。[16] 実際には、犯罪行為はほぼ一掃されたように見えた。開会から間もない5月5日、女王は開会日に事故も、事件も、警察への届け出もなかったという報告を受けた。ハイド・パークには50万～70万人がいたにもかかわらずだ。[17] 5か月間の会期中に、12人のスリが水晶宮で捕まっただけだった。[18] しかし、兵士や警察官は多数常駐していた。

群衆による無秩序は杞憂に終わった。『エコノミスト』は、入場料が安くなった最初の1週間が過ぎた後、こう書いている。

1シリングの日の1週間が終わった今、ロンドンの群衆ほど秩序ある人々はいないといえる[19]

その圧倒的な感覚は、人類に関して、とりわけイギリスの物質的進歩に関して、博覧会が意味するすべてのものに対する畏敬の念であった。作家のシャーロット・ブロンテは、自伝でこう回想している。

まるで魔法が、世界のいたるところから莫大な富を集めてきたかのようだった。このような手配ができるのは、人知を超えた手だけであるかのように

彼女は人々がどんなに静かだったかも書いている。

物音ひとつしなかった……人々の流れは静かで、潮騒のような低い音だけが遠くから聞こえてきた[20]

万国博覧会は1851年10月15日に閉幕した。603万9195人が来場し、そのうち443万9419人が、最も安い入場料の日に訪れている。1日平均の来場者数は5万人で、最終日近くには10万人にのぼった。利益は18万ポンドを記録し、展示品のなくなった水晶宮は、ロンドン・アンド・サウスコースト鉄道に7万ポンドで売却された。水晶宮はロンドンから南へ6マイル行ったところに移築され、その一帯はクリスタル・パレスの名で知られるようになった。1936年11月30日の夜に火事で焼け落ちるまで、水晶宮はそこに建っていた。

1851年万国博覧会の、もうひとつの有意義な結果は、適切なホテルの不足、ロンドンの通りの狭さ、仕出し料理のお粗末さ、大規模な下水システムやテムズ川の堤防、都心部の鉄道システムの緊急の必要性が浮き彫りになったことである。こうした需要が満たされたのは、ヴィクトリア朝後期だったり、それよりもずっと後だったり、あるいは永遠に満たされなかったりした。

「今日、ひとりの偉大な武将が倒れた」ウェリントン公爵の葬儀

1851年5月1日、万国博覧会の開会日に、ウェリントン公爵は80歳の誕生日を迎えた。依然かくしゃくとしていた彼は、その後数週間にわたって、何度もハイド・パークを横切っては水晶宮を訪れた。彼の姿はすぐに知れた。以前はさまざまな物事に対する保守的な姿勢が嫌われていたものの、1815年以降は長期にわたる戦争に終止符を打ち、ナポレオンを破り、ヨーロッパに平和をもたらした偉大な英雄とみなされていた。人々は彼に歓声をあげた。水晶宮にいた人の中には、騒ぎは聞いたものの、その興奮の原因がわからなかったため、パニックに襲われてドアに殺到した者もいて、警察が公爵を助け出さなくてはならなかった。[21]

ウェリントンは1852年9月14日、ディールに近いウォルマー城で息を引き取った。[22] 国葬は11月18日と決まった。その間、彼の遺体は閉じた棺に安置された。11月10日、遺体は防腐処理をされてディールに運ばれ、そこから列車でロンドンへ向かった。そして、退役軍人の国立老人ホームであるチェルシー王立病院という、ふさわしい場所に安置された。

彼の死から国葬までの間、ロンドンでは彼の軍事作戦のジオラマが1日2回公開された。彼の肖像が売られ、石膏の胸像は5ギニー、ブロンズの胸像は50ギニーで買うことができた。もっと悪趣味で商業的な商品を買うこともできた。〝ウェリントン・ケーキ〟や〝ウェリントン・ワイン〟、さらには彼の人生と勝利について書かれた、大量の安っぽい印刷物などだ。

ウェリントン公爵の公開安置では、およそ26万人が列を作って彼の棺台を通り過ぎた。その多

くが、蒸気船でチェルシーへ来ていた。おそらく、シティから乗合馬車で来るよりも速かったのだろう。11月17日、遺体はイギリス陸軍本部であるホース・ガーズに移された。

その間、葬列のルートに沿って公式席が販売されたが、一方で個人の部屋や窓辺、フロア全体が高値で貸し出された。国じゅうから特別列車が到着し、その中には〈トーマス・クック〉がスコットランド北部のアバディーンから手配したものもあった。葬儀の日は、すべての通りが通行止めになり、誰もが喪服を着なければならなかった。貴婦人たちは、その後も数日間は黒い服を着るよう助言された。

11月18日午前7時、庶民院議長が王室の人々を乗せた馬車数台とともにホース・ガーズに到着した。午前8時、軍楽隊がヘンデルの『サウル』から『死の行進曲』を演奏し、葬列が出発した。霊柩車は12頭の馬が引いた。公爵の遺体は、長さ27フィート、幅10フィートのブロンズ製の棺台の上で、黒いビロードに覆われていた。その上には高さ17フィートの天蓋が据えられた。兵士は武器を後ろ向きに掲げ、くぐもったドラムがゆっくりとリズムを刻み、葬列の後ろを単独で歩く公爵の馬のあぶみには、ウェリントン公爵のブーツが後ろ向きに置かれていた。

葬列は回り道をしてバッキンガム宮殿の前を通り、女王が見届けられるようにした。儀礼上、君主は近親以外の葬儀に参列することを許されていなかった。ここから葬列はコンスティテューション・ヒルを上り、公爵の住まいであるアプスリー・ハウスを通り過ぎた。ここで、アルバート公が葬列に加わり、ピカデリーに沿ってセント・ジェームズ・ストリートから、黒い布がかけられた男性用クラブが立ち並ぶペル・メルへ入り、さらにトラファルガー広場に向かった。

たくさんの見物人が、15年前に若きヴィクトリア女王が戴冠式用の馬車に乗り、同じルートを通ったのを見ていた。女王はトラファルガー広場からホワイトホールを通ってウェストミンスター寺院へ向かったが、公爵の葬列の行く先はセント・ポール大聖堂だった。チェルシー王立病院から歩いてくることのできない83人の年金受給者が加わり、葬列はストランドに沿って進んだ。今は黒い布がかけられている、テンプル・バーと呼ばれるアーチは、シティ・オブ・ウェストミンスターとシティ・オブ・ロンドンの境となっている。ここで葬列はロンドン市長と会い、セント・ポール大聖堂へ向かった。葬列が通る道に沿って、黒い服を着て厳粛な面持ちをした人々が見送った。ロンドンの晩秋の風と、断続的なスコールの中、彼らはひとつの長い時代が終わったことを、声もなく悲しげに噛みしめていた。

セント・ポール大聖堂の中には、選ばれた来賓のための観覧席が作られていた。会葬者はおよそ1万7000人。棺には、ウェリントンの部下だった退役将軍数人が付き添い、その中には84歳のアングルシー侯爵ヘンリー・パジェットの姿もあった。彼はワーテルローの戦いで片足を失っている。賛美歌と『ヌンク・ディミティス』が歌われ、『サムエル記下』の「衣服を裂き、粗布をまとい、悼み悲しんで」という一節が読まれる中、棺はゆっくりと墓に下ろされ、最後に、敬意を表するトランペットの物悲しい音が響いた。

ヴィクトリアの戴冠式のパレードは、重要な行事は完全に公共のものであること、特に首都の住人にとってはそうであることを、おそらく最初に示したものだっただろう。ウェリントンの葬儀は、わずかな人々のために行われていた紋章付きの典礼を、一般大衆が参加し、マスメディアが国家行事として取り上げるものへと、決定的に変化させた。

万国博覧会とウェリントン公爵の葬儀という、全国民が関係しながらもロンドンで行われたふたつのイベントは、ヴィクトリア女王の治世の4分の1が終わる区切りとなった。次の4分の1には、ロンドンの通りに軍靴の音を立てながら、兵士が鉄道駅からクリミア戦争へ向かうことになる。1853年から1856年まで続いたこの戦争は、ワーテルローの戦いからほぼ40年ぶりに、イギリスの軍隊がヨーロッパの地で戦うことになる戦争だった。

物事は変われど本質は変わらず……

1832年、コレラの流行がロンドンを襲った後、日記作家のチャールズ・グレヴィルは、ロンドンの大衆はサンクトペテルブルクやその他のヨーロッパの都市の大衆と同じくらい無知だと書いた。それらの都市では、貧しい人々は医者自身が病気を作り出していると信じていた。サンクトペテルブルクでは、群衆がドイツ人の医師ひとりを殺し、他の6人を激しく殴打している。医師は、警察と同じような支配階級とみなされていたのだ。ロンドンでは、人々はコレラ予防のアドバイスに従おうとせず、すべて詐欺だと思っていた。セント・メリルボーンの専門病院で、コレラ病棟に入院させられたある患者は、家に連れ戻された。彼が座っていた椅子は破壊され、運搬人と医師は命からがら逃げ出した。混乱と暴力、野蛮な無知が繰り広げられた。衛生委員会は無視され、教区は提言や、枢密院の命令さえ実行に移す資金を出すのを拒んだ。この町では「大衆が反寛容派の役割を担っている」とグレヴィルは書いている。[23]

必然的に思い出されるのは、流行性耳下腺炎や麻疹、百日咳ワクチンへの反対や、一般に〝新型コロナウイルス感染症〟と呼ばれるさまざまな菌株に対するワクチン接種を、多くの人が拒んでいるという事実だ。

公共の利益のための手段を講じることへの拒絶は、今も続いている。そして、政府とロンドンの行政改革から2世紀近くが経つにもかかわらず、ヴィクトリア朝初期の問題の多くが未解決のままだ。水道会社は今もテムズ川に下水を流していると非難され、住宅費はほとんどのロンドン市民にとって高価すぎ、公共交通機関の運賃はおそらく世界のどの首都よりも高い。公開処刑、特にマニング夫妻の処刑のときの大衆のあきれるようなふるまいは、今もサッカーの試合や街頭デモ、抗議集会に受け継がれているといえるだろう。一方、それとは対照的に、大きな王室行事や国家行事での大衆の行動は、今も妙に模範的だ。さまざまなことがすっかり変わった一方で、多くが昔のままだ。歴史とはそういうものだ。

R・スウィフトおよびS・ギリー『The Irish in Britain 1815-1939』(Pinter, 1989)
H・テーヌ『Notes on England』(W・フレーザー訳)(Strahan,1872)
W・M・サッカレー『Pendennis』
フローラ・トリスタン『Promenades dans Londres』(Paris: Delloye, 1840)
E・トラッドギル『Madonnas and Magdalens』(Heinemann, 1976)
V・デ・ラ・ベガ『Cartas familiares inéditas』(Madrid, 1873)
G・ウォーカー『Gatherings from Graveyards, particularly those of London』(Longman, 1839)
G・ウェイトマン『Bright lights: Big City』(Collins & Brown, 1992)
B・ワインレブおよびC・ヒバート『The London Encyclopaedia』(Macmillan, 1983)
A・N・ウィルソン(編)『The Faber Book of London』(Faber& Faber, 1993)
A・N・ウィルソン『The Victorians』(Hutchinson, 2002)

J・ルイス『London, the Autobiography』(Robinson, 2009)
N・ロングメイト『King Cholera, the Biography of a Disease』(Hamish Hamilton,1966)
ヘンリー・メイヒュー『Life and Labour of the London Poor』全3巻(初版 1851)(Charles Griffin & Co., 1861-1862).
ヘンリー・メイヒュー『The World's Show 1851, or the Adventures of Mr. And Mrs. Sandboys and Family』(George Newbold, 1851)
H・メルヴィル『Journal of a visit to London and the Continent 1849-1850』(Cohen and West, 1949)
R・H・モットラム『Town Life' in Young, G.M.(ed.), Early Victorian England 1830-1865』全2巻(Oxford: Oxford University Press, 1934)
R・ミューア『Wellington: Waterloo and the Fortunes of Peace 1814-1852』(New Haven and London: Yale University Press, 2015)
『Murray's Handbook to London』(John Murray, 1851)
J・ノウルジーおよびH・マーワンギー『Journal of a Residence of Two Years and a Half in Great Britain』(W.H. Allen, 1841)
R・ピアソル『The Worm in the Bud: the World of Victorian Sexuality』(Harmondsworth: Penguin, 1971)
『The Penguin Book of Comic and Curious Verse』(Harmondsworth: Penguin, 1952)
J・パーキン『Women and Marriage in Nineteenth Century England』(Routledge, 1989)
L・ピカード『Victorian London, the Life of a City 1840-1870』(Weidenfeld & Nicolson, 2005)
D・プール『D. What Jane Austen ate and Charles Dickens knew (from fox-hunting to whist. The facts of daily life in 19th century England)』(New York: Simon & Schuster, 1993)
B・ポーター『The Refugee Question in Mid-Victorian Politics』(Cambridge: Cambridge University Press, 1979)
R・ポーター『London, a Social History』(Harmondsworth: Penguin, 1996)
R・ポーター『A History of Medicine』(Cambridge: Cambridge University Press, 1996)
H・ラパポート『Beautiful for Ever: Madame Rachel of Bond Street』(Ebrington, Gloucestershire: Long Barn Books, 2010)
C・リード『It's Never too Late to Mend』(Richard Bentley,1856)
G・W・M・レイノルズ『The Mysteries of London』(T・トーマス編),(Keele: Keele University Press, 1996)
G・セント・オービン『Queen Victoria: a Portrait』(Sinclair Stevenson, 1991)
G・A・サラ『Gaslight and Daylight』(Chapman & Hall, 1859)
G・A・サラ『Twice round the Clock』初版 1859 (Intro. Collins, P, Leicester: Leicester University Press, 1971)
L・B・シーマン『Life in Victorian London』(Batsford, 1973)
R・シーモア『Lola Montez』(New Haven: Yale University Press, 1996)
F・シェパード『London 1808-1870: the Infernal Wen』(Berkeley: University of California Press, 1971)
M・スレーター『An Intelligent Person's Guide to Dickens』(Duckworth, 1999),
L・スポンザ『Italian Immigrants in Nineteenth Century Britain: Realities and Images』(Leicester: Leicester University Press, 1988)
M・L・スタンレー『Marriage and the Law in Victorian England 1850-1895』(I.B. Tauris, 1989)
J・サザーランド『Is Heathcliff a murderer? Puzzles in 19th-Century Fiction』(Oxford: Oxford University Press, 1996),

チャールズ・ディケンズ『Sketches by Boz』『Nicholas Nickleby』『The Chimes』『Dombey and Son』『David Copperfield』『Bleak House』『Little Dorrit』
チャールズ・ディケンズ『Dickens's Journalism』M・スレーター編，全4巻（Dent, 1996），第2巻『The Amusements of the People and other Papers, 1834-1851』
G・ドッド『The Food of London』（Longman, Brown, 1856）
J・W・ドッズ『The Age of Paradox: A Biography of England 1814-1851』（Gollancz, 1953）
H・ダイオスおよびM・ウルフ『The Victorian City: Images and Realities』全2巻（Routledge, 1973）
I・ファインスタイン『Anglo-Jewry in Changing Times』（Vallentine, Mitchell, 1999）
J・フランダース『The Victorian City: Everyday Life in Dickens' London』（Atlantic Books, 2013）
C・H・ギブズ＝スミス『The Great Exhibition of 1851: a Commemorative Album』（Victoria and Albert Museum, 1951）
J・グラント『Sketches in London』より「Penny Theatres」（1838）
ジャーメイン・グリア『Sex and Destiny』（Secker & Warburg, 1984）
C・ハーディメント『From Mangle to Microwave: the Mechanisation of Household Work』（Cambridge: Polity Press, 1988）
J・F・ハリスン『Early Victorian Britain 1832-1851』（Fontana, 1979）
アレシア・ヘイター『A Sultry Month: Scenes of London Literary Life in 1846』（Robin Clark, 1992）.
D・ヘイワード『The Days of Dickens』（Routledge, 1976）
サー・フランシス・ボンド・ヘッド『Stokers and Pokers』（John Murray,1849）
T・ホーム『The Carlyles at Home』（Oxford University Press,1965）
K・T・ホッペン『The Mid-Victorian Generation 1846-1886』（Oxford: Oxford University Press, 1998）
H・ハウス『The Dickens World』（Oxford: Oxford University Press, 1941）
ロバート・ヒューイッシュ『The Progress of Crime; or Authentic Memoirs of Maria Manning (a Romance)』（author, 1849）
J・ジャクソン『The Irish in London』（London University MA thesis, 1958）
L・ジャクソン『Dirty Old London: the Victorian Fight against Filth』（New Haven and London: Yale University Press）
A・ジェームズ『The Post』（Batsford, 1970）
D・ジェロルド『Mrs Caudle's Curtain Lectures』（Richard Edward King, no date, 1898?）
E・ジョンソン『Charles Dickens, His Tragedy and Triumph』（Harmondsworth: Penguin, 1986）
W・ケント『Mine Host London: a Chronicle of Distinguished Visitors』（Nicholson Watson, 1948）
J・ネルマン『Twisting in the Wind: the Murderess and the English Press』（Toronto: University of Toronto Press, 1998）
J・レーヴァー『Manners and Morals in the Age of Optimism 1848-1914』(Weidenfeld & Nicolson, 1966）
J・レーヴァー『A Concise History of Costume』（Thames & Hudson, 1969）
P・リー『Manners and Customs of the Englyshe, Drawn from ye Quick by Rychard Doyle. To which be added some extracts from Mr Pips hys Diary』（Edinburgh: Foulis, 1911版のグーテンベルク・デジタル版）
S・レヴィット『Victorians Unbuttoned』（Allen & Unwin, 1986）.

参考文献

（引用した版は本書執筆のために使用したものである）

手稿

マニング裁判の記録：イギリス国立公文書館（Kew）CRIM 12/9, DPP 4/2
マニング事件の警察記録：イギリス国立公文書館 MEPO 3/54
D・グレートレクス師の手書きの日記（タワー・ハムレッツ・ロンドン自治区 P/GTX）

印刷物（特に明記されない限り、すべてロンドンで出版されたもの）

P・アクロイド『Dickens』(Sinclair-Stevenson, 1990)
P・アクロイド『London: the Biography』(Vintage Press, 2001)
A・アドバーガム『Shops and Shopping 1800-1914』(Allen & Unwin, 1964)
R・オールティック『The English Common Reader: a Social History of the Mass Reading Public 1800-1900』(Chicago: University of Chicago Press, 1957)
R・オールティック『The Shows of London』(Cambridge, Mass: Harvard University Press, 1976)
R・オールティック『The Presence of the Present: Topics of the Day in the Victorian Novel』(Columbus: Ohio State University Press, 1991)
J・A・アウエルバッハ『The Great Exhibition of 1851: a National Display』(New Haven and London: Yale University Press, 1999)
T・C・バーカーおよびM・A・ロビンズ『A History of London Transport, 2 volumes』(Allen & Unwin, 1963)
『Bermondsey Murder. The. A Full Report of the Trial of Frederick George Manning and Maria Manning for the Murder of Patrick O'Connor』 等（W.M. Clark, 1849）
A・ボロウィッツ『The Bermondsey Horror』(Robson Books, 1989)
A・ブリッグス『Victorian Cities』(Harmondsworth: Penguin Books, 1968)
A・ブリッグス『Victorian Things』(Harmondsworth: Penguin, 1988)
J・バーネット『A History of the Cost of Living』(Harmondsworth: Penguin, 1969)
J・バーネット『Plenty and Want: a Social History of Diet in England from 1815 to the Present Day』(Scolar Press, 1979)
J・バーネット『A Social History of Housing 1815-1870』(Methuen, 1980)
J・カルダー『The Victorian Home』(Batsford, 1977)
K・チェズニー『The Victorian Underworld』(Temple Smith, 1970)
H・コールマン『European Life and Manners in Familiar Letters to Friends』全2巻（Boston.Mass.: Little & Brown, 1850）
C・コルトン『London Fog, the Biography』(The Belknap Press of Harvard University Press, Harvard, Mass., 2015)
D・クリュックシャンクおよびN・バートン『Life in the Georgian City』(Viking, 1990)
J・デイ『The Story of the London Bus』(London Transport, 1973)
M・ダイアモンド『Victorian Sensation』(Anthem Press, 2003)

8. 同
9. 同 , pp.261-262

第 12 章　高揚と悲しみ

1. ヴィクトリア・アンド・アルバート博物館（Gibbs-Smith, C.H., Compiler）『The Great Exhibition of 1851』（London: HMSO, 1950）, p.13
2. 博覧会の詳細は、『The Great Exhibition: A Documentary History』（G・カントール編） 全 4 巻（London: Pickering and Chatto, 2013）およびJ・アウエルバッハ『The Great Exhibition of 1851: A Nation on Display』（New Haven and London: Yale University Press, 1999）で知ることができる
3. 全文は『The Great Exhibition』（カントール編）, 第 2 巻 , pp.291-293 で見ることができる
4. アウエルバッハ , p.150
5. ギブズ=スミス , p.29,『ポーツマス・ガーディアン』の引用
6. 同 , p.7
7. 同 , p.27
8. https://en.wikipedia.org/wiki/George_Jennings,（2022 年 2 月 23 日にアクセス）。おそらく係員がいて、便座を拭いたりハンドタオルを渡したり、一般に使われていた新聞紙を必要に応じて渡したりして、チップを受け取ったと思われる。トイレ専用の紙は、1857 年にアメリカでジョーゼフ・ガイエティーが発明した（この件に関する情報を教えてくれた、ミネソタ大学のバリー・クドロウィッツ教授に感謝する）
9. アウエルバッハ , pp.137-139
10. シェパード , p.135
11. ピカード , p.224
12. アウエルバッハ , pp.141-142. 博覧会期間中のロンドンの宿泊費について、親切にもさらに詳しく教えてくれたアウエルバッハ教授に感謝する
13. メイヒュー『The Adventures of Mr. and Mrs. Sandboys and family, who came up to London to enjoy themselves and to see the Great Exhibition』（London: George Newbold, 1851）2021 年グーテンベルク・デジタル版
14. オールティック『The Presence of the Present』pp.269-270
15.『Dickens' Journalism』第 2 巻 , p.359
16. ギブズ=スミス , p.8
17. 同 , p.18
18. ピカード , p.222
19. アウエルバッハ , p.148 の引用
20. ピカード , p.219 の引用
21. アウエルバッハ , p.148 の引用
22. ウェリントンの葬儀の詳細に関しては、フランダース , pp.335-346 およびR・ミューア『Wellington, Waterloo and the Fortunes of Peace 1814-1852』（New Haven and London: Yale University Press, 2015）, pp. 568-572 を参照
23. https://spartacus-educational.com/Discholera.htm（2022 年 2 月 24 日にアクセス）

pp.514 以下
13. G・A・サラ『Gaslight and Daylight』（London: Chapman and Hall, 1859）, p.177
14.『ボズのスケッチ集』（London: Chapman and Hall, 1913）, p.98
15. ヘイター , p.46
16. オールティック『The Presence of the Presence』p.435
17. 同
18. ベガ , pp.25-26
19. G・ウェイトマン『Bright Lights, Big City』（London: Collins and Brown, 1992）, pp. 19-20
20. ケント , p.143. ディケンズ『ボズのスケッチ集』、「Greenwich Fair」（『Dickens' Journalism』第 1 巻 , p.115）も参照
21. ウェイトマン , p.65によれば、「ミンストレル」は全員「黒く塗った白人男性」だった。
22. サラ , p.293
23. オールティック『The Shows of London』pp.323-331
24. ノウルジーおよびマーワンギー , pp.102-103
25.『Dickens' Journalism』第 2 巻 , p.171
26. 同 , p.159
27.『Dickens' Journalism』第 2 巻 , pp.182
28. 同 , pp.193-197
29. https://www.victorianlondon.org/publications/sketchesinlondon-5.htm（2022 年 2 月 1 日にアクセス）の引用
30. https://en.wikipedia.org/wiki/Canterbury_Music_Hall（2022 年 2 月 1 日に検索）
31. ケント , pp.164-165. コール・ホールに関してはフランダース , pp.362-363 を参照
32. オールティック『The Shows of London』p.454.

第 10 章　犯罪、警察、刑事、そしてマニング殺人事件

1. ホームズ , pp.89-90
2.『Dickens' Journalism』第 2 巻 , p 266.
3. ロンドン警視庁設立の詳細については、シェパード , pp.37-39 を参照
4. プール , p.136
5. ケント , p.160
6. ベガ , p.21
7.『The Polytechnic Magazine』1903 年 1 月 28 日付 . ホッグは「エシロップ」が今も警察を指す言葉として使われているとコメントしている
8.『Chamber's Journal』13 号 , p.54
9. クラーク , pp. 9 および 15
10. スイート , pp.4-5, 彼はセンセーションがこうした意味で使われるようになったのは 1860 年代としているが、マニング事件に当てはまるのは間違いないだろう
11. ロック , p.36
12. 以下のほとんどは、刑事に関するディケンズのふたつの記事に対する、マイケル・スレーターのまえがきと注記による。スレーター編『Dickens' Journalism』第 2 巻 , pp.265-282 参照
13. ロック , p.34
14.『Dickens' Journalism』第 2 巻 , pp. 356-369
15. ボロウィッツによるものだが、マリアは有罪宣告を受けたときの激白以外には何も語っていない。ボロウィッツ , p.306 を参照
16. 個人についての詳細は、ボロウィッツ『The Bermondsey Horror』（London: Robson Books, 1989）を参照した

第 11 章　裁判と処刑

1. 絞首刑になった女性に関しては、J・ネルマン『Twisting in the Wind: the Murderess and the English Press』（Toronto: University of Toronto Press, 1998）を参照
2. メルヴィル , p.26
3. M・ダイアモンド『Victorian Sensation』（London: Anthem Press, 2003）, p.163 の引用
4. フランダース , p.389 の引用
5. 同 , およびアクロイド , p.300
6. ボロウィッツ , p.261 の引用
7. ネルマン , p,262

of the London Bus』(London: London Transport, 1973)を参照
4.『The Penguin Book of Comic and Curious Verse』(Harmondsworth: Penguin,1952), p.239
5. ホーム, p.47
6. メルヴィル, p.26
7. デイ, p.9
8. オールティック『The Presence of the Present』p.373
9. A・L・ヘイワード『The Days of Dickens』(London: Routledge, 1926), pp.7-8; メルヴィル, p.37
10. ホーム, pp.68 および 170
11. ディケンズ『逍遥の旅人』(1851), ホッペン, p.290 で引用
12. オールティック『The Presence of the Present』p.608
13. J・E・ルイス『London, The Autobiography』(London: Robinson, 2009), p.256
14. T・C・バーカーおよびM・A・ロビンズ『History of London Transport』 全 2 巻(London: Allen and Unwin, 1963), 第 1 巻, p.46
15. バーネット『History of the Cost of Living』p.216
16. サッカレー『Pendennis』第 8 章
17.「ターミナル」は 1836 年より使われ、鉄道の終着駅を意味する(Oxford English Dictionary)
18. クリュックシャンクおよびバートン, p.97
19. メルヴィル, p.20
20. ベントゥーラ・デ・ラ・ベガ, pp.20-21
21.『クォータリー・レビュー』74 号, p.250, H・ハウス『The Dickens World』(Oxford: Oxford University Press, 1941), p.151 で引用
22. クリュックシャンクおよびバートン, p.95
23. ハウスの引用, p.140
24. シェパード, p.135
25.『Manners and Customs of Ye Englyshe in 1849』(Edinburgh: Foulis, 1911, 2011 年グーテンベルク・デジタル版), p.41
26. サー・フランシス・ボンド・ヘッド, M・フリーマン『Railways and the Victorian Imagination』(New Haven and London: Yale University Press, 1999), p.42 で引用
27.『パンチ』1849 年 9 月 1 日付
28. オールティック『The Presence of the Present』p.212
29. A・L・ヘイワード『The Days of Dickens(London: Routledge, 1926), p.209. 'ran-tan' を 'rat-tat' (MA) に変更した
30.『イラストレイテッド・ロンドン・ニュース』1849 年 9 月 15 日付
31. ベントゥーラ・デ・ラ・ベガ, pp.17 および 42
32.『イラストレイテッド・ロンドン・ニュース』. オールティック『The Presence of the Present』p.208 のイラストを参照

第９章 「建物を揺るがすほどの大喝采」ロンドンの娯楽

1. F・バレ=デュクロ『Love in the Time of Victoria』(London: Verso, 1991), p.13
2. バーネット『History of the Cost of Living』p.263
3. ホッペン, p.353
4.『ボズのスケッチ集』より「A Gin-Shop」, ウィルソン『The Faber Book of London』(1993), pp.369-371 で引用
5.『Dickens' Journalism』第 2 巻, p.137
6. R・オールティック『The Shows of London』(Cambridge, Mass.: Harvard University Press, 1976), p.171
7. メルヴィル, p.30
8. J・ノウルジーおよびH・マーワンギー『Journal of a Residence of two years and a half in Great Britain』(London: W.H. Allen, 1841), pp.138-139
9.『Dickens' Journalism』p.180
10. オールティック『The Shows of London』p.514 以下
11. 親指トムに関しては、アリシア・ヘイター『A Sultry Month: Scenes of London Literary Life in 1846』(London Robin Clark, 1992)に多くの興味深い記述あり
12. オールティック『The Shows of London』

7. J・ルイス『London, the Autobiography』(London: Robinson, 2009), p.254 の 引用
8. F・エンゲルス『The Condition of the Working Class in England 』(W・ヘンダーソンおよびW・シャロナー編), (Oxford: Oxford University Press, 1958, p.123). R・スウィフトおよびS・ギリー『The Irish in Britain 1815-1939』(London: Pinter, 1989) も参照
9. H・メイヒュー『Life and Labour of the London Poor』 全 3 巻 , 1851 年 初 版 (London: Charles Griffin & Co. 1861-1862), 第 1 巻 , pp. 108 以下
10. D・トンプソン『In Camden Town』(1983) A・N・ウィルソン『The Faber Book of London』(London: Faber & Faber, 1993), pp.290-293 で引用
11. J・ジャクソン「The Irish in London」(London University MA thesis, 1958); M・アルパート「The Church of the Sacred Heart: Irish Catholics in 19th century Kilburn」(『Camden History Review』2001 年 9 月) 参照
12. T・カーライル『Collected Works』(London: Chapman & Hall, 1857), 第 1 巻 , p.67
13. L・スポンザ『Italian Immigrants in Nineteenth Century Britain: Realities and Images』(Leicester: Leicester University Press, 1988), pp.21-22. イタリア人街を案内してくれたドクター・スポンザに感謝する
14. 同 , p.62
15. オールティック『The Presence of the Present』pp.527-528
16. サラ『Twice Round the Clock』pp.106-107 およびスポンザ , 第 5 章および 6 章
17.『ニコラス・ニクルビー』第 2 章
18. J・ノウルジーおよびH・マーワンギー『Journal of a Residence of Two Years and a Half in Great Britain』(London: W.H. Allen, 1841), p110
19. スポンザ , p.133
20. J・フランダース『The Victorian City』(London Atlantic Books, 2012), p.345 注記 ; また、http://breweryhistory.com/wiki/index.php?title=The_Story_of_General_Haynau (2022 年 1 月 3 日にアクセス) も参照
21. R・ポーター『London, a Social History』(Harmondsworth: Penguin, 1996), p.16
22. B・ポーター『The Refugee Question in Mid-Victorian: Politics』(Cambridge: Cambridge University Press, 1979), p.42
23. 同 , p.76
24. 同 , p.25
25. ピカード , p.222
26. ホーム , p.83
27. ポーター『The Refugee Question』p.92, 個人の日記の引用
28. ウィルソン『The Victorians』pp.117-118
29. ピカード , pp.213-214
30. シーマン , p.44
31. シェパード , p.332
32. M・サルブスタイン『The Emancipation of the Jews in Britain』(London: Associated University Presses, 1982), pp.37-38
33. I・ファインスタイン『Anglo-Jewry in Changing Times』(London: Vallentine, Mitchell, 1999), p.31
34. メイヒュー , 第 2 巻 , p.112
35. 同 , p.44
36. 同 , p.45
37. 同 , p.135
38. ジェロルド , Lecture XVI

第 8 章　コミュニケーション

1.『Comic Almanack』, 1842, R・オールティック『The Shows of London』(Cambridge, Mass.: Harvard University Press, 1976), p.181 より
2. オールティック『The Presence of the Present』p.135
3. ロンドンの乗合馬車の初期の歴史については、ジョン・R・デイ『The Story

Housing』p.171
21. D・クリュックシャンクおよびN・バートン『Life in the Georgian City』(London: Viking 1990), p.78
22. オールティック『The Presence of the Present』pp.343-344
23. 同, p.126
24. クリュックシャンクおよびバートン, p.74
25. バーネット『A History of the Cost of Living』p.242
26. ホーム, pp.141-147
27.『Dickens' Journalism』第2巻, pp.234-241
28. ピアソル, p.79

第6章 学問、文学、典礼

1.「Ignorance and Crime」,『イグザミナー』1848年4月22日付,『Dickens's Journalism』第2巻, 91-95の引用
2. 同, p.94
3. クリュックシャンクおよびバートン, p.88
4. 読み書きの能力と読書についての議論は、R・オールティック『The English Common Reader: a Social History of the Mass Reading Public 1800-1900』(Chicago: University of Chicago Press, 1957), p.170を参照
5. マリアの蔵書はボロウィッツ, p.301に列挙されている
6. ホッペン, p.388
7. オールティック『The English Common Reade』p.321, フォースター『Life of Dickens』からの引用
8. M・スイート『Inventing the Victorians』(London: Faber, 2001), p.67
9. P・アクロイド『Dickens』pp.195-197の引用
10. レイノルズ(トーマス編), p.169
11. 同, まえがき, p.15
12. マイケル・スレーター『Dickens' Journalism』第2巻, まえがき, p.xv
13. T・ゼルディン『France 1848-1945』(New York: Oxford University Press, 1980) 全4巻. 第1巻, p.7
14. D・ウェインドリングおよびM・コロムス『Kilburn and West Hampstead Past』(London: Historical Publications, 1999), pp.23-24 (W・H・スミスはキルバーンに住んでいた)
15. ドッズ, p.374
16. トラッドギル, pp.220-221
17. オールティック『English Common Reader』p.301
18. 同, p.103
19. ベントゥーラ・デ・ラ・ベガ『Cartas Familiares Inéditas』(Madrid, 1873), p.9
20. クリュックシャンクおよびバートン, p.192
21. 同
22. サラ, p.294
23. ホッペン, p.465
24. 同 p.431
25. 同, p.453
26. 同, p.453. マルクスとキングスレーの両方が宗教を阿片にたとえたことについては、/www.theguardian.com/notesandqueries/query/0,5753,-1987,00.html を参照 (2021年12月29日にアクセス)
27.『シビル』第2巻, p.289 (トラッドギルによる引用, p.176)
28. G・W・E・ラッセル『Collections and Recollections』(1898), クリュックシャンクおよびバートンによる引用, p.173
29. オールティック『Presence of the Present』pp.423-425
30. ホッペン, p.463; オールティック『Presence of the Present』p.102

第7章 アウトサイダー

1. オールティック『English Common Reader』p.116
2. ホッペン, p.445
3. このことは1918年のリットン・ストレイチー『Eminent Victorians』のマニング枢機卿に関するエッセイに生き生きと描かれている
4. ホッペン, p.145の引用
5.『Dickens's Journalism』第2巻, pp.297-305
6. ピカード, p.73

新年のメッセージより
54. J・ルイス , p.292 の引用
55. G・A・サラ『Gaslight and Daylight』（London, Chapman and Hall, 1859）p.260
56. シェパード , p.168
57. S・レヴィット『Victorians Unbuttoned』（London: Allen and Unwin, 1986）, p.12
58. ホッペン , p.350
59. ドッズ , p.279

第 4 章　病めるときも健やかなるときも

1. ホーム , pp.42-43
2. ドッズ , p.283
3. オールティック『Presence of the Present』p.552 注記
4. 同 , p.551
5. ドッズ , pp.282-283
6. ピカード , p.187
7. セント・オービン , pp.257-258
8. ピカード , p.188
9. ピカード , pp.182-183
10. ホッペン , p.326
11. 同
12. J・バーネット『A Social History of Housing 1815-1870』（London: Methuen, 1980）, p.101
13. アクロイド『Dickens』p.384
14. ホーム , p.155
15. 詳細については、リー・ジャクソン『Dirty Old London: the Victorian Fight against Filth』（New Haven and London: Yale University Press）, p.50 を参照
16. シェパード , p.256
17. アクロイド『Dickens』p.382
18. 同
19. E・N・ウィルソン『The Victorians』（London: Hutchinson, 2005）, p.155
20. シェパード , p.270
21.『イラストレイテッド・ロンドン・ニュース』1849 年 9 月 8 日付 , p.163
22. シェパード , p.189
23.『タイムズ』1851 年 1 月 31 日付
24. レイノルズ , p.163
25. G・A・ウォーカー『Gatherings from Graveyards, particularly those of London』（London: Longman, 1839）, p.168
26.『Dickens's Journalism』（スレーター編）第 2 巻 , pp.147-156, 特に p.150
27.『The London Encyclopaedia』pp.930-931
28. 同
29. N・ロングメイト『King Cholera, the Biography of a disease』（London: Hamish Hamilton, 1966）, p.180 の引用

第 5 章　お金、住宅、階級

1. ドッズ , p.360
2. バーネット『History of the Cost of Living』pp.200-201
3. シェパード , p.71.
4. オールティック『The Presence of the Present』p.641
5. ホーム , p.28
6. オールティック『The Presence of the Present』pp.662-663
7. D・グレートレクス師の日記（タワー・ハムレッツ郷土歴史センター , Mss P/GTX）1855 年 10 月 1 日
8. ホッペン , p.339
9. シェパード , p.95
10. E・ジョンソン『Charles Dickens, His Tragedy and Triumph』（Harmondsworth: Penguin, 1986）,p.28
11. 同
12. ハーディメント , pp.17-18
13. カーライルの家の詳細はすべて、ホーム , pp. 9-11 および 76 以下より
14. ホーム , p.48
15. バーネット『Social History of Housing』p.145.
16.『The London Encyclopaedia』p.624
17. 国立公文書館（Kew）, MEPO 3/54
18. バーネット『A Social History of Housing』p.211
19. ホーム , p.10
20. バーネット『A Social History of

of Living』(Harmondsworth: Penguin, 1969), p.209, J・H・クラッパム「Work and Wages」Young, 第 1 巻, pp.1-77
8. バーネット『Cost of Living』pp.212-213
9. J・W・ドッズ『The Age of Paradox: a Biography of England 1841-1851』(London, Gollancz, 1953), p.430
10. J・バーネット『Plenty and Want』p.89
11. T・ホーム『The Carlyles at Home, (London: Oxford University Press, 1965), p.34 および 166
12. ドッズ『Age of Paradox』p.299.
13. A・ブリッグス『Victorian Things』(Harmondsworth: Penguin1990), p.216
14. D・グレートレクス師の手書きの日記、タワー・ハムレッツ郷土歴史センターに保管(Ref. P/GTX), 1856 年 10 月 8 日
15. シェパード, pp.189-190
16. バーネット『Cost of Living』p.216
17. ドッズ『Age of Paradox』pp.121-123. ディケンズ『デイヴィッド・コパフィールド』第 11 章。ディケンズはこの小説を 1849 〜 1850 年にかけて連載で発表した。書かれている内容は同時代のものかもしれないが、小説そのものの舞台はその 10 年前に設定されている
18. ダニエル・プール『What Jane Austen ate and Charles Dickens knew』(New York: Simon and Schuster, 1993), p.209
19. 同, pp.205-206. バーネット『Plenty and Want』pp.103-115 も参照
20. H・ハウス『The Dickens World』(London: Oxford University Press, 1941), pp.184-185
21. バーネット『Plenty and Want』p.119
22. ホーム, p.85
23. コールマン, 第 1 巻, p.141
24. バーネット『Plenty and Want』、作者不詳『Memoirs of a Stomach』からの引用
25. メルヴィル, pp.31-32
26. ウィリアム・ケント『Mine Host London, a Chronicle of Distinguished Visitors』(London: Nicholson and Watson, 1948), p.159
27. サラ『Twice Round the Clock』pp.322-324.
28. C・ディケンズ『ボズのスケッチ集』(London: Chapman and Hall, 1913 edition), 第 11 章「Greenwich Fair」
29. オールティック『The Presence of the Present』pp.220-22
30. A・アドバーガム『Shops and Shopping 1800-1914』(London: Allen and Unwin, 1964), pp.141-142
31. 同, p23
32. 同, p.12
33. 同, p.14
34. コールマン, 第 1 巻, pp. 127-128
35. アドバーガム, pp.141-142 の引用
36. レーヴァー, p.86 の引用
37. 国立公文書館(Kew) MEPO 3/54
38. C・ハーディメント『from Mangle to Microwave, the Mechanisation of Household Work』(Cambridge: Polity Press, 1988), p.43
39. ブリッグス, p.281
40. ボロウィッツ, p.15
41. 同, p.282
42. シーマン『Life in Victorian London』p.128 の引用
43. コールマン, 第 1 巻, pp.21-22
44. 同, p.166
45. J・レーヴァー『Taste and Fashion from the French Revolution until Today』(London: Harrap, 1937) p.57
46. ブリッグス, p.267
47. D・ジェロルド『Mrs Caudle's Curtain Lectures』Lecture XX
48. メルヴィル, p.61
49. ホーム, p.103-106
50. ジェロルド, pp.84-85
51. ディケンズ『ドンビー父子』(初版 1846-1848), 第 10 章および 31 章
52. オールティック『The Presence of the Present』p.237
53. ドッズ『Age of Paradox』p.279 に引用された、〈E・モーゼス・アンド・サン〉の

告書を参照
4. ロンドンの売春婦については、特にフランダース15章を参照
5. オールティック『The Presence of the Present』pp.533-534
6. 同, p.534
7. R・ピアソル『The Worm in the Bud; the World of Victorian Sexuality』(Harmondsworth: Penguin, 1971 ed.), p.313
8.「Notes on England」, J・レーヴァー『Manners and Morals in the Age of Optimism, 1848-1914』(London: Weidenfeld and Nicolson, 1966) p.36 の引用
9. フランダース, p.403
10. トリスタン(引用), pp. 114-118
11. B・ワインレブおよびC・ヒバート『The London Encyclopaedia』(London: Macmillan, 1983)「Crime」の項
12. https://victorian web.org>authors>dickens>rogers(2021年12月7日にアクセス)
13. 同
14. E・トラッドギル『Madonnas and Magdalens』(London: Heinemann, 1976), p.107 の引用
15. R・シーモア『Lola Montez』(sic), (New Haven: Yale University Press), 1996
16. ドッズ, pp.371-372
17. オールティック, p.542 注記
18. マダム・レイチェルについては、H・ラパポート『Beautiful for Ever: Madame Rachel of Bond Street, Cosmetician, Con-Artist and Blackmailer』(Ebrington, Glos. 2010) を参照
19. トラッドギル, p.132, K・チェズニー『The Victorian Underworld』(London: Temple Smith, 1970), pp.239-245
20. トラッドギル, p.176
21. K・T・ホッペン『The Mid-Victorian Generation 1846-1886』(Oxford: Oxford University Press, 1998), p.319 の引用
22. マイケル・L・スタンレー『Marriage and the Law in Victorian England 1850-1895』(London: I.B. Tauris, 1989), p.37
23. トラッドギル, p.4
24. 同 p.56 の引用
25. オールティック, p.308
26. M・スレーター『An Intelligent Person's Guide to Dickens』(London: Duckworth, 1999), p.138, ディケンズの雑誌『ハウスホールド・ワーズ』1851年11月8日付の引用
27. J・パーキン『Women and Marriage in Nineteenth Century England』(London: Routledge, 1989), p.128;『History Workshop Magazine No.4』(1977), pp.57-60, 71; ジャーメイン・グリア『Sex and Destiny』(London: Secker& Warburg, 1984), p.133
28. トラッドギル, pp. 28, 76

第3章　彼らは何を食べ、どこで買い物をし、何を着ていたのか

1. J・バーネット『Plenty and Want: a Social History of Diet in England from 1815 to the Present Day』(London: Scholar Press, 1979), pp.78-79
2. G・W・M・レイノルズ『The Mysteries of London』T・トーマス編(Keele University Press, 1996), p.234
3. トリスタン, p.297. ディケンズが1859年の『二都物語』(第5章)でフランスについて書いた部分で「気の進まない油で揚げた、カラカラのポテトチップス」と言及している。
4. G・A・サラ『Twice Round the Clock』は1859年初版だが、その前に雑誌記事として掲載されている。(Leicester: Leicester University Press, 1971), p.298
5. P・アクロイド『London, the Biography』(London: Vintage Press, 2001), p.317 の引用
6. ホッペン, p.346
7. J・バーネット『A History of the Cost

原 注

第１章　世界一大きく、豊かで、人口が多く、洗練された都市

1. G・ドッド『The Food of London』(London: Longman, Brown, 1856）, pp.127-128
2. H・テーヌ『Notes on England』(New York: Holt and Williams, 1872）, p.76
3. G・R・ポーター『The Progress of the Nation』(London: John Murray, 1847）, p.575
4. フローラ・トリスタン『Promenades dans Londres』(Paris: Delloye, 1840）, 序文, p.xvii
5. メルヴィル『Journal of a Visit to London and the Continent 1849-1850』エリナー・メルヴィル・メトカーフ編（London: Cohen and West, 1949）, p.21
6.『Murray's Handbook to London』(London: John Murray, 1851）, p.49
7. 作者不詳『The Bermondsey Murder: Full Report of the Trial of Frederick George Manning and Maria Manning for the Murder of Patrick O'Connor』(London, Printed and Published by W. M. Clark, 1849）, p.36
8. H・メイヒューおよびJ・ビニー『The Criminal Prisons of London and Scenes of Prison Life, first published 1862』(London, Frank Cass, 1968）
9. F・シェパード『London 1808-1870, the Infernal Wen』(Berkeley, University of California Press, 1970）, p.26
10. L・B・シーマン『Life in Victorian London』(London, Batsford, 1973）, pp.17-19
11. テア・ホルム『The Carlyles at Home』(London: Oxford University Press, 1965）, p.154
12. 同, p.4
13. トリスタン, pp. 3 および 9
14. 複数のフィクションについては、リチャード・オールティック『The Presence of the Present: Topics of the Day in the Victorian Novel（Columbus: Ohio State University Press, 1991）、特に「Jo and crossing sweepers」pp.391 および 615 を参照した
15. H・コールマン『European Life and Manners in Familiar Letters to Friends』全２巻（Boston: Little and Brown, 1850 and London, John Petherham, 1850）, 第1巻, p165
16. 同, 第２巻, p.117
17. G・A・サラ『Twice Round the Clock』(Leicester: Leicester University Press, 1971）, pp.351-152. 初出は 1840 年代の雑誌記事、1859 年に書籍として刊行（London: J. and R. Maxwell)。
18. J・サザーランド『Is Heathcliff a murderer? Puzzles in 19thCentury Fiction』(Oxford: Oxford University Press, 1996）, p.95 の引用
19. R・H・モットラム『'Town Life' in Young G.M.（ed.）, Early Victorian England 1830-1865』 全２巻（Oxford: Oxford University Press, 1934）, 第1巻, pp. 155-223

第２章　女性の居場所?

1. G・セント・オービン『Victoria: a Portrait』(London: Sinclair-Stevenson, 1991）, p.118
2.『サタデー・イブニング・ポスト』1838 年 7 月 28 日付参照
3. 非嫡出子については、登録長官の年次報

【著者】マイケル・アルパート（Michael Alpert）

ウェストミンスター大学名誉教授（歴史）。ケンブリッジ大学を卒業後、銀行員、教員を経た後、ウェストミンスター大学で研究を続けた。ユニバーシティ・カレッジ・ロンドン、キングス・カレッジ・ロンドン、ロイヤル・ホロウェイ・カレッジ、バークベック・カレッジでも教壇に立った。著書に『フランコとコンドル軍団』、『海上のスペイン内戦』などがある。

【訳者】白須清美（しらす・きよみ）

英米翻訳家。主な訳書にスタンフォード『天使と人の文化史』、ケリガン『写真でたどるアドルフ・ヒトラー』、バークリー『服用禁止』、ディクスン『パンチとジュディ』、ワルダー他『対テロ工作員になった私』など。

ヴィクトリア朝《ちょう》ロンドンの日常生活《にちじょうせいかつ》

世界都市《せかいとし》の市民生活《しみんせいかつ》から食文化《しょくぶんか》、医療《いりょう》、犯罪捜査《はんざいそうさ》まで

●

2023年12月4日　第1刷

著者…………マイケル・アルパート

訳者…………白須清美《しらすきよみ》

装幀…………伊藤滋章

発行者…………成瀬雅人

発行所…………株式会社原書房

〒160-0022 東京都新宿区新宿 1-25-13
電話・代表 03（3354）0685
http://www.harashobo.co.jp
振替・00150-6-151594

印刷…………新灯印刷株式会社
製本…………東京美術紙工協業組合

ISBN978-4-562-07365-8, Printed in Japan